Emulation and Consumption

見栄と消費

UCHIDA Minoru 内田 成 ▶▶▶ 著

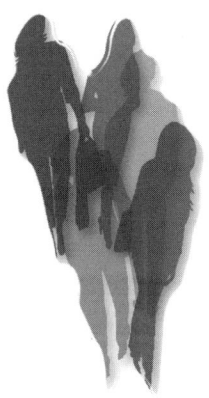

学文社

はじめに

　消費者行動研究は1930年代に遡りうるが，第二次世界大戦以前においてはミクロ経済学の消費者選好理論に基づいておこなわれていた。そして，大戦後，ゆたかな社会の到来とともに，経済学の理論だけでは消費者の行動が説明できなくなり，心理学，社会学，その他の隣接諸科学の考え方を積極的に取入れ，新たな理論構築への動きが始まった。しかし，1950年代後半までは，基本的に経済学の考え方を基本にして，それを補完するために，心理学や社会学の考え方を取り入れるという視点で研究がおこなわれていた。1950年代後半には，フロイト流の精神分析学を基礎としたパーソナリティ研究やモチベーション・リサーチが登場する。次いで1960年代にはライフスタイル研究が出現する。また，同時期に認知革命の影響をうけ，認知心理学研究が増加し始める。そして1960年代半ばから1970年代にかけて消費者行動研究は，独自の包括的な消費者行動モデル開発に向けて進んでゆく。1970年代半ばまでには刺激－反応モデルが出現する。そして1970年代後半には情報処理モデルの代表的として，ベットマンモデルが提唱される。さらに1980年代には精緻化見込みモデルが提示された。また，この時期にはポストモダンの消費者行動研究もあらわれた。

　このような消費者行動研究の発展の背後には，マーケティングのコンセプトの変遷がある。ゆたかな社会の到来以前の社会においては，需要が供給を上回る「もの不足の社会」であった。すなわち「作ったものを売る」というプロダクト・アウトの考え方が支配的であった。つまり生産が消費を規定していた。しかし，ゆたかな社会の到来は，需給のバランスの逆転であり，供給が需要を上回る「もの余りの社会」の到来である。ここにおいては「売れるものを作る」ことが至上命題となった。消費が生産を規定する社会の到来である。売れるものとは，消費者ニーズにあったものであり，消費者志向が企業の商品生産の基本となった。消費者の購買動機を把握することは，企業のマーケティングの前提となった。すなわち消費者行動分析が，その出発点となったわけであり，経

営戦略の出発点となった，といえる。このように消費者行動研究重視への転換にはマーケティングコンセプトのコペルニクス的転換があった。顧客志向の経営理念であるマーケティング・コンセプトへの転化である。

ところで，本書はこれまでに発表してきた消費に関する論考に加筆・修正を加えたものをまとめたものである。ここで採り上げているテーマは，制度派経済学の創始者であり，制度学派の建設者の一人して知られているソースタイン・ヴェブレンらの消費論，すなわち制度主義的消費論である。ヴェブレンは思考習慣，すなわち制度を主たる分析対象と考え，制度派経済学の創始者といわれているが，1899年に刊行した処女作『有閑階級の理論』において，制度として「消費」をとらえ分析している。次いで1904年に刊行した『営利企業の理論』では資本主義経済における支配的な制度として「営利企業」を捉え，分析対象としている。『有閑階級の理論』においてヴェブレンは，有閑階級の消費を採り上げ分析対象としている。そこでは消費を制度的・文化的環境との関係で捉え分析している。ヴェブレンによれば，「制度」とは「個人と社会と関係や特定の機能に関する支配的思考習慣」のことである。この制度は環境の変化により変化してゆくものであるが，その一方で変化への対応を阻害するという側面をもっている。

このような考え方に基づくヴェブレンの消費論は，大衆消費社会，ゆたかな社会の出現のはるか以前に考案されたものであるが，その当時よりもむしろ消費および消費者行動を分析するさいに参考にすべきものが大いにある，といえる。

ところで，本書のタイトルに用いている「見栄」(emulation) は，ヴェブレンが経済的動機の根本原理と看做したものであり，われわれの現実の行動における「ブランド」志向を説明するための理論的ツールとして，その有効性をもっており，ヴェブレンの消費論を特徴づけるものと考えた。ヴェブレンは消費という現象を真正面からとらえた経済学を樹立した。その独自性は消費の社会性を解明している点にある，といえる。もちろん，ヴェブレンの分析は有閑階級という社会の支配的な階級の消費について論じており，消費一般についてではない。ヴェブレンは消費の意味的・象徴的な側面に対する分析をおこなっている。

たとえば，高級ブランドや稀少な商品などの消費は富の象徴としての側面に対する分析なしには説明できない。ヴェブレンは消費の記号性に対する考察を制度としての消費という観点からおこなっている。この意味で，ヴェブレンの消費論は決して過去のものではなく，現代の消費社会，大量消費現象を分析したり，ブランドについて分析する際の強力なツールとなると考えられる。これまでのわが国におけるヴェブレン研究は，どちらかというと方法論的あるいは経済思想史的な側面からのアプローチが多かったようにおもわれる。『有閑階級の理論』に関しても制度として消費を捉え，その考え方が今日の消費現象ならびに消費者行動を分析するために有効である，という視点からの研究はあまりなかったといえる。本書で私が制度としての消費を取り上げたのは，このような現実的な視点からヴェブレンら消費主義的な消費論を再検討することにより，現代の消費社会におけるその意義と価値を明らかにしようと考えたからに他ならない。

　私がヴェブレンを研究するようになった契機は，日本大学経済学部で佐々木晃先生（日本大学経済学部名誉教授）のゼミに入ったことであった。その後，佐々木先生には大学院でもご指導頂き，足掛け7年間お世話になった。また，ゼミの先輩でもある塚本隆夫先生（日本大学経済学部教授）には，学部，大学院のゼミ活動，その他においても大変お世話になった。そして，高崎商科大学学長の渕上勇次郎先生には，さまざまな機会において，論文のテーマやアプローチについてご教示いただいた。さらに高崎商科大学教授松永美弘先生には本書の出版に関して大変お世話になった。特に松永先生の滋賀大学時代の指導教授が松尾博先生であったことには，奇縁を感じざるをえなかった。というのも，いうまでもなく，松尾博先生は小原敬士先生とならぶ，わが国におけるヴェブレン研究の代表的な研究者であったからである。なお，本書はこれまで発表してきた論文に加筆・修正したものから構成されている。それらの初出の一覧は巻末に掲載しておいた。

　2011年3月

内田　成

目　次

第一部　制度主義的思考と消費

第1章　制度派経済学と消費―D・ハミルトンの所説の検討を中心として― ……… 2
1. はじめに　2
2. ジェレミー・ベンサムと因襲的経済理論　3
3. ヴェブレンの消費論の基本的特徴　7
4. ハミルトンの所説の検討　17

第2章　制度主義的消費論の進化 ……… 25
1. はじめに　25
2. 進化論的理論としての制度主義　26
3. 正統派消費者行動理論の批判　28
4. 制度主義的消費論　35
5. ローワーの所説の検討と今後の課題　43

第3章　「衒示的消費」の100年 ……… 49
1. はじめに　49
2. ヴェブレンの基本的な考え方と「衒示的消費」理論　50
3. ヴェブレンの「衒示的消費」理論：批判的な意義　54
4. ヴェブレンの「衒示的消費」理論：批判的評価　57
5. エジェルの所説の検討および今後の課題　61

第4章　消費理論への代替的アプローチ ……… 68
1. はじめに　68
2. デューゼンベリー，ライベンシュタインおよびガルブレイスらと代替的消費理論　70
3. 人間性の概念　74
4. コモディティ商品と消費　78
5. 新しい理論のために　82
6. アッカーマンの所説の検討　84

第二部　ヴェブレンの消費論と基本的方法論

第1章　ヴェブレンの消費論―衒示的消費― ……… 88
1. はじめに　88

2．衒示的消費をめぐる3つの問題　88
　3．ヴェブレンの衒示的消費理論　90
　4．衒示的消費に関する諸問題　92
　5．ひとつの擁護：ヴェブレンとブルデュー　93
　6．衒示的消費の緻密さ　96
　7．ポストモダンのライフスタイル　98
　8．結　論　101
　9．トリッグの所説の検討　102

第2章　ヴェブレンの衣服論 ……………………………………………… 108
　1．はじめに　108
　2．女性のドレスの経済理論　109
　3．金銭的文化の表示としての衣服　115
　4．ヴェブレンの消費論および今後の課題　123

第3章　経済的価値と金銭的価値 ………………………………………… 129
　1．はじめに　129
　2．基本的二分法　130
　3．金銭的価値と経済的価値　133
　4．経済価値の規定要因　136
　5．おわりに　139

第4章　ヴェブレンの制度派経済学の本質と意義 ……………………… 141
　1．はじめに　141
　2．ヴェブレンの制度派経済学の本質と領域　142
　3．ヴェブレンの制度派経済学の意義　146
　4．おわりに　150

第三部　現代における見栄と消費

第1章　富裕層の行動原理 ………………………………………………… 154
　1．はじめに　154
　2．金銭上の見栄　155
　3．衒示的閑暇　160
　4．制度理論としての消費論　166
　5．今後の課題　170

第2章　富裕層と衒示的消費 …………………………………………………… 175
  1．はじめに　175
  2．わが国の富裕層の実態について　176
  3．富裕層と衒示的消費　187
  4．まとめ　190

第3章　アメリカにおける女性の消費者行動 ………………………………… 195
  1．はじめに　195
  2．理論的背景　196
  3．合衆国における女性の社会的地位と消費者行動　199
  4．伝統的消費者行動理論に対する代替的理論の枠組み　210
  5．おわりに　211

第4章　合衆国における家計貯蓄の低下傾向とその解明 ………………… 215
  1．はじめに　215
  2．合衆国における家計制度とヴェブレンの衒示的消費　216
  3．貯蓄パズル　218
  4．社会的地位の根拠：名誉のある地位から遂行的地位へ　220
  5．さまざまな国における貯蓄率および垂直的移動　223
  6．不平等の増大と家計貯蓄の崩壊　230
  7．ウィスマンの所説の検討　235

初出一覧　241

主要参考文献　242

索　引　244

第一部

制度主義的思考と消費

第1章 制度派経済学と消費
―D・ハミルトンの所説の検討を中心として―

1. はじめに

　制度派経済学は1870年代以降独占段階に移行しつつあるアメリカ資本主義が生んだ独自の経済学である，といわれている。ソースタイン・B・ヴェブレン (Thorstein Bunde Veblen,1857-1929) は，その創始者として知られており，その流れを汲むウェズレー・C・ミッチェル (Wesley Clair. Mitchell, 1874-1948) とジョン・R・コモンズ (John Rogers Commons, 1862-1945) らによって展開された。制度派経済学の特徴のひとつには伝統的な経済理論に対する批判，特にその仮説や前提に対する一貫した批判や制度の進化と発展への注目が挙げられるが，出現しつつあるあらたな諸問題に対する有効な処方箋を与えることを目指した点にもその特徴があるといえよう。

　ヴェブレンは「進化論的経済学」(evolutionary economics) を提唱したが，彼にとって経済学とは制度 (institution) の変化を研究対象とするものであった。制度とは「実は，個人と社会の特定の関係なり，特定の機能なりに関する支配的な思考習慣のこと」であった。そして制度の変化とは思考習慣 (habit of thought) の変化であり，それは人間行動の変化として現れる，と考えた。

　ところで，因襲的な経済学は生産過程に主要な関心を払ってきたが，消費にはさほど関心を払ってこなかったといえる。このことは消費を全く無視してきたということをいっているわけではない。あらゆる経済理論は消費にかかわりをもっているが，これらはしばしば明示的というようもむしろ暗示的であった。これに対して制度派経済学の解釈は消費により大きな重要性を与えている，といえる。それを最初に行ったのがヴェブレンであり，『有閑階級の理論』はそ

の最初の主要な著作である,と考えられる。

この著作には「制度の進化についての経済学的研究」という副題がついているように,経済行動が制度的・文化的環境に条件づけられるということを強調した。ヴェブレンにとって制度とは思考習慣であるから,消費もまたひとつの制度である,といえる。そして制度という視点から消費を見たところにヴェブレンの消費論の独自性がある。

そこで私はデビット・ハミルトン（David Hamilton）の「制度派経済学と消費」[5]を採り上げ,特にヴェブレンが『有閑階級の理論』で展開した消費理論について検討することとした。というのも,ハミルトンも述べているようにこれまでヴェブレンの消費論については,ヴェブレンならびに制度派経済学の研究においても余り検討されてきていないし,消費論の検討により制度理論の現実的な側面を明らかにすることができる,と考えたからである。また,それはヴェブレンの経済学の基本的な特徴の一部を明らかにする上でも重要である,と考えたからに他ならない。

2. ジェレミー・ベンサムと因襲的経済理論

さてハミルトンによれば,すべての経済活動の最終的な目的としての消費についての主流派経済学の考え方の出発点にはアダム・スミス（Adam Smith, 1723-1790）の認識がある,という。[6]スミスは『国富論』の中で消費を次のように説明している。「消費はすべての生産の唯一の目標であり目的であって,生産者の利益は,それが消費者の利益を促進するのに必要であるかぎりにおいてのみ,留意されるべきである。この命題は完全に自明であり,それを証明しようと試みるのは,ばかげているだろう。ところが重商主義では,消費者の利益は殆んどつねに生産者の利益の犠牲にされており,消費ではなく生産が,すべての産業や商業の究極的な目標であり目的だと考えているように思われる」[7]。これは未だに因襲的な理論が消費にアプローチする場合の考え方であるということは,現代の入門的な教科書においてさえ「ほとんどすべての経済的活動の

目的は消費である」という考え方に基本的に基づいている、という[8]。

　ハミルトンによれば，もしも消費が経済活動の最終目的であり，その結果として何も伴わないのならば，勿論その場合何も言うこともできないし，言う必要もない。一般的な人類の状況を欠乏として見る結果は，消費がすべての活動の目的であるという考えと結びついており，消費過程の研究は殆ど考慮されていない。さらに消費過程はあらゆる経済文献の目立たない隅に追いやられ何ら関心を引かない。

　全体的な経済的な福祉という観点で消費への唯一の価値のある関心は延期された消費あるいは貯蓄である。現在の消費は総産出の増大にとって絶えざる脅威であった。金持ちの貯蓄が多くなればなるほど，将来における総産出は大きくなる。貧者の長期的な救済手段は現在の金持の豊かさである。ガルブレイス（John Kenneth Galbraith, 1908-2006）が把握したように，豊かさは有用な社会的な美徳である。したがって，もしも，より多くの現在の所得が低い部分にゆくならば，彼らの生活水準を引き上げるために殆んどなにも成し遂げられない。

　消費が伝統的な理論でむしろ冷淡に取扱われてきたということを指摘するために，全価値論が消費に関連しているという事実を見逃してきた。因襲的な経済理論の主要な目的は，常に商品の価格の割合がそれらの商品の真の価値の割合と等しくなる，ということを証明することであった。その「真」の価値は労働に具現化されているか，あるいは主観的な感覚に具現化されているかである。しかし，価値の源泉が何であるとしても，価値全体の問題は消費の次元である。経済活動の目的物（商品）を指摘するために用いられる言葉は問題点を証明されないまま真実と仮定して論じられている。何のための商品か？　また，その問題はわれわれの関心を商品のもっている消費的含意に向けさせる[9]。

　ところでハミルトンによればこのような因襲的な経済学にはジェレミー・ベンサム（Jeremy Bentham, 1748-1832）の考え方の影響が見られるという。「ベンサムの影は，この伝統的な消費理論のすべてに，古典派経済学にさえ重くのしかかっている。……。ベンサムに影響を与えた同じ世論が初期の古典派経済学に影響を与えている。快楽主義的考え方は古くからの血統があり，快楽的感覚

あるいは苦痛の発生のどちらかが明らかに常に完全にかきたてられていることと結合していることを価値があることと同一視する。心理学的快楽主義の心理学的エゴイズムはベンサムの見方であり，17世紀および18世紀の社会思想の大部分を特徴付けているし，その考え方は労働価値説により古典派経済学に染込んでいる。労働は退屈で苦痛なものであると考えられ，その物的な具体化を象徴しているその生産物は価値があると考えられた。というのも，創造的過程の副産物である汗と涙のためだからである。もしも一匹の鹿を獲るのに二日かかり，ビーバーを獲るのに一日かかったとすると，明らかに前者は後者の二倍の価値を表している。18世紀の紳士的哲学にとって，それは自明な心理」であった。[10]

「自明」な心理など存在しないにもかかわらず，労働価値説は消費の意味を持っている。商品を巧みに作るのは，その中に具現化された労働である。人が血と汗と涙により生産される商品は，等量の血と汗と涙が具現化された商品と交換されるから，消費に含まれている意味は，人は文字通り額に汗してパンを食べるが，そのパンでさえ誰か他の人の汗を具現化したものである，ということである。

すでに述べたように因習的な経済学は商品の価格の割合がその実際の価値の割合と等しくなるということを示すために法外な時間を費やしてきた。そして二つの商品に具体化された労働の割合は，その二つの商品の価格の割合に等しくなると仮定するけれども，これは問題外となる。[11]

スミス自身は水とダイヤモンドの問題に疑問を提示した。なぜ，たとえば水のようなものは大きな使用価値をもち，殆んど交換価値（価格）がないのに，その他のものは殆んど使用価値がないが高価格に値するのか？　この問題のすべての謎は1870年代の経済学者，スタンレー・ジェボンズ（William Stanley Jevons, 1835-1882），カール・メンガー（Carl Menger, 1840-1921）およびレオン・ワルラス（Leon Walras, 1834-1910）らの優れた見解により解かれるまで経済学者を悩ませてきた。

ガイ・ルースが述べているように，効用理論はメンガーとジェボンズが

1871年に、ワルラスが1874年に著作を出版し、そしてその学説が広まった。しかし、しばしば十分には評価されていないのは、古典派理論に消費理論を与えているのが純粋なジェレミー・ベンサムである、ということである。「最初の新古典派のジンテーゼ」はアルフレッド・マーシャル（Alfred Marshall, 1842-1924）により達成された。マーシャルはベンサムを経済理論に持ち込んだ。「需要は快楽（効用）を代表し、供給は苦痛（非効用）を代表する」[12]。

ハミルトンによれば、「その心理学はそれ自体に欠陥がある。快楽主義は経済学以外の社会的探求のいかなるその他の分野でも容認されなかった。むしろベンサムを擁護するため——それは不可能な作業であるが——心理学がその理論には適切であった、ということを否定し始める経済学者もいた。1930年代にライオネル・ロビンズ（Lionel Charles Robbins, 1898-1984）がとった方法がそれである。そして、これが「欲求を所与のものとする」というフレーズの意味である。」[13] ロビンズは次のように言う。「それは何故かを経済学者に問うことではない。もしも消費者が喜んである価格に対して支払いをするならば、そのことはその購買の目的が望まれたものであり、それゆえに価値のあるものである、という証拠であると考えられる」[14]。

勿論、欲求の起源にはなんら秘密はない。欲求の大分部は必ずしも人間の心にあらかじめプログラムされた内的なあこがれの反映ではない。そしてガルブレイスは、彼が「依存効果」（Dependence effect）と名づけたものを展開するさいに、はっきりと、欲求は天国で作られるわけではない、と述べている。[15]

ガルブレイスが行なったような社会的真実に対する容認は、市場が人間の心の内的な憧れを反映している、と主張する理論にとってはまったく容認できないものであった。もしも欲求が天国で作られ、それが自由市場でのみ表現されるのならば、その表現はきわめて重要である。欲求は個々人にとって貴重である。かくして欲求が、地球上で実際に文化的に形作られるということを示唆するどんな理論も、それらを神聖視しないと、ということを示唆する。自由市場の力の熱心な信者にとって、かかる示唆は最悪の種類の異説である。ガルブレイスは、欲求することは人間的であることを示唆したし、人間であることは文

化的に表現が条件づけられるということも示唆した。[16)]

そしてハミルトンによれば，因襲的な経済学は快楽主義についての大きな批判に対して不思議なことに反応しなかった。無差別分析は，だれもその理論が仮定したような方法で基本的な効用を計算するために考慮に入れることができないというむしろマイナーな批判に対するひとつの反応として 1930 年代に急増した。またポール・サミュエルソン（Paul Antrony Samuelson, 1915-2009）は「効用」という言葉は全く使わないように顕示選好（revealed preference）を推し進めた一方で，幾何学的ならびに数理的な仕掛けは残したまま，また意図的にその全体的な仕掛けに経験的な実証を与えた。[17)] 現代の理論家のひとりが書いているように，「19 世紀のイギリスの哲学者であるジェレミー・ベンサムの学説に付け加えるものは殆んどない。彼は効用が満足を創造する商品において強力であるということや個人の幸福が誰もの満足の全合計である，ということを仮定した。」[18)]

端的にいえば，古典派の消費理論は消費過程を完全に完成したものと見てきたし，経済活動の最終的な目的とみた。労働価値説の社会的含意をさけるためにジェレミー・ベンサムの価値論を代置したが，経済学者は消費者行動理論あるいは価値論のいずれかの功利主義の不十分さにほとんど対応していない。今日，主としてベンサム主義としては語られないが，それらの容認が再び主張されているに過ぎない。そして，このことは消費理論を多くの理論なしにそのままにしておくことである，というのがハミルトンの結論である。[19)]

3．ヴェブレンの消費論の基本的特徴

ハミルトンは，制度派経済学における最初の主要な業績が消費理論として書かれたということは，制度的なアプローチに好意をもっている人々によってさえ，しばしば把握し損なわれている，という。[20)] ヴェブレンが『有閑階級の理論』を刊行したのは，主流派経済学への限界効用のゆっくりとした結合がまだ進行中の時であった。[21)] ヴェブレンのこの著作は因襲的経済学における消費理論（需

要理論)への快楽主義者の侵略に対する実証的な代替物と見るべきである。

　ところがハミルトンによれば，この著作はしばしばそのように解釈されなかった。それは大きく分けて次の二つの状況が原因である，という。その第一に，その著作が出版された時代に受けた状況である。第二には，その後この著作は過度な消費に精を出している金持ちの欠点や愚かさに言及するものと多くの人々により解釈されてきた。「衒示的消費」(conspicuous consumption)や「衒示的閑暇」(conspicuous leisure)は例外的な消費や時々生ずる特異な形態に言及した用語である，と考えられた。[22] 数年前にイギリスの経済学者がこの解釈を採り，『衒示的消費：例外的消費行動の研究』というタイトルをつけた。合理的な消費は時代遅れの至福の計算により導かれ，衒示的消費は一種の社会的な常軌を逸脱した非合理的な行動の形態を代表している，というが，もちろんこれはヴェブレンが言おうとしたことではない。[23]

　ヴェブレンが消費行動についてどんな種類の快楽主義者の説明も，さらに言うならば行動のどんな側面についてのどんな種類の快楽主義者の説明をも拒絶したかは全く明白である。ヴェブレンにとって人間行動は社会的行動であったし，それは文化的状況により形作られるものであった。[24] 彼の『有閑階級の理論』は個人的よりもむしろ文化的見地からの消費理論であった。それは欲求が個々人にとって特有なものであり，欲求は所与のものであると考えねばならない——その起源についてはわれわれが何も知らない——という因襲的理論の基本的な前提を拒絶した。事実，欲求の起源についてマーケティングが最もよく理解している。

　因襲的な理論は，どんな個人の通常状態も均衡状態である，という前提で動いている。人類は常に静的状態に到達するように試みるが，常にこの要求は外因的な阻害要因により妨げられる。静寂主義(Quietism)が通常的な人間の状態である。われわれは均衡が妨害されることにより静止した状態から逸脱した場合にのみ活動的になる。さらにいうならば，この考え方はヴェブレンの立場や現代の行動理論と鋭く対立している。[25] どんな種類の個人的均衡あるいは社会的均衡を確立しようというどんな試みも活動的な人間性に与えることは不可能

である，と制度主義者が主張することと対照的である，と言えるかもしれない。

　この事例についてはジョン・デューイ（John Dewey, 1859-1952）がずっと以前に述べている。すなわち，「絶対に受動的という意味で，本質的に全く自動力を欠いている事物という観念は物理学から駆逐され，最近の経済学の心理学のなかに逃亡した。実際，人はとに角も行動するのであり，行動せざるを得ないのである。あらゆる基本的な意味で，人は自分に何かさせるには動機が必要だというのは間違いである。健康な人間にとって，無為は禍の最大のものである。子供を観察する人は誰でも，休息の時間が自然である一方，怠惰は獲得された悪──あるいは徳だということを知っている。人は目覚めている限り，たとえただ空中楼閣を描くためでも，何かをするのである」[26]。

　『有閑階級の理論』では，人間は快楽主義的解釈の特徴である受動的な受容器ではなく，活動的なものと見做されている[27]。ハミルトンによれば，「ヴェブレンは人間を進行中の生活過程，財の生産，財の消費およびその結果としてより多くの財を生産するために寄与するそれ以降の活動に従事するものと見做した。事実，制度的な分析では，多くの状況で消費と生産を区別することが困難となる。……生活は消費的目的として本質的に生産的手段から区別されうる，ということの全くない継続的な活動的プロセスである。手段と目的は，そのような一時的な結果においてのみ存在する。生活は活動的な継続体である」と考えた[28]。

　因襲的な快楽主義的理論では，もちろん人々は環境の中で活動することを余儀なくされる。その活動の総計は社会的である。その仮定は，意味のある人間行動にはいかなる社会的次元も存在せず生ずる，というものである。人間行動を形成する文化は全く存在しない。実際は，ひとびとはまず最初に行動し，活動するさいに，どういうものか文化を明示する。文化は人々の活動にすぎない。オーストラリアの奥地（bush）のどこかにいる孤独な個人も，個人的と考えることは実にばかげたことではないかもしれないが，その行動において文化を形成している。換言すれば，文化は珊瑚環礁のような何物かで，人間の全成長の総額である，と考えられる[29]。

しかしながら，ハミルトンによれば，今日すべての行動は個人的でもあり社会的でもある，ということは認識されているし，行動がとる形態は文化的に条件づけられ，文化に由来するものである，ということもまた認識されている。事実，文化受容過程の産物でない孤立した個人というようなものは存在しない。孤立した経済行動の説明としてロビンソン・クルーソーを採り上げることを好む経済学者たちは，その架空の物語のヒーローが徹底的に英国人として文化受容されていたという事実を全く見逃しているように思われる。また，そのことは，しばしば彼が社会的に組織化された過程に参加していた，ということも仮定している。[30]

ハミルトンによればヴェブレンは消費を二つの側面から見ている。すなわち一つは儀式的なものであり，もう一つはテクノロジカルあるいは道具的なものである。われわれは財を地位のシンボルとして使うし，また同時に近い将来の目的を達成するための道具としても使う。つまりわれわれは財を二つの方法で使っているのである。[31]

ある意味でわれわれの消費は所得の分配に敬意を払っている。高等な経済理論同様一般的な信念によれば，所得の分配は諸個人がまだ分配されていない所得全体の生産に対して行うに違いない異なった貢献を反映している。分配の公正が存在するということが一般に信じられている。この事柄に関して存在する意見の不一致は分配の公正がそのシステムに固有である特定の場合において，いくらか妨げられるかどうか，ということである。ある特定の個人あるいは特定の集団が，その貢献を上回る所得を獲得することを主張するばあいもあるし，その逆の場合もある。しかし，実際問題はそのシステム自体の公正さであることはごく少ない。

この異なった所得を受け取ることは証拠を提出することが要求される。しかしながら，この現象の解釈は決して目に余るものではない。それは大抵，人は消費的行動に楽しみを認めるに違いないと主張する。「特別な時のためのドレス」を持ち，「立派な」邸宅を維持し，「立派な」隣人と生活し，「正しい礼儀作法」で食事をし，「けち」あるいは「放蕩者」ではなく，「申し分のない」組織ある

いはクラブに属さねばならない。そしていつでも「立派な」あるいは「正しい」あるいは「礼儀正しい」ということは，その瞬間にわれわれが携わっている役割の機能である。[32]

　ヴェブレンは『有閑階級の理論』でこのことを十分に明らかにしたが，ハミルトンによれば，この点はしばしば学問的用法おいても一般的の用法においても誤解されている，という。すなわち，一般にも，また学問的な説明でも，この現象は「隣人たちと張合う」ものとして言及されている。消費はお互いに急いでより多くの金を使うレースであったけれども，勝利者にはその名声が生ずる。しかし，この事実からはそれ以上のものは何も生じない。不正な手段で得た膨大な量の利益を見せびらかす不正な金儲けをする者は，多額の資産を相続した大富豪の銀行家の不名誉に比べて地位で後者を凌ぐことはない。勿論，不正な金儲けをする者は，その世界ではその地位に相応した水準で金銭を使う必要がある。銀行取引の世界での資産家の銀行家と同様に。そしてそのことは最も名声のある地位から最も低い地位まで及ぶ。最も低い地位にあるものはクレジットカードを巧みに使ったとしても支出によって自らを最も名声のある地位と同等の地位まで引き揚げることはできない。すなわちハミルトンは「衒示的消費の根本原理は，"十分な"支出の要求と同様に，またその支出に限度があるし，それにふさわしいのは，その時々の役割に依存している。そのために必要とされているものを上回ることは，その社会的に与えられた快適性に対する不注意と同様に無用な関心を引き付ける。地位が適正な支出を明示するのであって，その反対ではない」という。[33]

　このことは少なくとも，ある地位にある集団全体が消費習慣を変更することによって地位の向上を象徴化することができない，ということを主張しているわけではない。しかし，ある特定の集団は，社会の大部分がすでにこの向上に応じてしまった場合にのみ，そうすることができる。

　この現象に殆んど無関係なのはスタイルやファッションである。ヴェブレンは，その場合有閑階級が，より低い社会階級によって張合われるスタイルを示すし，衒示的消費の特徴で非常に満たされているスタイルは機能との接点を失

っている,とも主張する。[34]

　むしろ短期的には魅力的であると評価されるものも,じきに不便なもの,恐らくみすぼらしく醜いものと考えられるようになる。最近のファッションにいえることは,いわゆる低い社会階層による張合いである。上流夫人のメイドが上流婦人のオリジナルの安価なイミテーションで名声を博した場合,オリジナルはもはやスタイルではない。キャデラックのフィンがコルベットに現れたとき,キャデラックからはもうすでにフィンはなくなっていた。スタイルは衒示的消費の不可欠な部分である。従って,スタイルは主要な地位のシンボルとして最も顕著な要因である。これは交通手段においてきわめて明白である。往年の上等のブルーム型馬車は今日の輸入スポーツカーと同様に地位のシンボルであった。ドレス,住宅およびグルメフードの場合では,スタイルは殆んど周期的な秩序で現れてはすぐに消える。そしてこれらのものはすべて衒示的な地位のシンボルとして役立つものばかりである。[35]重要なことは実際消費に対する儀式的な要求は,その機能において中世の時代から今日までそれほど大きく異なっているわけではない,ということである。

　どんな消費財あるいは慣行の価値判断も制度的な信頼性という問題にしがみついている。関与している関係者に社会的な役割が与えられている場合,問題はその状況下における確実な装いである。われわれは非日常的な儀式に必要とされるものを十分に承知している。しかし,同様なことが日常の生活をも支配している。[36]これらの文化的複合体に対して関心が向けられる場合,関心を引いているものは,われわれはそれぞれの場合にこれらの事柄を十分考慮にいれている,という結論を下しがちである。しかし,この事実からは何もこれ以上進まない。われわれは歳をとるにつれて,次第に要求される消費の役割に対応することに習熟するようになってくる。実際に役割や地位に見合った行動の要求するものにより気づくようになる。ひとたび文化変容が起こると,順応は「自然」に思われるようになる。われわれは歩きながらガムを噛むということを同時にできる。[37]

　皮肉なことに,この順応が快楽主義的な行動の解釈に信頼性を与えるもので

ある，というのも尤もである。順応はある種の自己満足を招く。行動の社会的な役割を特徴付ける慣習やタブーに執着することは，その信奉者にある種の正義の感覚を与える。この点においてベンサムは正しかった，と言える。人間行動には感情が存在するが，それは行動の原因ではない。この感情の追求を極大化する必要な行動でもない。感情は行動パターンに伴って生ずるし，それに従いさえする。そして，それはまた，あるひとが社会的役割や地位の要求に応じない場合に苦痛として定義される感情が存在する，ということでもある。われわれは無用の注意に引き付けられてきたと感じるし，名声を不名誉に感じたり，傷つけたり感じる。文化変容のプロセスは非常に強力なので，誰かが承認あるいは非承認のいずれかを表明しない場合でさえ，これらの自由な感情や傷つけられたりする感情を経験するかもしれない。しかし，活動はこれらの感情を確実にしたりあるいは避けたりするための探索ではない。またそれらを極大化あるいは最小化することでもない。活動はそれ自体が動機である。感情は二次的な派生物である，とハミルトンはいう[38]。

　そこでハミルトンは快楽主義的な人間観とその対極にあるヴェブレンの人間観とを比較して次のように述べている。「愉快の感情を極大化し，不愉快な感情を最小化することを追及するものとしての人間の消費行動についての功利主義的な解釈は，現代の経済理論において合理的行動と解釈されている。地位のシンボルとしての消費の使用は，この合理的な極大化行動と対照的なものである。もちろん，因襲などに拘束されない快楽主義的解釈においては，衒示的消費は単にそれによって快楽を極大化する人間もいるに過ぎない，と述べられている。どんな行動形態も個人的に極大化するという最初の前提からは除外することはできない。しかし，より慎重な快楽主義者にとっては，衒示的消費は例外的行動あるいは変則的な行動となる。衒示的消費の概念をこのように解釈することを容認するロジャー・メイソンのような研究者もいる。この見解において，ヴェブレンは強力な感覚に基づく合理的選択システムと対照的に存続している非合理的な例外を指摘しているだけである，といえる」[39]。

　さらにこのような解釈をハミルトンは次のように批判する。「ヴェブレンお

よび制度的消費理論についてのこの解釈は次の二つの理由で不完全である。ひとつは，感情に価値判断の場所を置くためには，それを極端に短命な基礎の上に築かなければならない。感情ほど流動的で実態のないものはない。最初にある感情を持っていても，次には持っていない。どれほど頻繁に良い感情が悪い感情になり，悪い感情が良い感情になるのか！　また，いかに頻繁に直接的な商品の感情が長期的な視点で有害な効果を持つ何物かを反映することに変わるのか。また否定的な判断は快楽を超えて引き続いて起こる苦痛に基づいてはいない。ある場合には決してそうではない。この窮地を脱出するために，経済学者は大抵ベンサムの解決法に訴える。これは経済学者が何故と尋ねるからではなくて，消費者がその他のものを喜んで遠慮し，良い何物かを受け取ったためである。価値評価は純粋に主観的なものである。そこにはなんら議論すべき嗜好はない。それらは個々それぞれ独特であるからであり，そのような主観的な感情を判断するためには判断されるべきものにその判断を課すのである。そのようなものは独裁者の手段である。消費に適応した場合，これは単により一般的な立場の特殊な適応である。そこにおいては価値判断過程―価値―の結果を評価することは不可能である，ということを主張する。価値の判断は見守るものにとってはユニークである」。[40]

　この価値のニヒリズムは，慣習ニヒリズムや文化的相対主義という形態で社会学者や人類学者の立場から再強化されている。かくして，快楽主義的消費理論はその他の社会科学において信頼性を持っているように思われる。そこでは，ベンサムの18世紀の考え方の露骨な受容は，浮かれ騒ぎ以外のなにものも引起さない。文化的相対主義者は，自集団中心主義をさけるための価値のある努力をするさいに，しばしば儀式的な基礎以外に基づく判断は不可能である，ということを議論する立場になった。理解されたのは，すべての真実は文化に独特である，ということであった。いずれにしても，単一の快楽の追求によってのみ導かれるに過ぎないといわれる以外の行動は，非合理的なものとしての分類の正当な根拠となる，といえる。人生や生活の指針として，快楽と苦痛という気まぐれは，それらが効用や非効用として言及されるか，あるいは単に満足

として言及されるかどうか，は全くわからない。

　しかしヴェブレンの消費論の因襲的な解釈についてのより重要な批判は，認められているというよりもむしろ無視されている，とハミルトンはいう。「もしも商品が単に地位の象徴として使われるのならば，その理論は非合理的な行動のひとつとして解釈されうることは絶対に間違いない。実際このような見解を採る制度主義者もいる。彼らは，合理的な行動は快楽主義的に私利を導く，ということを容認してきた。彼らが反対すべき伝統的な理論に見出したものは，社会的に誘発された衒示的消費という形態における非合理性を無視している，ということである。彼らの異議は，人々は私利同様に社会的因襲の創造物である，ということを議論することに要約される。彼らの因襲的な理論についての唯一の誤りは，最も重要な要素である社会的に誘発された非合理性を無視したことである。

　この後者の立場は快楽主義的エゴイズムを不当に扱っている立場であり，ヴェブレンの消費理論のすべてを理解しそこなっている。ヴェブレンは衒示的消費が互いに凌駕しようとしている人々の間の非合理的な闘争である，とは主張していない。上に述べたように，消費者は一定の地位や役割の立場与えるわずかな礼儀（上品さ）を維持している。消費は非常に下回ったりしないし，上回ったりしない。双方の状況は，不要な関心を引き付けるか，あるいは，それはその消費者の心を引き付ける。しかし，もっと重要なことは，商品は同時に二つの方法で使われる。もちろん，それらは地位の象徴として使われるが，より重要なことは，それらは近い将来の目的—すなわち，生活過程である連続性における多くの通過駅のひとつ—を達成するための道具あるいは器具としても用いられる」[41]。

　『有閑階級の理論』を通じてヴェブレンは，衒示的消費（浪費）を満足させるための商品の使用と何かの近い将来の目的を達成するための商品の消費とを区別する機能の標準をほのめかしている。

　商品の良さは生活過程の連続性への貢献である。そこでヴェブレンは「あらゆる支出が引起されるに違いない試金石は，……それが直接的に全体として人

間の生活を強化するかどうかという問題である—それが生活過程を促進するかどうかという問題である」と述べている。[42] ヴェブレンの多くの読者は，それは「衒示的消費」とタイトルを付けられた章の締めくくりのパラグラフにおいてもっとも明白である価値論を軽視する。彼の有用性あるいは何らかのものの価値の判断基準は道具的である。

ハミルトンは「われわれは絶対に間違いなく商品を信頼性に基づいて判断する。衒示的消費は，あるアイテムがその特別な時やその消費者の役割にとって信頼性がある，ということを与える。しかし，これは判断のための排他的な基礎ではない。商品は地位の象徴としても，特別な時の標章としても用いられると同時に，また近い将来の何らかの目的を達成するための道具としても用いられる。自動車はこの二重の目的の優れた事例である。われわれは車を地位の象徴として使うが，同時にある地点からその他の地点への移動手段としても使う。また，われわれが新車を欲しいという場合には，双方の要素が複雑に絡み合っている。ニーズは儀式的ニーズと同時に技術的ニーズにも関連している。近い将来の目的を達成するための道具として信頼できない車の物質的な劣化は，同時に地位の象徴としてあるいは支払能力の典型として希薄なものにする」[43]とヴェブレンが商品の持つ象徴的な側面と道具的な側面の双方から商品を捉えている点を明確に指摘している。

次にハミルトンは「制度派経済理論においては総消費よび消費支出が国民所得および雇用の重要な決定要素である。……因襲的経済理論はその延期された次元での消費に関心をもつ。貯蓄は延期された満足を表している。その延期された満足は，もしも経済が成長した場合必然的に重要な要素である。……因習的な考え方は貯蓄を動的な諸力として，また消費を貯蓄に対する妨害物と見做している，ということができる」，という。[44]

経済全体についての制度的な見解において，われわれはすべて技術的に相互依存している。しかし，われわれの経済は工業的な経済であるだけでなく，金銭的経済でもある。われわれは道具志向的行動において補完的に結びついているように，金銭的な行動とも相互に結びついている。しかしながら，テクノロジ

ーは主要なものであり，金銭的な反映は派生的である。全体としての社会にとって，技術的に実現可能なものが蓄積されるにちがいない。社会がこれを生じるか認めるかどうかは制度的に決定される。技術的に，消費を構成している活動と生産を構成している活動とを区別することはむしろ難しい。金銭的な側では，消費支出はたいてい家計から生ずるが排他的にではないし，投資支出もなんらかのビジネスから生じるが，それもまた排他的にではない。[45]

　それゆえハミルトンによれば，この生産（投資）と消費の間の相互関係についての視点から，制度主義者はそれらを対照的とは見ない。他方制度主義者は，金銭的所得の分配システムは，生産における潜在的な増加により保障され絶えず消費の拡張を抑制する，といった主張をする。制度的なポジションは福祉状態を支持する。経済的な不安定さは所得分配の非常な不平等さと一致している。制度主義者にとって，近代の工業経済の最大の問題は常に上昇する生産能力を引きつけ常に上昇する消費である，と考えられる。[46]そこで以上を要約し，ハミルトンは次のように結論づける。「因襲的な消費理論は静的な理論であり，その主要な関心は，ベンサムの至福の計算に基づいて，福祉の何らかの極大状態が達成されるという均衡状態である。テクノロジーの動的性格を強調する制度主義者にとって，消費への関心は第一にその包括的性質（expansive nature）であり，第二に因襲的な理論は消費者の福祉をベンサムが引き出した感覚の関数とみた。制度主義者は福祉を価値評価過程の関数とみた。それは地球で商品を選ぶ際の大分部の時間にわれわれがなしていることである」。[47]

4．ハミルトンの所説の検討

　以上ハミルトンの所説に沿ってその主張を見てきたが，次の二つの点に絞ってその所説を検討したい。
　第一にハミルトンがベンサムと因襲的な経済理論（消費理論）について論及している点である。第二にヴェブレンの消費論について述べている点である。
　では，まず第一点から検討することにしよう。ハミルトンも述べているよう

に，因襲的な経済学の理論の前提にあるのはベンサムの快楽・苦痛の受動的な人間観である。ところで，ベンサムの生涯はデビッド・ヒューム (David Hume, 1711-1776) の経済的論文，アダム・スミスの『国富論』，デビッド・リカード (David Ricardo, 1772-1823) やトーマス・ロバート・マルサス (Thomas Robert Malthus, 1776-1834) の著作の出版と重なっている。ベンサムは古典学派の熱狂的な信奉者であったばかりでなく，彼自身も哲学や経済学にいくつかの独創的な貢献をした。ベンサムはその考え方の基礎として功利主義を用い，改革のための体系的な哲学的および経済的な学説を展開した。功利主義の考え方では，もしも快楽と苦痛とが量的に計測でき，異なった諸個人を比較することができるならば，あらゆる法律や条令は全苦痛に対する全快楽をバランスさせることによって判断されうる，と考えた。しかし，このような功利主義の欠点は，社会全体の幸福が社会を構成する諸個人の幸福の合計である，と主張したことである。つまり，人間をすべて等質的に考え，同じように反応するものとして捉えた。功利主義では人間行動は快楽を極大化し，苦痛を最小化することを望むことによってのみ動機づけられるという快楽主義的な見地から把握される，という受動的な人間観に基づいている。

　このような欠陥があるにもかかわらず，ベンサムの人間性の概念はリカード，ミルおよび初期の限界主義者，特にジェボンズの経済体系の基礎となった。限界主義者の需要理論の基礎となっているのが限界効用理論であった。この考え方は諸個人が非常にさまざまな商品から受けとる満足の強度を比較することを仮定している。人々は完全に合理的であり，注意深く計算するものと考えられた。したがって，このようなベンサムの快楽・苦痛に基づく受動的な人間観が因襲的な経済学の消費論の前提に深く埋め込まれた，といえる。[48]

　これに対してヴェブレンは全く異なる人間観をもっている。すでに触れたようにヴェブレンはその思想形成の段階でアメリカ独自の哲学であるプラグマティズムとダーウィン主義の影響をうけて，独自の本能論に基づく能動的な人間観を持っていた。ヴェブレンにとって社会構造の進化は制度の自然淘汰のプロセスであり，進歩は最適な思考習慣の生存および環境の変化に対する諸個人の

主体的な適応過程であった。これらの制度の進化は社会の進化を表していると考えられた。したがってベンサムの快楽・苦痛の心理学にもとづく因襲的な経済学の受動的な人間観は受け容れられなかった。

ハミルトンが因襲的な経済学の消費論の先入観（前提）にベンサムの快楽・苦痛の心理学に基づく受動的な人間観があることを暴露した点は評価できるし、より具体的な事例の展開は説得的である。しかし、ヴェブレンの独自の本能論にもとづく能動的な人間観には全く論究していない点は不十分であり、因襲的な消費論との対比が成功しているとは言い難い。つまりヴェブレンの消費論を人間観との関連において分析し、さらにその進化論的経済学との関連を分析することにより、ヴェブレン経済学全体と消費論との関連およびその独自性が一層明確なったと思われるからである。[49] さらにもうひとつ付け加えれば、このように理論の前提や仮説などに対する批判がヴェブレンの経済学批判の特徴であり、それは因襲的な経済学のさまざまな学説に対して等しく行なわれているという点も指摘すべきであった。[50]

また第二にヴェブレンの消費論についてハミルトンは論じているが、その際ヴェブレンの制度理論に全く論及していない。ヴェブレンは経済分析の根本的な理論的概念として習慣と制度を用いた。制度は一定の環境の下で人間の諸本能を満たす社会的に規定された行動パターンである、といえる。そしてこの制度論を基礎としてヴェブレンは有閑階級の消費（制度）を分析しているからである。さらにヴェブレンは単に有閑階級だけの消費にとどまらず、社会一般の消費を規定する要因も併せて分析している、といえる。[51] したがってこの意味において、ハミルトンが衒示的消費を「例外的」と捉えるメイソンの考えを否定している点は評価できる。しかし、すでに触れたように、ヴェブレンの経済学の基礎となっている制度論との関連で消費を捉えていない点はハミルトンの分析の限界を明らかにしている。というのも、消費を制度理論から捉えることにより、「衒示的消費」の考え方はヴェブレンが「有閑階級」を分析対象とした「金ぴか時代」における消費行動だけでなく、現代における消費行動を解明するためのカギのひとつを与えてくれる、と考えられるからである。[52]

注）
1 ）田中敏弘『アメリカの経済思想　建国期から現代まで』（名古屋大学出版会，2002 年 2 月 25 日初版第 1 刷発行，113～114 頁）．
2 ）同上書，114 頁．
3 ）ヴェブレンの進化論的経済学については，たとえば次の文献を参照されたい．小原敬士著『ヴェブレンの社会経済思想』（一橋大学経済研究叢書 18，岩波書店，昭和 41 年 3 月 25 日第 1 刷発行，61～77 頁），松尾博『ヴェブレンの人と思想』（ミネルヴァ書房，昭和 41 年 6 月 20 日第 1 刷発行，60～80 頁），および中山大『ヴェブレンの思想体系』（ミネルヴァ書房，1974 年 5 月 20 日第 1 刷発行，60～116 頁）．
4 ）Thorstein Veblen, *The Theory of Leisure Class: An Economic Study in the Evolution of Institutions* (New York: Augustus M. Kelly, 1974), p. 118. 小原敬司訳『有閑階級の理論』（岩波書店，昭和 36 年 5 月 25 日第 1 刷発行，183-184 頁）．ヴェブレンの経済学は特にダーウィン主義とプラグマティズムの実証主義哲学が影響を与えている．この点については，例えば，根井雅弘「ヴェブレンの『企業の理論』」，佐和隆光編著『現代経済学の名著』（中公新書 934，中央公論社，1989 年 8 月 25 日発行，4 頁），ディビッド・リースマン「ヴェブレンの適切性」，ディビッド・リースマン著，加藤秀俊訳『何のための豊かさ』（みすず書房，1989 年 12 月 20 日第 17 刷発行，264 頁）などを参照されたい．また，ヴェブレンによれば「社会的進化は，共同生活の環境の圧力のもとでの気質や思考習慣の淘汰的適応の過程である．思考習慣の適応は，制度の成長である」（Veblen, *The Theory of Leisure Class*, p. 213. 小原訳『有閑階級の理論』204 頁）．
5 ）David Hamilton, "Institutional Economics and Consumption", *Journal of Economic Issues*, Vol. XXI, No. 4 December, 1987, pp. 1531-1553. ハミルトンの所説は「制度派経済学と消費」となっているけれども，実際にはヴェブレンの『有閑階級の理論』を中心とした論述であり「ヴェブレンと消費」という内容になっている．
6 ）*Ibid.*, p. 1531.
7 ）Adam Smith, *An Inquiry into The Nature and Causes of The Wealth of Nations*, 1776. The fifth edition 1789. アダム・スミス著，水田洋監訳，杉山忠平訳，『国富論（三）』（岩波文庫，2001 年 3 月 16 日第 1 刷発行，296 頁）．
8 ）David Hamilton, *op. cit.*, p. 1533. Cf. Turley Mings, *The Study of Economics: Principles, Concepts, and Applications* (Guilford Conn.: Dushkin Publishing Group), 1987.
9 ）*Ibid.*, p. 1534.
10）*Ibid.*, p. 1534. ベンサムに関する最近の研究のひとつとして次のものがある．坂井広明「ジェレミー・ベンサム―利益・エコノミー・公共性の秩序学―」『経済学の古典的世界 1』（日本経済評論社，2005 年 5 月 18 日第 1 刷発行，110～174 頁）．またオーサーは「ベンサムの思想の中心的で最も論争的なテーマは功利主義あるいは最大幸福の原理と呼ばれてきた．その基礎となっている哲学は，古代ギリシ

ャにも遡るが，快楽主義哲学である。すなわち，すべての個人は自分自身の最大幸福を追求する」と述べている。Jacob Oser, *The Evolution of Economic Thought third edition*（New York: Harcourt Brace Jovanovich, Inc.), p. 116.

11) David Hamilton, *op. cit.*, p. 1535.
12) Cf. Guy Routh, *The Origin of Economic Ideas*（New York: Viking Books) 1977.
13) David Hamilton, *op. cit.*, p. 1536.
14) Cf. Lionel Robbins *An Essays on the Nature and Significance of Economic Science*（London: Macmillan and Co. 1949). 辻六兵衛訳『経済学の本質と意義』東洋経済新報社，昭和50年6月20日第18刷発行）。
15) John Kenneth Galbraith, *The Affluent Society*（London: Hamish Hamilton) 1958, p. 124. 鈴木哲太郎訳『ゆたかな社会』（岩波書店，1960年5月31日第1刷，144〜145頁）を参照されたい。
16) David Hamilton, *op. cit.*, p. 1537.
17) *Ibid.*, p. 1538.
18) Cf. Micha Gisser, *Intermediate Price Theory Analysis*（New York: McGraw-Hill). 1981.
19) David Hamilton, *op. cit.*, p. 1538.
20) *Ibid.*, p. 1538.
21) 『有閑階級の理論』については Joseph Dorfman, *Thorstein Veblen and his America 7th edition*, Reprinted 1972（New York: Augustus M. Kelly Publishers). 八木甫訳『ヴェブレン：その人と時代』（ホルト・サウンダース・ジャパン，1985年9月30日第1刷発行，249〜280頁），および高哲男『ヴェブレン─進化論的経済学の世界─』（ミネルヴァ書房，1991年4月20日第1版第1刷発行，39〜164頁）を参照されたい。また当時のアメリカにおける限界主義理論の状況に関しては，たとえば，小原敬士著『アメリカ經濟學の諸形態』（實業之日本社，昭和24年1月20日発行，18〜56頁），および田中敏弘『アメリカ経済学史研究─新古典派と制度学派を中心に─』（晃洋書房，1993年11月10日初版第1刷発行，2〜40頁）を参照されたい。
22) 「衒示的消費」（conspicuous consumption）は「誇示的消費」あるいは「見せびらかしの消費」などの訳語が当てられることもあるが，ヴェブレンの造語であり，独特の意味を与えられている。いわゆるヴェブレン用語のひとつである。
23) David Hamilton, *op. cit.*, p. 1539. ここで言及されているのは Roger Mason, *Conspicuous Consumption: A Study of Exceptional Consumer Behavior*（New York: St. Martin's Press）のことである。邦訳としては，『顕示的消費の経済学』（鈴木信男，高哲男，橋本努訳，名古屋大学出版会，2001年1月10日初版第2刷発行）がある。なお，この著作については，ハミルトンとティルマンの書評も併せて参照されたい。Two Reviews of Roger Mason: Conspicuous Consumption A

Study of Exceptional Consumer Behavior, *Journal of Economic Issues* Vol. XVII No. 3. September 1983, pp. 791-799.

24）このような人間観を持つがゆえに，ヴェブレンはベンサムの快楽・苦痛の受動的な人間観にもとづく因襲的な経済学の人間観に同意することができなかった。ヴェブレンにとって人間行動は制度的・文化的に条件づけられると考えられていたし，プラグマティズムの実証主義哲学の影響を受けて独自の本能論に基づく能動的な人間観を持っていた。それにより制度による制約とそれに対する反作用という相互作用から作り出される制度を十分に理解していた。ヴェブレンにとって受け容れられなかったのは，快楽・苦痛の心理学に基づいて合理的な行動にのみ分析を限定しなければならない，という因襲的経済学の人間観であった。この点についてカップは，ヴェブレンら制度派経済学者の人間観を因襲的な経済学の経済人（ホモ・エコノミクス）と対比して，「制度的人間」と呼んだ。詳しくは，K. William Kapp, *Envirometal Disruption and Social Costs*, 1975. K. W. カップ「制度派経済学の擁護」柴田徳衛・鈴木正俊訳『環境破壊と社会的費用』（岩波書店，1975年10月29日第1刷発行，24頁）を参照されたい。またヴェブレン独自の本能に基づく人間観については，南博『行動理論史』（岩波全書，1976年4月28日第1刷発行，49～54頁），中山大（前掲書，90～116頁）などを参照されたい。

25）David Hamilton, *op. cit.*, p. 1539.

26）John Dewey *Human Nature and Conduct: An Introduction to Social Philosophy*, pp. 118-119. 川村望訳『デューイ＝ミード著作集3　人間性と行為』（人間の科学社，1995年7月25日第1版第1刷発行，122頁）。

27）ヴェブレン自身は快楽主義的人間観について1898年に発表した論文「なぜ経済学は進化論的科学ではないのか」の中で次のように述べている。「快楽主義な人間の概念は快楽と苦痛とを電光のようにすばやく計算する計算機であって，幸福を追求する欲望のひとつの塊として刺激を受けると，あちこちでぐるぐる回り狂うが，自らは決して変わらない存在としてとらえられている。前歴もなく，将来もない。他から独立し，確立した人間的素材であって，衝動的な力に揉まれてあちこちに動かされる時を除いては，安定的な均衡状態にある。……精神的に快楽主義的人間は原動力ではない。」Thorstein Veblen, *The Place of Science in Modern Civilisation and Other Essays* (New York: B. W. Huebsh), p 73. なお，この引用箇所の邦訳は次の文献を参考にした。宇沢弘文『ヴェブレン』（岩波書店，2000年11月28日第1刷発行，49頁）。

28）David Hamilton, *op. cit.*, p. 1540.

29）*Ibid.*, p. 1540.

30）*Ibid.*, p. 1541. たとえばフィリップ・コトラーは，その著『マーケティング原理第9版』の中で消費者行動への文化の影響についてこう述べている。「消費者の購買行動のすべてにわたって最も強い影響を与えるのは文化的特性である。文化とは人間の欲求や行動を決定する最も基本的な要因である。……あらゆる集団や

社会には，それぞれの文化が」ある，と述べている。フィリップコトラー＋ゲイリー・アームストロング著『マーケティング原理【第9版】―基礎理論から実践戦略まで―』(監訳者和田充夫，ダイヤモンド社，2003年3月13日第1刷発行，206～207頁)。
31) *Ibid.*, p. 1541.
32) *Ibid.*, p. 1541.
33) *Ibid.*, p. 1542.
34) ヴェブレンは次のように言う「衣服のなかに表示されるのは，特に財貨の衒示的浪費の法則である。……女性の衣服は，その着用者が生産的職業から離れているということを誇示する点で，男性の衣服よりもずっとまさっている。…衣服は，際立って金がかかっており，また不便なものでなくてはならないばかりではない。それはまた同時に，最新流行のものでなければならない。」(小原敬士訳『有閑階級の理論』161～166頁。) この点については，セックラーの所説も併せて参照されたい。David Seckler, *Thorstein Veblen and the Institutionalism: A Study in the Social Philosophy of Economics* (London : The Macmillan Press Ltd), 1975, pp. 42-43. ヴェブレンの衒示的消費論は硬直的な上層階級から下層階級へのいわゆる「トリックル・ダウン」のみを強調しているわけではない点が重要である。この点については，Andrew B. Trigg, "Veblen, Bourdieu, and Conspicuous Consumption", *Journal of Economic Issues*, Vol. XXXV, No. 1, March, 2001, pp. 99-115 を参照されたい。
35) David Hamilton, *op. cit.*, p. 1543.
36) *Ibid.*, p. 1544.
37) *Ibid.*, p. 1544.
38) *Ibid.*, p. 1544.
39) *Ibid.*, pp. 1544-1545.
40) *Ibid.*, p. 1545.
41) *Ibid.*, pp. 1546-1547.
42) Thorstein Veblen, *The Theory of Leisure Class*, p 99. 小原訳『有閑階級の理論』99頁。
43) David Hamilton, *op. cit.*, p. 1549.
44) *Ibid.*, p. 1549.
45) *Ibid.*, pp. 1549-1550.
46) *Ibid.*, p. 1551.
47) *Ibid.*, p. 1552.
48) ミュルダール (Karl Gunnar Myrdal, 1898-1987) は制度派経済学者が「功利主義の道徳哲学や快楽主義的連想心理学の中に古典派や新古典派が求めたところの基盤に執着することはできない。……この陳腐な哲学や心理学以外にわれわれの仕事ための価値判断基盤を見出す努力を余儀なくされてきた」と述べている。(グ

ンナー・ミュルダール「制度派経済学の意味と妥当性」K. ドッパー編著，都留重人監訳『これからの経済学―新しい理論範式を求めて―』岩波書店，1978年8月25日第1刷発行，167頁）。また，占部郁美によれば，伝統的な「企業理論」の仮説は，19世紀のイギリスのベンサムの功利主義哲学に由来し，マーシャルの経済学以来ミクロ経済学に受け継がれてきたもの，といえる。この点については，占部郁美『経営学のすすめ第二版』（筑摩書房，1984年3月15日改訂版第5刷発行，34頁）を参照されたい。

49) ヴェブレンは，その独自の本能心理学はシカゴ大学にいたときに，サムナー (William Graham Sumner, 1840-1910)，ウォード (Lester Frank Ward, 1841-1913) の進化論的社会学，ジェームズ (William James, 1842-1910) の機能心理学，マクドゥーガル (William McDougall, 1871-1938) の本能心理学，ロエブの動物心理学の影響を受けているといわれている（南博，前掲書，43頁）。なお，ハミルトンの制度派経済学全体に対する考え方は *Evolutionary Economics: A Study of change in Economic Thought* (University of New Mexico Press, 1970) に詳しい。このハミルトンの著作については，小松章のすぐれた紹介論文がある。「制度学派に関する一考察―D. ハミルトンの所説を中心として―」（『社会科学論集』第34号，埼玉大学経済研究室，昭和49年3月，95～108頁）を参照されたい。

50) 馬渡尚憲『経済学のメソドロジー』（日本評論社，1990年4月26日第1版第1刷発行，311頁）。

51) 間宮陽介『市場社会の思想史』（中公新書，1999年3月25日発行，84頁）。古田隆彦は，ヴェブレンの「衒示的消費」についてこう述べている。「記号価値についての先駆的な理論を展開したのは，言うまでもなく，ソースタイン・ヴェブレンとジャン・ボードリヤールである。……ヴェブレンの記号価値論を一言で言えば，それは"衒示的価値の理論"であるといえよう」（古田隆彦『「象徴」としての商品―記号消費を超えて』ティービーエス・ブリタニカ，1986年10月10日初版発行，226～227頁）。しかし，すでに見たようにヴェブレンにあっては，ハミルトンが正しく認識しているように，象徴的価値と道具的価値の両面から商品および消費を捉えており，記号論的な把握では，その一面のみを捉えているといえよう。この点について間宮は「…ヴェブレンは物について一種の記号分析を試みるのであるが，重要なことは彼の消費論がこの記号分析にしっかりと錨をおろしていながらそれに引きずりこまれることがなく，むしろそれを背後においたまま上向して，有閑階級の消費をひとつの世界として描ききっていることである」と述べている。（間宮陽介『モラルサイエンスとしての経済学』ミネルヴァ書房，1986年2月20日第1刷発行，122頁）。

52) もうひとつ付け加えれば，ヴェブレンの『有閑階級の理論』で展開されている制度論は，その独自の歴史観に基づくという点も指摘できる。たとえば，小原敬士『ヴェブレンの社会経済思想』，61～77頁。

制度主義的消費論の進化

1. はじめに

　制度派経済学の創始者であり，制度学派の建設者の一人といわれているソースタイン・ヴェブレン（Thorstein Veblen, 1857-1929）は2007年に生誕150年を迎えたが，グルーチー（Allan Garfield Gruchy, 1906-1990）によれば，19世紀の正統派経済学への重大な挑戦を行ない，アメリカ経済思想のルネッサンスの精神的な指導者になることが，その運命であった，という[1]。確かにヴェブレンが生まれた時代，アメリカには新しい科学的ならびに哲学的な新たな展望が見られた。そのような時代の文化人類学，社会学や社会心理学などの隣接諸科学の考え方を摂取しつつ，ヴェブレンはその独自の経済学を構築した。特にプラグマティズムの考え方は，その方法論に大きな影響を与えた[2]。

　ヴェブレンを創始者とする制度主義者の経済概念の中で消費理論は文化的進化および経済的進化の一般理論から切り離すことができない。ヴェブレンの処女作『有閑階級の理論』は，このホリスティックで進化論的な視点から消費者行動を捉えた先駆的な研究である，といえよう[3]。「衒示的閑暇」（conspicuous leisure），「衒示的消費」（conspicuous consumption）や「金銭的見栄」（pecuniary emulation）といった制度化された行動様式に関するこの著作におけるヴェブレンの斬新な洞察は世紀の転換期に広く一般大衆の関心を掻き立てた。また，ヴェブレンはさまざまな著作において「制度的」あるいは「儀式的」な消費と「道具的」な消費を明確に区別している。このような二分法がヴェブレンの方法論の基本的な特徴である。

　ところで制度主義的消費論，特にこれまでの衒示的消費の評価についての史

的な検討はエジェルによってなされているが[4]、それによれば1980年代以降ヴェブレンの考え方が再び注目を集めてきている，という。ヴェブレンの時代よりもむしろ現代の「大衆消費社会」における消費を考える上でその消費についての考え方が一つの手がかりを与えるといえる。というのは，いうまでもなく今日のような豊かな社会においては生産ではなく消費が一つの重要な制度であり，それとの関連で消費を捉えているのがヴェブレンだからである[5]。

そこで，本章において，私はミルトン・ローワー（Milton Lower）の「制度主義者の消費理論の進化」という論文を取り上げ検討することにした[6]。というのも，この論文の中でローワーがヴェブレンの『有閑階級の理論』以降制度主義的な消費論がどのように発展してきたかを基本的な方法論，因襲的な経済学との対比などを通じて明確にし，今日におけるその意義を問うているからである。

2．進化論的理論としての制度主義

まず，ローワーは「さまざまな斬新な表現をヴェブレンが使うことを可能にしたのは，進化論的な概念および方法であった。そして制度派経済思想という明確な"学派"のための基礎を与えたのは，これらの概念および方法であった。この理論的な流儀の中で，道具的あるいは技術的行動と制度的あるいは儀式的行動というヴェブレン主義の二つの相互に排他的であるが影響しあう人間文化および行動の側面についての概念が進化論的な経済分析の強力な道具に発展していった」と述べている[7]。

このような消費の二分法は社会科学の研究者にとってはよく知られているが，それは進化論的な分析原理の一つの表現である。しかしそのような分析の目的は，ヴェブレンの二分法が一つの分類法あるいは分類体系であり洞察力に富んでいるものと解釈されたとしても，消費やその他の経済活動に適用された場合ひどく誤解されている。むしろ消費の道具的多様性や儀式的多様性は重要ではあるが，それぞれのもっている顕著な機能的な意味は，時を経て，経済生活の過程の方向および発展に関してその他の経済行動と共通性をもっており関連し

ている[8]。

　進化論的経済学として，制度主義的アプローチはヴェブレンによって育てられ，生命科学，哲学，人類学，社会学，心理学―およびホリスティックな文化的な変化にある程度関連しているその他の経済的アプローチによって前進させられた。進化論的な見方がなされたり，経済が文化の一部分として分析される場合には，そこにはきわめて「制度主義者的」概念や方法の結合，組換えおよび独立的な意図が存在する，といえる[9]。

　したがってヴェブレン以降，多くの「制度主義」が存在しているが，その中にはヴェブレンに直接的にほとんどあるいは全く負うていないものもいるし，「制度派経済学」という名称を採用しているものもいるし，避けているものもいる。これらの非正統派の経済的なアプローチの間の類似性の研究は，それ自体，それがなんと呼ばれようとも経済学における進化論的パラダイムの発展に対する重要な貢献となってきている。このような努力に対してグルーチー以上の貢献をした経済学者はいない[10]。

　ローワーによれば，社会科学は一般に経済制度やその他の制度を時間および空間において変数と見做してきた。しかしながら，制度が変数である，という見方は経済システムについての多くの異なった見解から構成されている。そしてそれは必ずしも完全な進化論的な視点を導くとは限らない。たとえば，ミクロ経済理論は制度的変化に関連している原因と調和して変化する一定の総量を認めている。労働経済学および経済発展といった領域は正統派および制度主義者の分析の折衷主義的混合物である[11]。

　にもかかわらず，制度主義者あるいは進化論的経済学者のような真剣な理論的目的を考えているすべての人々にとっては共通する，本質的な異なった意見が存在している。それは一つの理論体系として正統派経済学は18世紀後半から19世紀の初頭にかけて開花した交換―統合経済という極めて特殊な政治的・経済的制度のもとで活動する理想的なタイプの「経済人」の行動を探っており，この「経済人」という人間性の概念こそヴェブレンが拒絶したものである。ヴェブレンにとってそれはベンサムの快楽と苦痛の心理学に基づく受動的な人間

観と捉えられた[12]。その当時の隣接諸科学の成果を積極的に摂取しつつ独自の経済学を構築しようとしていたヴェブレンは，特に本能論に基づく能動的な人間観をその理論の基礎に据えていたし，それに基づく制度理論を展開していたから，因襲的な経済学の理論の前提にある人間性の概念は受け入れられず，それに基づく理論も当然拒否されるべきものであった[13]。

3．正統派消費者行動理論の批判

批判は制度主義者の思想の発展の必須の側面であるし，ホリスティックな手法における重要な要素である。この手法は一般的なあるいは特定の経済問題に分析の焦点を合わせ，進化しつつある文化的状況という全体に諸部分を関連づけようと努力する。このような方法は，とりわけ正統派によって与えられているような部分的「経済学者的」な状況分析を次のような二つの理由で批判する[14]。

まず，第一に現代の市場経済学の範囲のなかでは，正統派理論により「法則」として表現されている行動傾向のいくつかのものは，実際には，制度化された行動様式である。正統派モデルの領域，妥当性，さらには供給，需要，市場，資源，価値およびGNPといった根本的な概念的な範疇でさえも，文化的および進化論的な見地からは再評価が必要となる。

第二に，正統派理論およびその歴史は変化しつつある制度的状況の一部であり，進化論的な見地から分析されるべきである。主流派は支配的な経済イデオロギーおよび政策へのその影響を通じて解釈されるばかりでなく，経済進化の方向にかなりの影響を与えてきた。

したがってローワーによれば，新古典派消費者行動理論に対してより効果的にこれらの考察を適応できるいかなる正統派理論の学派も存在しない。この学説の体系に関しての体系的な異議申し立ておよび批評は制度主義思想の特徴を明示している。制度主義者によって消費理論に対して提出された問題は，消費が変化しつつある産業経済において制度化されてきている方法に関する最も根本的な科学的な問題および政策の問題を提示することに対する主として主流派

理論および方法の不十分さに限定される[15]。

3-1 古典派の先入観

　そこでローワーはまず，古典派経済学を採り挙げている。アダム・スミス以来，消費は主流派の経済思想にとっては規範的であり，明白な目的地である。スミスは単にその時代の自由な「自然権」の知識を表現したにすぎない。スミスの「明白で単純な自然的自由の体系」の中では，消費があらゆる経済活動の「目的」であるということ，および主権を有する個々の消費者の「欲求」が生産の構成状態を決定する，ということは明白であった。この先入観は自由放任主義に対するスミスの主張の一例である。問題はスミスの先入観がドグマの力を得た，ということであった。

　のちの古典派経済学者は「誰が何をどれ位，そしてなぜ消費するのか」が生産それ自体を含む経済的厚生に潜在的に非常に関連している，ということにわずかながら気づくようになった。リカードは「農業における収穫逓減」という全体的な文脈の中で社会の諸階級への生産物の分配が生産の増加を決定する，ということを示すためにその全経済理論を考案した。「賃金鉄則」が与えられているので，それによれば，人口の増加は賃金を生活水準に維持させるであろう。これは，余剰の減少が，それに投資した資本家に行くのか，あるいは節倹の方法で，それを浪費する地主に行くのかどうか，という問題になる。リカードは，よく知られているように限界土地への方策は，全面的に地主への分担を増加させ，それにより，経済進歩を中止させ，結局「静止状態」になる[16]。

　しかしリカードは，結局その結論を分配および消費という問題に関する制度的研究へ方向転換させはしなかった。問題は自然の吝嗇および「土壌の持っている本来の不滅の力」の稀少性に固有のものである，と彼は信じていた。地主の地代は，彼らが立法者であり「穀物の輸入を制限する，ということを除いては，実際彼らが統制できない環境の結果である」と彼はいう。ひとたび自由貿易，自由放任主義および財産の神聖さが確保されたならば，その時，自然がわ

れわれに届けた陰惨な状態を改善するために何もすることができないであろう。かくして，社会の制度は自然の法則および古典派の伝統における政策の制限として大切にされる。結局，後の正統派消費理論に対する古典派の遺産は，欲求が個々の人間性という現象である，という吟味されていない仮説よりなりたっている。また，リカードの言葉では「購買以外の手段が与えられたなら，欲求は飽くことを知らない」。古典派は，また自由放任主義の下で所与の稀少な資源を使い，これらの所与の欲求に見合うように「生産という市場の重要性」という仮説を後世の人々に伝える[17]。

しかし，たとえ，これらの学説が新古典派の消費者行動理論に受容されたとしても，19世紀後半の工業技術の発達は，リカードの想像を上回る欲求減少の水準まで生産をもたらした。また「欲求」の実質的内容はヴェブレンが簡明に与えた種類の制度的分析を必要とする金銭的複雑さおよび産業的な複雑さの程度に到達する[18]。

3-2 新古典派理論

新古典派理論は，古典派の先入観の上に築かれている。そして古典派の分析が未解決のままにした分配と成長に関連した「ミクロ的経済」のジレンマにいかなる説明も加えていない。古典派の大雑把な功利主義的仮説が除去され，「限界効用」という概念および数学的な表現によって精錬された。それはいくつかの国における「限界主義者」によってほとんど同時に発展させられた[19]。

主要な観念は，財の「限界効用逓減」であった。それは古典派の生産における「収穫逓減の法則」と一致するものであった。この考え方によれば，欲求は概して飽くことを知らないが，個人のそれぞれの欲求は限界を持っている。だから何らかの欲求を充足させるものの継続的な単位は「効用」の増加量の逓減を生む。

このようにして，所与の所得から獲得しうる全効用の極大化を目指す個人は，その市場価格に対する財のそれぞれの予期された数量の限界効用を比較する。

そうして彼は，購入するあらゆるその他の財に対してちょうど等しくなる価格に対する限界効用の割合を生むであろう数量のそれぞれの財を購入することを決める。効用の極大化という観点から，この「消費者均衡」の理論は1890年代にマーシャルにより均衡価格決定のひとつの完全な「需要サイド」のモデルとして公式化された[20]。この新古典派の「ミクロ経済学」の完成とともに，少なくとも成長および変化という問題を公式に認めた古典派政治経済学の最後の遺産は主流派経済学から取除かれた。消費理論は，次第に個人がその所与の欲望を所与の所得で満足させるために効用を極大化する，という仮説の数理的な精密化となった。生産の理論は個人が所与の稀少な資源を変換させる際に利潤を極大化させる，あるいは不効用を最小化する，という仮説を精巧化することとなった。そのように決定された個々の需給のスケジュールは，それぞれの財およびサービスに対する市場の需給を意味することを仮定しているし，さらに需給は国民生産のあらゆる構成物の価格と数量を決定する。需給以外，経済学者は探求し得ない[21]。

労働価値説をリカードは資本家の投資あるいは地主の浪費のために役立つ「余剰」の存在を説明するために使ったが，マルクス (Karl Heinrich Marx, 1818-1883) によって占有され，その論理的ならびに系統的な結論をもたらされた。効用価値論は経済を二者択一的で完全に静的に見る方法を与えた。経済は，生産した個人—もはや階級ではなく—により望まれる使用法のために自然から搾り取った限られた生産物を配分する一つの自動的なメカニズムとなった。社会は諸個人の集合体である，という仮説に従うことによって，すなわち，いかに人々が所有するものを所有するようになったかを無視することによって，現存する所得配分の根本的な公正さを証明することが可能にすらなった。所得配分の限界生産理論によれば，それぞれの個人は完全競争のもとで所得を得る。それは，彼が生産過程に対し与えた土地，労働あるいは資本の限界生産物と等しくなる[22]。

消費理論が関連している限りにおいて，消費は経済活動の「目的」であるべきであるというスミスの明白な主張は，消費の分配および内容に関する現状の

厳格な擁護となってしまった。しかしながら，ある点において限界効用逓減の学説は，もしかしたら望まれた結果であったかもしれないが，この理論が所得および消費の所与の分配に関する判断にいかなる余地も認めていない，ということが厄介であることがわかった。限界効用逓減の概念はガルブレイスが「欲望の緊急性の逓減」と呼んだ以上の観念を含んでいるように思われる[23]。そして，もしも欲望の緊急性の逓減があるならば，貧乏人の欲望は急を要するものであり，それゆえに富者の欲望よりも貧乏人の欲望はより多くの生産的な努力に値する。すなわち，伝統的な功利主義的な見地では，所得の産出量の最大限の全効用―最大多数の最大幸福―は，消費の分配の平等により達成されると思われる。しかしながら，この結果は消費者主権の規範的な基礎を全く無効にし，再分配政策が欠如させ，それとともに自由市場の命令に応じた生産および成長の極大化を正当化する。

　新古典派の消費者行動論全体の次の発展は，欲望の緊急性の逓減の暗示の一連の撤退として明白に見ることができる。まず，第一に新古典派の理論家は限界効用の概念を利用し続けているが，効用の人と人の間のあるいは時間の間の比較の可能性は否定している。パンの消費は所得が上昇するにつれて，あらゆる個人にとって減少するかもしれないが，これは貧しい人々へのパンの援助に対するいかなる功利主義的必要も生まない。富者がケーキを食べると仮定しよう。その場合，社会が彼の支出する最後の一ペニーから引き出す限界効用は，貧者が一ペニーに値する固いパンの一切れを購入する場合に得る効用と同じくらい高いかもしれない。貧者がケーキを食べるとしよう。その場合の全効用は富者がサーカスに与えた場合の余剰よりも高いかもしれない。われわれは個々人の楽しみを比較し得ない。しかしながら，欲望の緊急性の逓減のパターンは明らかに観察された事実から生じている[24]。

　さらにそのパターンは時間の進行とともにのみ現われる。それは所得と嗜好の変化を考慮に入れる，ということである。かくして欲望の緊急性の逓減が存在している所与の個人にとって「パン・ケーキ・サーカス」という順序を推論することはできない。われわれがいえることは，富者が昨日はパンに対する嗜

好をもっていた。今日はケーキに対する嗜好を持っている。明日はサーカスに対する嗜好を持つかもしれない，ということである。それぞれの日々─実際それぞれの瞬間─個人は異なった効用関数をもつ異なった個人である。

こうして状況は形式的には回復したが欲求の緊急性の逓減という明白な事実を否定することにこの科学に従事するすべてのひとびとが満足を感じたわけではない。ともかく事実という領域に関して限界効用逓減のもつ暗示的な比較は完全にばらばらになってしまった。これは基本的効用あるいは測定できる効用の観念を拒否することによって，等量の序数的効用から「無差別」という中立的な概念を抽象することによってなされた[25]。そしてさらには効用について全く述べることをやめてしまった。ごく最近，消費者均衡理論は，消費者が財貨に対して支払う価格が単に「選好を顕示している」という態度をとっている。この洞察は，そのようにして測定された内的な満足の単位に関する無知の主張と結びついている[26]。

3-3 科学的均衡にある正統派理論

伝統的な経済理論の根本的な欠陥は功利主義的な「道徳的不可知論」が取除けないほど根強く残っている，とローワーは指摘し，次のように述べている。「問題は主観的価値のなんらかの特定の概念にあるのではなくて，その事実にあるのである。つまり，評価される「活動の原動力」が「自然権」という自明の事実，「限界効用」あるいは「無差別」という所与の曲線あるいは「顕示選好」や価値ニヒリズムへの退避のいずれかによって探求のかなたに位置づけられている」という事実である[27]。

つまり，効用，無差別あるいは顕示選好という観点から嫌疑がかけられた場合，その理論は説明しようと意図している行動の範囲について限定的で，事実に反した仮説をもったままである。それゆえに，それは消費の理論でもないし，行動理論でもない。というのも，それが消費量および消費の質に関する文化的決定要素を考慮せずに仮定しているために消費を説明できないし，経済人とい

う理念的なタイプの人間を仮定しているために消費行動を説明できない。厳密に言えば，その理論は全く何も説明していない。それは，市場を選び，所与の整然とした欲望と択一的手段についての完全な知識，それらを満足させるコストで，ある所得の制約の下で，消費者を極大化する合理的な過程についての感情移入的探求である[28]。

この理論の下では消費者は購買のための「十分な理由」をもっている。しかしながら，この理論には，現実の財やサービスの購入あるいは経験やそのような行動の原因あるいは帰結を証明することに関連するものは何もない。事実，この理論および方法は経済学者が「機会費用」と呼ぶものをもっている。仮定的な消費者の十分な理由を明らかにする同一の事実に反する制度的仮定の力によって，その理論の用語の中では現実的な欲求，消費者行動あるいは現実の消費パターンの「効率的な因果関係」についての何らかの公式化あるいは検証は排除されている。ヴェブレンが70年ほど前に，この正統派のジレンマを要約したように「さまざまな制度的要素を所与で不変なものとする経済学者による容認は，その研究を近代の科学的関心が始まる時点に限定している」[29]。

3-4 政策的均衡における正統派理論

しかし，遮断されているのは科学的関心だけではない。政策への関心も同様である。個人の「好み」という主観的な中間状態へ価値および選択というあらゆる問題を追放することにより，正統派経済学は消費者主権および自由放任主義を正当化する。「誰が消費し，何を，どれ位，そして何故」というすべての問題を理論的に立入り禁止区域に置くことによって新古典派主義は消費の所与の配分および内容に承認印を押し，所与の市場の目的に対する生産の至上の重要性を主張した。しかしながら，その帰結は進化しつつある企業経済における消費の役割を取り巻く問題や課題に対して不適切さを増大させつつある[30]。

現代のマクロ経済学の特徴についてローワーはこう述べている。「有効需要の問題を取扱うためには伝統的な理論および自由放任政策が有用ではないこと

に応えて大不況の中で生まれた。もちろん,理論的な難しさの根本には市場についてのセイの法則があった。それは不十分な総需要といったものは存在しえない,と考える。というのも,生産活動(供給)が市場にとって明白な所得(需要)を創造するからである。そして,もちろん,その所得は主権者たる消費者あるいは利潤を追求する投資家によって支出される」[31]。

この法則についてのケインズ主義者の反駁は,初期の古典主義者および「過少消費」理論の幾人かによって先鞭をつけられたものであるが,不十分な需要に対するケインズの救済策は,政府支出への理論的と実践的な役割の双方を示唆することに及んでいる。つまりケインズ (John Maynand Keynes, 1883-1946) は完全雇用時の有効需要の観念と同様に「一般的供給過剰」および大量の失業を均衡概念と調和させた。マクロ経済は活動のいかなる所与の水準においても均衡するばかりでなく,それぞれの水準で現存するマクロ経済的均衡理論が生産者および消費者行動を十分に説明する。完全雇用を回復するために必要とされる自由放任主義からの逸脱は,基本的な配分メカニズムへの数量的な効果に過ぎない。

ケインズ以降正統派の主流は「消費函数」の観念同様に私的消費と公的消費の間の理論的あるいは機能的区別を容認してきている。それは一部分では,制度的に決定され,総需要および雇用水準の説明にとって中核的なものである。不幸なことに,この「新古典派総合」は十分に「制度主義」を含まずに出現し,ジョーン・ロビンソンは「経済理論第二の危機」と呼んだ。それは「雇用(需要)」の内容を説明し得ない理論から生じている[32]。次に制度主義者理論について節を改め,論ずることにしよう。

4. 制度主義的消費論

ヴェブレンは『有閑階級の理論』を刊行する前年に「なぜ経済学は進化論的科学ではないのか」というタイトルの論文を書いている[33]。「経済生活過程」についての分析の最も一般的なレベルから最も特定の段階までヴェブレンは産業

技術と儀式という二分法の概念を用いている。この二分法が人間文化と行動という二つの側面の機能的区別を含んでいる。また産業技術の進化（今やわれわれが科学と呼ぶものを含む）は文化の歴史を通じて明らかに継続的であり漸次的である。[34]

しかしながら，いかなる特定の文化の中でも，またいかなる特定の時間の一定の期間の中でも，このような産業技術の「論理」の速度および方向は制度的秩序に依存している。しかし制度的な秩序は本質的に変化に抵抗する。文化あるいは行動関数のこれら二つの側面の間の相互作用の累積的な因果的連鎖は，一般的な文化的進化あるいは特定の文化的進化である。人々の生活という観点から見た結果は，経済的発展あるいは未発展である。進化論的な見方では経済に関する中心的な事実は達成された「技術の状態」である。過去，現在の経済体制もまた「経済が社会において制度化された方法」にしたがって分析される。それは進化しつつある技術の状態によって条件づけられ，それと相互に影響しあっている，とローワーはいう。[35]

4-1 ヴェブレン主義の基礎：有閑階級の理論

この変化しつつある経済全体における一つの問題領域は，消費が制度化される方法である。『有閑階級の理論』においてヴェブレンは，このプロセスについて制度主義者の理論の基礎を築いた。この研究の領域は文化一般における労働，閑暇および消費の進化に及んでいる。また，基本的な概念は，この一般化の水準で構成されている。しかし，近い焦点は，この累積的な過程が現代の工業化社会において作用している方法，特に市場経済という金銭的な制度のもとにおける「有閑階級」という象徴的な制度の成長および適応におかれている。

分析に根本的なものは，消費者行動が文化のすべての段階において制度化され，一方において労働および生活の体系と相互関係にあり，他方において搾取，地位および「儀式的妥当性」の体系と相互関係がある，という事実である。それゆえに「消費の二分法」がある。研究の目的は消費者行動のこの二側面を区

別することであり，それらの累積的な経済的な帰結を分析することである[36]。

ヴェブレンは道具的消費を儀式的消費から区別する基準を一般的な進化論的観点において，次のように述べている。「あらゆる支出をそれにかけてみなくてはならない試金石は，はたしてそれが人間生活全体を増進するのに直接に役に立つかどうか——はたしてそれが非個人的に考えられた生活過程を促進するかどうか——ということ[37]」であり，「非個人的効用という試金石——一般的な立場からみた効用——によって是認される[38]」。消費および生産は労働および生活の技術的過程の中にある。対照的に儀式的な財および人間の努力の利用は「差別的な金銭上の比較の上におこってくる」，「他のものと比較しての，ある個人の相対的ないしは競争的な利益」に役立つ[39]。そのような支出は無駄に使われ，非個人的には「浪費」と考えられるにちがいない。

『有閑階級の理論』におけるヴェブレンの関心は，このような衒示的浪費の発展および制度的な役割に集中している。しかしヴェブレンは道具的消費の概念を詳述するための努力はほとんどしなかったが，道具的消費についてのむしろ基本的で限定された形態を強調しがちであった。その他の文脈における道具的消費の分析を展開し，精緻化することは，その後の制度主義者に残されている[40]。

ヴェブレンの分析では，儀式的消費は有閑階級の地位，価値観および名誉の標準を示し，再強化する。それは工業社会でも生き続けている。この制度は封建ヨーロッパのような野蛮文化の比較的高い段階で十分に発達した。そこでは名誉をあらわす職業と労働者の職業との間の差別的な区別が有閑階級と労働者階級という階級のひとつのシステムとして厳格に制度化されている。この区別自体は，より古いものであり，最も初期の略奪的文化段階における英雄的行為（戦争行為や狩猟）と卑しい仕事（女性の労働）との間の区別に究極的には負っている。そして，それは産業社会においても金銭的職業（金儲け）と産業的職業（財の生産）との間の区別の中に残存している。この文脈において「有閑」という言葉はもちろん怠惰を意味するのではなくて，「時間の非生産的消費」および「実用的な仕事からの免除」を意味している[41]。

そしてローワーがいうように「これらの社会的な区別のすべてのものの根底にある動機は見栄である。一つまり，その人の仲間との比較における尊敬に対する願望である」[42]。ヴェブレンが見たように，略奪文化では戦士や狩人の間の差別的区別，それはいくつかの点で職人らしい効率についての区別であり，一英雄的行為，勇敢な行為や強奪という生活への長い習熟化を通じて，一英雄的行為と卑しい仕事との間の鮮明な名誉を与える区別に進化した。差別的な価値の証拠はトロフィーあるいは侵略の戦利品や特に敵から得た女性の所有権である。男性による女性の所有は女性により行なわれる生産的職業の不名誉さを強化するし，結局，財貨（財産）の所有権という固定化された制度を生じさせる。固有の有閑階級は，この制度と共に出現する。そして，少なくとも有閑階級の内部では見栄は，それ以降，富の所有の中心となる。名誉の主たる証拠が富の蓄積となる場合，主たる経済的動機は，その文化共通の手段の獲得および利用以外では「金銭的な見栄」となる。

　富および金銭的な力という観点から差別的区別に関して，所有は十分ではない。「富あるいは実力は，これを証拠立てねばならない。というのは，尊敬は証拠がある場合にだけ払われるからである」[43]。これが金銭的経済における衒示的浪費の役割であり，ヴェブレンの分析では，それは多くの形態を採っているし，生産技術の発展が可能にするのと同じくらい大きくなる傾向がある。有閑階級の前産業的進化において，見栄的浪費の典型的な形態は「衒示的閑暇」であった。一非生産的活動への人間の努力の支出。このような支出は主人あるいは家長の労働からの名誉ある回避を含んでいるばかりでなく，主婦および女性の奴隷の「代行的閑暇」(vicarious leisure) も含んでいる。

　後の工業段階でも衒示的閑暇は衰えないが，それは生産された財貨の「衒示的消費」によって相対的な重要性を取って代わられる。また，このような富の衒示的な誇示は富の所有者によって，また代行的にその他の家族以外の人，たとえば召使などによって実行される。結局ヴェブレンが述べているように，現代の技術状態においては，金銭的な見栄という動機の作用の機会は，階級構造のはるか下のほうまで届く。中間および下層の階級の間では衒示的浪費による

名誉を達成するための領域は減じられるが，上層階級の趣味の体面上の基準は，その人の環境に相応しい「金銭的な生活基準」を通じて「評判の良さ」を維持するために模倣される。[44]

このように『有閑階級の理論』におけるヴェブレンの分析は，制度主義者の消費論にとって最も根本的で重要な貢献である。それは正統派の消費者行動論に対する論理的で首尾一貫した挑戦であり，強い非難として今日存在しているが，それが与える正確性および説明力に関してこれまで真剣に挑戦されたことはない。「消費者主権」の理論および現実への慣行の批判によりヴェブレンは，工業経済における消費の，それゆえに生産の制度化された動機，分配，内容および水準の本質および帰結についての研究に着手した。

次にローワーは，その後大恐慌時に生じた正統派の理論的構造への疑問がケインズ主義者の均衡分析によりうまく対応されたが，ことのことは制度主義者のアプローチが景気変動の理論を取扱うのに不十分であったということではない，という。というのもヴェブレンや特にミッチェルは，この領域に対する主導的な貢献者であった。重要なことはむしろ「第一の危機」に対するその理論およびミッチェルやクラークのような経済学者の対応にあった，という。[45] そして第二次世界大戦は，大不況と総需要を維持させるための政府支出の有効性にかかわるケインズ主義と新古典派正当性との間の双方の大論争を終結させた。それはまた「軍産複合体」として知られる部門の拡大に関してのみ計画された急速な工業技術の変化と経済成長の時代の到来でもあった。この予期せぬ成長の10年ほどの間に「大衆消費社会」を合衆国は，創出した。それに匹敵するものは，まだ世界でも知られていなかった。主流派経済学者は「新古典派総合」のもとに，ケインズ主義者の古典派的な特別な事例の理論および政策に没頭していた。そこではマクロ経済的世界とミクロ経済的世界の最善のものが平衡状態を保っている。「新制度主義者的」性向を持っているその他の経済学者は，「豊かな社会」の発達する過程で生じる問題とジレンマを吟味することに一層のめりこんでいた。[46]

4-2　ガルブレイス『ゆたかな社会』と脱大衆消費社会

　次にローワーはガルブレイスを取り挙げている。ガルブレイスは『ゆたかな社会』やその他の著作の中で制度主義的消費論に対していくつかの重要な局面で貢献をした。経済学における「中心的な伝統」についてのその批判は，まさにヴェブレンの伝統の中にある[47]。生産への至上の重要性についての古典派の仮定は吟味を要する，といえる。

　ガルブレイスの言葉を引用しながら，ローワーは次のように述べている[48]。経済的観念の歴史およびそれらの「通念」へのインパクトを再検討するさいに，ガルブレイスは豊かな社会のもっている「現代のパラドックス」にたどり着いた。「なぜ近年において生産が増大するにつれて，生産への関心も増大するのか？」[49]。説明の最初の部分で彼はこう述べている。経済生活についての古代の先入観̶平等，安全および生産性̶は，今や生産性および生産への先入観に限定されてきている。戦後期においては「生産は次第に，かつては不平等と結びついていた緊張を緩和するようになってきたし，経済的不平等と結びついている不愉快，不安および窮乏の不可欠な救済策になってきた」[50]。

　それなのに生産に対するわれわれの関心は，多くの点で「伝統的で非合理的」[51]である。そして「生産を増大させるための努力は型に嵌っている」とガルブレイスは述べている。こうして，われわれは生産の増加に対するわれわれの理論的および有効な関心を，不正な資源配分の改善や倹約および勤勉の奨励を測定することに限定する。それは100年前には最も適切であった[52]。

　だから生産に関するわれわれの関心は「それほど重要度の高くない問題に対する関心」と思われる。あるいは，「問題がひとりでに解決される限りにおいてしか」生産に関する関心をもっていない[53]。

　このすべてを理解させるものは「商品に対する需要に関してわれわれが作り上げた念入りな神話」[54]である，とガルブレイスはいう。これによって「われわれは現にあるものの重要性をいやというほど知らされるが，ない物に対しては全然関心を持たない。そして欲しいか欲しくないかという欲望の境い目にあ

る物については，その欲望が人為的に合成されるにつれ，その物を欲しいと思うのである。われわれは，生産されないものについて欲望を喚起することはしないのである」[55]。

以上から明らかなように制度主義的消費論に対するガルブレイスの第一の主要な貢献は「依存効果（independence effect）[56]」の概念，すなわち「欲望はそれらを充足させる過程に依存している[57]」ということである，とローワーはいう[58]。ヴェブレンの分析においては，欲望の大半は「金銭的見栄」から生ずる。それによって財貨は象徴的あるいは地位のもっている価値のために消費される。少数の「衒示的消費」アイテムは継続的に大多数の「金銭的生活水準」の中に浸透し，欲望は本来個人的なものである，という正統派の仮定と全く矛盾する方法で欲望を創造してゆく。ガルブレイスは，このような見栄を「受動的」要素として依存効果に包含させている。しかし，生産者が広告および販売術を通じて活動的に欲望を創造している場合，欲望もまたそれらを充足させる生産に依存するようになる，と付け加えている[59]。これは「欲望の緊急性の逓減」を否定しようとする正統派の究極的な欠陥である。というのも，欲望が「それらを満足させる生産によって作り出されるならば，生産の重要性を弁護するために欲望の重要性をもちだすことができなくなる」ということを意味している[60]。

ガルブレイスの第二の主要な貢献は「社会的バランス」の概念である[61]。これを彼は「私的に生産される財貨やサービスの供給と国家によるそれらとの間の満足な関連」と定義している[62]。市場均衡論としての伝統的な消費者行動論は，この問題を単に省略することで取扱っている。正統派マクロ経済学は，すでに述べてきたように，公的支出を総需要における数量的な問題として取扱ってきているし，このような支出の内容については何も述べていない。しかし，私的欲望が依存効果の影響を被っているという観点では，社会的「不均衡」に対する固有の偏見がある。社会的バランスへの明白な関心が次第に公的部門と私的部門との間の理解力のある配分にとって不可欠になる。

このことが示しているように脱大衆消費社会においては，資源の年々の配分という重要な部分についての社会的な選択を行なうニーズを避けて通れない。

しかし，その場合，もしも実際に不必要な欲求が見栄という社会的な過程および生産者の欲望創造により創られているとするならば，資源の分配論は存在しない。むしろ問題となるのは，どの社会的機関あるいはプロセスが主権のない消費者のための選択をし，誰にとってベネフィットがあるかである。もしも社会的選択が民主的に公然と行なわれたならば，それらは「自由」であり，恐らく現代の市場で行なわれている多くの選択よりも自由であろう。[63]

ガルブレイスの著作が告げているより広い関心事——企業の欲望創造と社会的不均衡についての関心を含んでいる——は，多くの異なった視点から現代社会において広がっていると言うよりも，むしろ共有されているものである。この関心事は，われわれが消費する「生活の質」である。より正確にはグルーチーが述べているように「目的のない経済成長の巨大な社会的コストがしばしば無視され，生活の質の豊かさが増すにつれ下落する豊かな社会の出現のような問題」である[64]。

「巨大な社会的な費用」の中には，環境汚染がある。次第に経済学は，すべてではないにしても正統派理論における「例外」と考えられている問題の領域全体に直面していることがわかってきた。問題は理論の割り当てられた一つの区画から別の区画へ溢れ出している。こうして生産という「外部性」は主要な消費問題として現われる。「所与の欲望」は生産過程のアウトプットとして現われる。次第にGNPはいくつかのものによって「グロス」と考えられる。あらゆる文化的変数が関係を持っていること，つまり全体と部分の相互作用を考え，「生活の質」は物的生産の限定された成長および浪費の排除を促進させるということを認め，そして合理的な所得生産との連携におけるマクロ経済に対するプランを与える，すなわちホリスティックな理論および政策以外の救済策は存在しない。これがローワーの結論である。しかし，制度主義者はこのすべてに対して完成したプランを提供してはいないが，彼らの理論だけが生じてきつつある主たる問題に本気で取り組むことができるものであり，その理論は解決の一部となる[65]。

5．ローワーの所説の検討と今後の課題

　さて以上がローワーの所説の骨子である。古典派経済学および新古典派経済学の基本的な特徴を採り上げそれとの比較により制度主義的な方法論の特徴を明らかにし，次いで制度主義的消費論の原点にあるヴェブレンの『有閑階級の理論』の衒示的消費および衒示的閑暇の特徴とその意義を述べ，最終的には現代における制度派経済学の代表的人物としてガルブレイスの『ゆたかな社会』を採り上げ通念，依存効果，社会的バランス理論を中心に論じている。この展開の手法は見事であり，ヴェブレンからガルブレイスに至る制度主義的消費論の史的展開の枠組みを容易に理解できる簡潔で要領を得た要約である，といえる。

　しかし，仔細に見れば全く問題点がないわけではない。そのいくつかを検討することにしよう。

　まず，第一に古典派経済学や新古典派経済学との比較においてその人間観の相違を指摘したことは十分評価できるが，ヴェブレンの人間観は独自の本能論に基づく能動的な人間観であり，ここから制度理論が導き出されている点についての掘り下げた分析が見当たらない。ローワーが指摘している二分法も本能論に基づいている。ヴェブレンにとって本能こそが人間行動の原動力であり，それが人間行動の究極的な目的を定めると考えていたからである。さらにこの本能論が経済的不調和の理論の根拠を与えている。具体的に言えば，経済体制内の矛盾は親性本能と取得本能との間に存在する永続的な心理学的対立に関連しており，資本主義システムは人間の本質の中に根強く存在するこの心理学的対立に文化的表現を与えているに過ぎない，と考えたからである。

　第二に有閑階級によってつくりだされた制度は単にそれ以外の階級により模倣されるものではなくてむしろ「強制力」を持つものである，という側面の認識が相対的に希薄なように思われる。ヴェブレンはこう述べている。「上層階級によって課せられる名声の規範はほとんど何らの障害なしに，社会構造全体を通じて最低の階層に至るまで，その強制的な影響力を及ぼす」[66]。また衒示的

閑暇の名声の基礎としての効用が相対的に低下し，衒示的消費に取って代わられた点の説明がない。両者の世評の目的に対する効用は，ともに両者に共通である無駄遣いの要素の中にあるが，ヴェブレンは「社会分化が一層進み，一層広い人間環境に手を届かすことが必要となる場合には，消費の方が体面を保つ通常の手段として閑暇の上を行くようになり始める。

……ひとびとの直接の面前で行なうことができる財貨の誇示のほかには，その人の名声を判断する何らの手段もないのである」と明確に述べている[67]。

そして第三に，ガルブレイスの伝統的経済学における生産に関する通念の批判について論じながら，この通念とヴェブレンの制度との共通性について触れられていない点である。

しかし，ローワーの所説は，このような瑕疵はあるものの制度主義的消費論の基本的な性格についてのまとまった論述として優れている点は，評価しなければならない。

注)

1) Allan G. Gruchy, *Modern Economic Thought: The America Contribution* (New York: Augustus M. Kelley Publishers, 1967), p.1. かつてドーフマンはヴェブレンの生誕100年祭に関連して「アメリカ経済学会がヴェブレンの生誕の100年祭を祝わねばならないということは，それ自身が経済思想の成長に対する彼の影響力を承認したものと考えて良いかもしれない。彼の著作が依然として多くの論争の源泉となっていることは，その生命力を証明するものである。」と述べたことがある。(小原敬士『ヴェブレンの社会経済思想』岩波書店，昭和41年3月25日第1刷発行，35頁)。
2) ヴェブレンがジョンズ・ホプキンス大学の学生であった時，アメリカプラグマティズムの創設者であるパースが哲学の講義を行なっていた。またヴェブレンはそれと同時にパースからだけでなく，ジェームズやデューイのような類似した知的傾向を持った人々から時代遅れの思弁的な哲学者について批判的になることを学んだ。
3) 前掲書の中でグルーチーはホリスティックな方法論と制度主義的（進化論的）方法論との関連について次のように述べている。「ダーウィン以後の科学的思考の方は，スマッツが「ホリスティック」と呼んだものであり，物的世界を進化しつつある動的な全体あるいは統合と捉えた。それはその部分の合計以上に大きいばかりでなくて，それらの機能は相互関係によって条件づけられる諸部分と関連

している」。(Gruchy, *op. cit.*, p. 4)。ここでグルーチーがいうスマッツとは『ホーリズムと進化』の著者である。J. C. Smuts, *Holism and Evolution* (New York: The Macmillan Company, 1926) を参照されたい。邦訳には，石川光男・片岡洋二・高橋史郎訳『ホーリズムと進化』(玉川大学出版部，2005年7月刊) がある。

4) Stephen Edgell, "Veblen's Theory of Conspicuous Consumption after 100 Years", *History of Economic Ideas*, VII, 1999, 3, pp. 99-125. このエジェルの所説については，本書第一部第三章で採り上げている。

5) 三谷真『ヴェブレンの「見せびらかしのための消費」について』(関西大学商学論集，第29巻第1号，1984年4月，49～63頁)，また坂井素思『経済社会の現代＝消費社会と趣味の貨幣文化一』(放送大学教材，1998年3月20日第1刷) も併せて参照されたい。

6) Milton Lower, The Evolution of the Institutionalist Theory of Consumption", in *Institutional Econmics Contribution to The Development of Holistic Economics Essays in Honor of Allan G. Gruchy* (Boston: Martinus Nijhoff Publishing, 1981), pp. 82-104. またローワーは *Journal of Economic Issues* 誌上に次のような論考を発表している。"The Reindustrialization of America", June, 1982, pp. 629-636. "The Industrial Economy and International Price Shocks", June, 1986, pp. 297-312. "The Concept of Technology within the Institutionalist Perspective", September, 1987, pp. 1147-1176. "A Type of Product System of National Accounts", June, 1990, pp. 371-379.

7) Lower, *op. cit.*, p. 83.

8) ヴェブレンは近代の経済体制が二つのタイプの価値，すなわち経済的価値と金銭的価値を作り出す組織体である，と説明する。この区分は産業と企業の間の基本的な二分法と一致している。そしてヴェブレンにとって資本主義的体制は，人間の本質の中に根強く存在する心理学的対立に単に文化的な表現を与えているにすぎない，と看做された。この心理学的対立とは非利己的な (社会的な) 本能である親性本能と利己的本能あるいは取得本能との間にある対立であり，ヴェブレンの独自の本能論の基礎となっている。また，この二分法はエヤーズによってさらに発展させられた。この点については，例えば，David Hamilton, *Newtonian Classicism and Darwinian Institutionalism A Study of Change in Economic Thought* (Albuquerque: The university of New Mexico Press, 1953), pp. 63-64. を参照されたい。

9) ヴェブレン自身の進化論的科学としての経済学についての見解は「なぜ経済学は進化論的科学ではないのか」という論文において明確に述べられている。"Why Is Economics Not an Evolutionary Science?" in *The Place of Science in Modern Civilisation and Other Essays* (New York: Russell & Russell, 1961), pp. 56-81. Originally published, 1919, B. W. Huebsh.

10) Lower, *op. cit.*, p. 83. グルーチーには，すでに引用した *Modern Economic*

Thought 以外に，*Contemporary Economic Thought: The Contribution of Neo-Institutional Economics* (Clifton, N. J: Augustus M. Kelly, 1972)，*Comparative Economic System 2nd* (Boston: Houghton Mifflin, 1977)，*The Reconstruction of Economics: An Analysis of the Fundamentals of Institutional Economics*, Foreword by Donald R. Stabile and Norton T. Dodge (New York: Greenwood Press, 1987) などの著書がある。

11) *Ibid.*, pp. 83-84.
12) たとえば，ヴェブレンの因襲的な経済学に対する批判については中山大著『ヴェブレンの思想体系』(ミネルヴァ書房，1974年5月20日第1刷発行，117～177頁) を参照されたい。ヴェブレンの経済学批判は *The Place of Science in Modern Civilisation* に再録されている。
13) マックス・ラーナーは，「ヴェブレンはアメリカの社会思想が生んだ最も独創的な人物であり，学問諸分野を区別していた垣根を取り払った」とそのアプローチの特徴について述べている。ここにもホリスティックな考え方が窺知できる。(*The Portable Veblen*, ed and with an introduction by Max Lerner (New York: Penguin Books, 1976), p. 2 and p. 29.)
14) Lower, *op. cit.*, p. 84.
15) *Ibid.*, p. 84.
16) *Ibid.*, p. 85.
17) *Ibid.*, pp. 85-86.
18) たとえば，ガルブレイスは「生産に対するわれわれの関心は伝統的で非合理的である」し，「生産の重要性は経済学者の経済計算の中心である。あるゆる既存の教授方法も，またほとんどすべての研究も，生産の重要性という基礎の上に建っている」と経済学における通念について述べている。(ジョン・ケネス・ガルブレイス『豊かな社会』岩波書店，1961年11月30日第7刷発行，120頁および128頁)。
19) Lower, *op. cit.*, p. 86. オーストラリアのカール・メンガー (Carl Menger, 1840-1921)，イギリスのウィリアム・スタンレー・ジェボンズ (William Stanley Jevons, 1835-1882) およびアメリカのジョン・ベイツ・クラーク (John Bates Clark, 1847-1938) の3人の経済学者が限界効用による説明をほぼ同時に提出した。限界効用の考え方によれば，欲望の強さは，その欲望を充たすために人が持つ財貨の数量の函数であって，その数量が多くなればなるほど，その増加分による満足の程度は低くなり，したがってまた対価を支払おうという気持の程度も小さくなる (ガルブレイス，同上書，132頁)。経済学説史上では，ジョン・ベイツ・クラークではなく，レオン・ワルラス (Leon Walras, 1834-1910) を限界効用理論の創始者として挙げている。
20) 限界主義者たちは快楽と苦痛を均衡させたり，異なった財貨の限界効用を測定したりまた将来のニーズに対して現在のニーズを均衡させる際に人間が合理的

な行動を採る，と仮定している。また，限界主義者たちは合理的な行動が正常であり，典型的である，と仮定した (Jacob Oser, Wlliam C. Blankfield, *The Evolution of Econmic Thought,third edition* [New York: Harcourt Brace Jovanovich, Inc. 1975], p. 223)。

21) Lower, *op. cit.*, p. 87.
22) *Ibid.*, p. 87.
23) ガルブレイスは前掲書の中でこう述べている。「伝統的な経済学の通念では与えられた資源からの生産を増加させる行為は善であり，重要とされている」(前掲訳書，p.128)。しかし，「社会が裕福になるにつれて生産の重要性が低下すると考えなければならないように思われる。一人当たりの実質所得が高まると，人々は新しい欲望を次々と充たすことができる。新しい欲望の強さは次第に低下する。したがって，強さの低い欲望を充たす財貨の生産の重要性も低下する」。ところが「限界効用逓減の考え方では，欲望の強さ逓減するということを否定する」。(前掲訳書，132頁) だから欲望の強さと生産の重要性が逓減するという考え方が強くなってきた時でも，限界効用逓減の法則が有効である，と考えられている。
24) この点についてローワーは脚注の中で「エンゲルの法則」を挙げている。
25) Lower, *op. cit.*, pp. 87-88. パレートは効用を個人の欲求や嗜好からの派生ではなくて，ただ客観的事実としての個人と選択と見做した。あるものを選択する個人の動機や感情ではなく，選択されたという事実であり，必要とされるのは論理的に矛盾のない形で選択を行なうという合理性の公準である。そこから無差別曲線を導き出した。(『命題コレクション経済学』筑摩書房，1990年2月25日初版第1刷発行，18頁)。
26) *Ibid.*, p. 88.
27) *Ibid.*, p. 89.
28) *Ibid.*, p. 89.
29) "The Limitation of Marginal Utility", in *The Place of Science in Modern Civilisation and Other Essays*, p. 240.
30) Lower, *op. cit.*, p. 90.
31) *Ibid.*, p. 90.
32) *Ibid.*, p. 91.
33) "Why Is Economics Not an Evolutionary Science?" in *The Place of Science in Modern Civilisation and Other Essays*, pp. 56-81.
34) Lower, *op. cit.*, p. 91.
35) *Ibid.*, p. 92.
36) *Ibid.*, p. 93.
37) Thorstein Veblen, *The Theory of The Leisure Class An Economic Study of Institutions* (New York: Augusts M. Kelly, Bookseller, 1975), p. 99. 小原敬士訳『有閑階級の理論』(岩波書店，昭和36年5月25日第1刷発行，99頁)。

38) Veblen, *ibid.*, p. 98. 同上訳書, 97頁。
39) Veblen, *ibid.*, p. 98. 同上訳書, 98頁。
40) Lower, *op. cit.*, p. 94.
41) *Ibid.*, p. 94. ヴェブレンは「有閑階級の理論」の第一章緒論の冒頭でこう述べている。「有閑階級の制度がもっともよく発達しているのは、たとえば封建時代のヨーロッパや封建時代の日本のような野蛮文化の比較的高い段階の場合である」。(Veblen, *op. cit.*, p. 1. 同上訳書, 9ページ)
42) *Ibid.*, p. 94.
43) Veblen, *op. cit.*, p. 36. 同上訳書, 41頁。
44) Lower, *op. cit.*, p. 95.
45) *Ibid.*, pp. 95-96.
46) *Ibid.*, pp. 96-97.
47) ガルブレイスの経済思想については、たとえば小原敬士『ガルブレイスの経済思想』(経済同友会、昭和45年1月30日発行)および中村達也『ガルブレイスを読む』(岩波セミナーブック24、岩波書店、1988年3月10日第1刷発行)などがある。またガルブレイス自身もヴェブレンの影響を認めている。(『ガルブレイス ほとんどすべての人のための現代経済入門』ティービーエス・ブリタニカ、1978年10月1日、初版発行、58頁)
48) Lower, *op. cit.*, pp. 97-98.
49) ガルブレイス『ゆたかな社会』前掲訳書, 109頁。
50) 同上訳書, 109頁。
51) 同上訳書, 120頁。
52) 同上訳書, 124頁。
53) 同上訳書, 124〜125頁。
54) 同上訳書, 125頁。
55) 同上訳書, 125頁。
56) 同上訳書, 139〜147頁。
57) 同上訳書, 144〜145頁。
58) Lower, *op. cit.*, p. 98.
59) ガルブレイス『ゆたかな社会』前掲訳書, 124頁。
60) 同上訳書, 140頁。
61) 同上訳書, 232〜247頁。
62) 同上訳書, 235〜236頁。
63) Lower, *op. cit.*, p. 99.
64) Gruchy, *Cotemporary Economic Thought*, pp. 8-18
65) Lower, *op. cit.*, p. 99.
66) Veblen, *op. cit.*, p. 84. 同上訳書, 85頁。
67) *Ibid.*, p. 86. 同上訳書, 86〜87頁。

第3章 「衒示的消費」の100年

1. はじめに

　制度派経済学の創始者であり，制度学派の建設者のひとりとしても知られているソースタイン・ヴェブレン（Thorstein Bunde Veblen, 1857-1929）の[1]「衒示的消費」(conspicuous consumption)[2] はヴェブレンとすぐに結びつけられる用語であるといっても過言ではあるまい。それは，彼の処女作であり最も有名な著作『有閑階級の理論』で最も詳細に理論化されている。

　ヴェブレンは，この著作の中で「衒示的消費」「衒示的閑暇」「金銭的見栄」といった制度化された行動様式について斬新な洞察を行ない，それは幅広い人々の関心を掻き立てた。さらにヴェブレンは差別的な象徴として資力を利用する制度的あるいは儀式的な消費と道具的な消費とを明確に区別している。そして，このような二分法は彼の経済体系を貫く基本的な原理である[3]。ここで採りあげる「衒示的消費」によって特徴づけられる消費論は，その制度理論の一つの表現形態であり，制度理論はヴェブレンの思想全体を貫く柱である。特にヴェブレンの消費概念は経済学における消費行動について体系的な解明を与える最も初期のものの一つ，といわれている[4]。

　ヴェブレンの理論によれば，直接的に消費される商品やサービスの主たる効用は結果として生活や福祉を強化する，と考えられた。これに対して衒示的消費あるいは主として副次的な効用により動機づけられた商品やサービスの消費は，有閑階級に限定されるだけでなく，最も富裕な人々から最も貧困な人々までのあらゆる社会階級や所得階級にまで及んでいる。あまり富裕ではない階級の人々はより富裕な人々の消費パターンを模倣する。したがって，副次的効用

は主たる効用に比べて弱いのではなくて，人々の消費行動に大きな影響を及ぼす，と考えられる。[5]

そこで，以上のような視点から『有閑階級の理論』で展開された「衒示的消費」の考え方がその後どのような評価を経て現在に至ったかをスチーブン・エジェルの論文「100年後のヴェブレンの「衒示的消費」理論」を採り上げ検討することにより明らかにしよう，と考えた。[6] というのも，この論文におけるエジェルの目的がヴェブレンの「衒示的消費」を特に経済学者および社会学者によるこの一世紀にわたる解釈や研究に照らしてその適切さや歴史的妥当性を再評価することにあるからであり，それは現代における「衒示的消費」の妥当性の評価にもつながると考えたからである。つまり，「衒示的消費」は決して過去のものではなく，むしろ現代における消費者の行動を説明するための有効な考え方のひとつであり続けていることへの傍証となる，と考えた。

2．ヴェブレンの基本的な考え方と「衒示的消費」理論

ヴェブレンは1899年に『有閑階級の理論』[7]を出版したが，この著作は現在でも依然として出版されている。その中核的な概念である「衒示的消費」はヴェブレンの名前と最も容易に結びつけられるし，しばしばヴェブレンあるいは『有閑階級の理論』の理論に言及することなしに，社会科学，人文科学および一般的な会話に頻繁に現われている。[8]

エジェルによれば，「衒示的消費」の考え方は『有閑階級の理論』発表の数年前にヴェブレンが発表した経済成長，競争的な見せびらかしや社会的不安に関する論文の中に暗示されており，別の初期の論文の中で人間の衣服の消費に対してヴェブレンは「衒示的消費」という用語を最初に使った。「アメリカ社会学雑誌」に発表された三部作の論文の中でヴェブレンは，有用だが退屈な活動（workmanship）と浪費的だが名誉のある活動（predation）との間の起源および歴史的な緊張（tension）に関するその考え方，つまりその進化論的な社会変化理論とその特殊な「衒示的消費」理論の双方を特徴づけている二分法を概説

している。これらの論文の最後のもの「野蛮時代における女性の地位」を発表した1899年の後半に，消費の社会学に対する長い貢献で有名なヴェブレンの著作である『有閑階級の理論』が出版された[9]。

そしてエジェルによれば，ヴェブレンの「衒示的消費」理論の広範囲にわたる社会科学的な文脈は，ヴェブレンが多くのその他の論文で攻撃した主流派経済学の快楽主義的な仮定への返答であった，ということである。より具体的にいえば，ヴェブレンは静的な人間性の概念に基づいたいかなる経済分析にも批判的であったし，特に制度的な諸要素を除外し孤立した個人主義的で合理的な計算に焦点を合わせた人間性の概念に批判的であった。ヴェブレンにとって，本質的にそのような受動的な人間性の概念は「人間性の発展理論に素材を与えない」し，それゆえに社会的な変化を説明することができない，と考えられた。この見方のもっている重要な含意はヴェブレンの生涯にわたり認識されてきたし，過去半世紀にわたり広く議論されてきている。つまり，ヴェブレンは「衒示的消費」を変則的な経済的活動としてではなく，通常のものと見做した。それはあらゆる経済活動が文化的な真空状態において生ずることのないのと同様である。「衒示的消費」理論は経済理論の本質に関する19世紀後半の議論にその起源を持つが，「因襲的な経済学の消費（需要）理論に認められている快楽主義者の侵略に対する現実的（positive）な選択肢」を象徴している，といえる[10]。

ここで非常に重要な指摘がなされている。まず，第一に「衒示的消費」論が因襲的な経済学の受動的な快楽主義的な人間観に対する批判である，という点である。よく知られているようにヴェブレンは独自の本能論に基づく能動的な人間観を持ち，人間の所与の環境への適応過程において形成される制度を重視した。さらに第二にいわゆる彼独自の「進化論的経済学」（制度派経済学）を作り上げる際に因襲的な経済学の批判的な吟味を行なった。そして第三に「衒示的消費」が変則的で特殊な現象ではない，という点である[11]。

次にエジェルはヴェブレンの「衒示的消費」が独創的なものであることを認めつつも，その形成にあたり影響を与えたと考えられる特に二つのものについて，すなわちジョン・レー（John Rae, 1796-1872）とフランツ・ボアス（Franz

Boas, 1858-1942) について次のように述べている。まずレーとの関係についてこう述べている[12]。

　「衒示的消費」という表現法はヴェブレンによって造りだされ，理論化され，広められたが，そうする際に彼がレーの著作に負っていることは明らかである。高価で，稀少で，非常に人目につく商品は功利主義的な目的よりもむしろ社会的な目的で獲得される，という観念を含んでいる「衒示的消費」についてのヴェブレンとレーそれぞれの説明には多くの類似点がある，という[13]。

　さらにボアスとの関係については，ヴェブレンの理論あるいは「衒示的消費」の第二の主要な知的な前例は，ボアスによって立証されたポトラッチと名づけた儀式的な形態に関連している。ヴェブレンはボアスあるいはクワキントルインディアンを十分に知っていた。それはシカゴ大学で1899年に行なった「文明における経済的諸要因」というタイトルの講座の中で「ポトラッチあるいは大舞踏会は……差別的な目的に役立つ」ということを述べている。ボアスとヴェブレンの関連は記されてはいるけれども，ヴェブレンがボアスに負っていたことの十分な説明はまだ公にされてはいない[14]。

　明らかなことは，ヴェブレンが1890年代を通じて「衒示的消費」の観念を考え抜いており，1895-96年というアカデミックな時代に『有閑階級の理論』を書き始め，そして「衒示的消費」の社会的および競争的な側面を彼独自の理論に統合した，ということである[15]。

　次にエジェルによれば，最も初期の社会以外のあらゆる社会において，「製作」あるいは「有用性」，従って物的な生活を強化するものを含むものと「略奪」あるいは「搾取」，従って社会的な評判を強化するものとの二つのタイプに経済活動を分類することができ，これら二つの経済活動の間の比較は経済的特化の程度に応じて様々な社会において変化する，としてヴェブレンの「衒示的消費」理論の特徴を以下のように要約している[16]。

1. この二分法が財やサービスの生産に当てはめられた場合，労働の二つの類型が区別される。(a) 主として機械過程に関連する産業的職業と (b) 主として金銭的な価値に関連する非産業的な職業である。そしてこれが消費に

適用された場合，商品の二つの類型が区別される。すなわち，(a) 人間の生活の維持に不可欠な商品と (b) 社会的名声の維持に不可欠な浪費的商品である。

2．製作が支配的な社会では，見栄は産業的な種類の性質を持っており，きわめて顕著ではない。略奪が支配的な場合，見栄は金銭的でありはるかにいっそう顕著である。

3．社会の経済的進化の初期の段階においては，有用な活動と浪費的な活動という見地から，生産と消費との区別は性的な方向に従っている。女性は有用な活動において支配的であり，男性は略奪的な活動において支配的である。その後の段階では，生産活動と消費活動との間の区別は，また階級という方向に沿って発達する。下層階級は有用な活動に特化し，上層階級は浪費的な活動に特化する。

4．経済的に豊かな社会においては，経済的に生存するための闘争は，かなりの程度まで社会的な地位に対する高度な競争に変形されてくる。

5．近代社会において社会的な地位を示す主要な方法は金銭的であり，直接的にあるいは代行的な財やサービスの「衒示的消費」という形態を帯びる。

6．「衒示的消費」に寄与する3つの主要な要因が存在する。(a) 生産的な仕事を控えることあるいは衒示的閑暇，(b) 費用あるいは衒示的支出，および (c) 資源の浪費あるいは衒示的浪費。要約すれば，時間，金銭および資源の「衒示的消費」である。

7．衒示的に消費することへの文化的ニーズは，特に略奪的な野蛮時代（たとえば封建的ヨーロッパ）より初期の社会の上流階級の間に起源があり，都市化された近代社会のすべての階級に広がった。

エジェルは，ここで，ヴェブレンの「衒示的消費」理論について2つの点に要約し次のように述べている。

まず，第一にヴェブレンが人間の生存にとって，それゆえにその社会の集団的な利害において根本的であると考えた製作の価値および制度への選好は，財産と関連した略奪的な価値および制度や寄生性があると考えられた愛国的行為

に対してよりも，公益に対して有害である。事実，「生活や文化に対するばかばかしい制度の勝利」に関するヴェブレンの恐怖は近代資本主義および民族国家の双方に対する倫理的な正当性の否定である。

　第二に，彼の理論の政治的目的は，「古代の傾向の保護」と見栄のプロセスによって，被支配階級が前近代時代に起源をもつ有閑階級の略奪的な価値観に順応する傾向がある。ヴェブレンの「衒示的消費」理論は近代資本主義の「社会的安定性」を説明する。[17]

3．ヴェブレンの「衒示的消費」理論：批判的な意義

　ヴェブレンの理論あるいは「衒示的消費」の批判は経済から歴史，政治から社会学まで及んでいるが，エジェルの論及点は主として経済学と社会学にある。というものヴェブレンへの批判は，主にこれらの分野にあると考えられるからである。『有閑階級の理論』の出版への当初の反応は「衒示的消費」理論に焦点を合わせたものではなかったが，その急進性と皮肉に一層多くの関心を引きつけた。特に初期の批評家たちは制度あるいは私有財産および宗教に対する攻撃と見做し，道徳的に立腹していたように思われる。これらの初期の異議のある批評家たちの関心は『有閑階級の理論』の中核にある「衒示的消費」理論の長所に関しては無視をするという型を示しているように思われる。このような批判は消費および階級に焦点を合わせた典型的な中流都市の再検討において『有閑階級の理論』に対して与えられた評価にもかかわらず1950年代まで続いた。ヴェブレンの「衒示的消費」理論が批判的な関心を引きつけ続けたのは1950年代の大衆消費社会まではなかった。[18]

　ヴェブレンの「衒示的消費」理論に対する異議の中には，それが書かれた時代に限定される歴史的な妥当性を持っていた，というものがあったし，1950年代までに，それは時代によってその地位を譲ってしまった，「時代遅れ」となった，というものがあった。リースマン（David Riesman, 1909-2002）やミルズ（Charles Wright Mills, 1916-1962）の主張がその代表的なものである。[19]

また主流派経済学からのアプローチもあった。たとえば，1950年代初頭からライベンシュタイン[20] (Harvey Leibenstein, 1922-1993) をはじめとし，経済学者はヴェブレンの概念あるいは「衒示的消費」を因襲的な「消費者需要の静的分析」に取り入れようとした。そしてヴェブレンが消費へのその他の外的な非経済的な影響を見逃している，ということを示した。これは「衒示的消費」を価格効果として定義し，「非機能的な」需要，「バンドワゴン」および「スノッブ」効果という二つの異なったタイプから区別することで成し遂げられた。こうして現代の主流派経済学の教科書ではヴェブレンの「衒示的消費」理論は例外的需要という表題のもとに組み入れられがちである。

　新マルクス主義経済学者はヴェブレンに一層マクロ経済的な視点からアプローチしがちであったけれども，彼らはヴェブレンの「衒示的消費」の説明が不完全であったということを示唆しがちであった。つまりヴェブレンが「衒示的消費」の発展の説明において資本蓄積に不十分な関心しか払っていない，ということであった。このことに対する主要な根拠は，ヴェブレンの「衒示的消費」理論が「プチ・ブル」の浪費性に焦点を合わせ，正確さを欠いている，ということである。それゆえに，ヴェブレンの分析は「名声のための競争的な努力ではなく」資本蓄積する必要が歴史における主要な経済的力である，ということを見ることから彼を妨げていた，ということになる。ティルマン (Rick Tilman) はヴェブレンについてのこの批判がアドルノ (Theodor Adorno, 1903-1969) を思い出させると記している[21]。

　エジェルによれば1950年代のヴェブレンの「衒示的消費」理論についての評価は，大部分が肯定的な言及で，しかも増加しつつあるし，批判がなされている場合でも，徹底的にというよりもむしろついでに行なわれる傾向があった。

　しかしながら1980年代および1990年代はヴェブレンの「衒示的消費」理論へ批判的興味のリバイバルが見られた。メイソン (Roger Mason) は「衒示的消費」の研究を主流派経済学の立場から吟味した。ヴェブレンのモデルが例外的な消費者行動というこの広く行きわたった形態に対するいまだに最も有用なものである，という評価をするけれども，「過去50年以上の衒示的消費について

の研究は，その欠如によってのみ注目に値するし，経済学者はそのような思い通りにならない需要のよりよい理解に殆ど全く貢献してこなかった」ということである[22]。

エジェルは過去100年に現われたヴェブレンの「衒示的消費」理論についての詳細な批判としてキャンベルを採りあげている[23]。キャンベル (Colin Campbell) はヴェブレンの消費についての社会科学的な理解の重要性を認めているが，彼の「衒示的消費」理論は明快ではないと論じ，『有閑階級の理論』における「衒示的消費」の定式化を行なっている。

(1) 「説明的」あるいは主観的定式化：それは「衒示的消費」を一定の明確な心理的な状態の存在によって特徴づけられる活動と考える。
(2) 「衒示的消費」が特定の目的—成果あるいは結果によって特徴づけられる行動の一形態と見做す結果論者的あるいは「機能的定式化」
(3) 「衒示的消費」を一定の「固有の」資質によって特徴づけられる行為の一形態と定義する本質的概念

キャンベルによれば，第一の定式化は曖昧である。というのも，極めて重要な定義の基準が意思あるいは動機のいずれであるか，またその場合複数の候補のうちのどちらが選ばれるべきかが明確ではないからである。また，これらの規準が「意識的，潜在意識的，あるいは単に習慣的な慣行に具現化されたものとして見るべき」かどうか，ということもまた明確ではない。第二の公式化は問題をはらんでいる。というのも，「それは，そのような意志によって特徴づけられるけれども，その目的を達成しない行為を大抵除外する」し，さらに「この結果によって特徴づけられるけれども，いかなるそのような意志によって促進されることがない行為を含んでいる」からである。その上，このアプローチは「同一の目的を達成するその他の手段を認めない」(すなわち，機能的な選択肢を認めない)。第三の「本質的な概念」は問題をはらんでいると思われる。というのも，「消費の浪費性あるいは見せびらかしは必然的に非常に文脈的であり，どのような場合でも地位と重なり合う支出と仮定することはできない」[24]。

キャンベルはヴェブレンの「衒示的消費」理論のこれらすべての困難さが打

破できて,吟味しうる一組の命題が現われたとしても,経験的な研究に最終的な障害物,すなわち人々は「衒示的消費」に従事することを認めることに不承不承である,というメイソンの指摘,が残る,と結論づける。

キャンベルのヴェブレンの「衒示的消費」理論についての批判は,「科学的社会学」の視点からなされた初期の異議のあるコメントの多くを反映しているし,それは独創的な概念化に固有の明快さの欠如に向けられている。[25]

4.ヴェブレンの「衒示的消費」理論:批判的評価

次にエジェルは社会学の領域におけるこれまでの評価について述べている。それによれば,「衒示的消費」理論を含むヴェブレンの『有閑階級の理論』の最初の明白な社会学的な支持は,E. A. ロス (Edward Allsworth Ross, 1866-1951) とレスター・F・ウォード (Lester Frank Ward, 1841-1913) によって表明された。ウォードは『有閑階級の理論』が「非常に多くの真理を含んでいる」と考えた。またロスはヴェブレンの社会理論および社会批判によって明らかに影響を受けていた。しかしロスとウォードだけが賞賛したわけではない。多くの社会科学者や文学者でさえヴェブレンの『有閑階級の理論』の透徹した洞察力やスタイルおよび特に彼の「衒示的消費」理論に関して好意的なコメントを寄せたが,彼の貢献は階級に関するロスの著作においてもっとも顕著であり,経済学や社会学の教科書での認知にも影響を与えてきた。

1930年代後半においてはヴェブレンの「衒示的消費」理論が経験的なデータにより説明され,それによりその有効性が証明された。典型的な中流都市の最初の研究は競争的な見栄的消費を描写したが,さらに進められた再検討は,その社会の文化的水準にはめ込まれた上流階級の役割に関するヴェブレンのテーゼだけでなく,消費者行動を理解するための「衒示的消費」および毎年新車を購入するパターンはヴェブレンの浪費の分析の適切さを証明した。

ヴェブレンは,その世代の階級の「主要な」アメリカ社会学者として賞賛された。経験的な社会調査におけるヴェブレンの「衒示的消費」理論の価値は,

さらにバーナーとルントにより証明された。彼らは家，車およびスポーツへの彼らの富の相対的に高い支出に関して確立された上流階級と比較してヤンキーシティのニューリッチの傾向を明らかにした。[26]

さらにエジェルによれば，イギリスではヴェブレンの「衒示的消費」理論は「出発点」であったし，ファッションの歴史的説明においてベルにより進められた「すべての議論」を啓発した。ベルはヴェブレンの「衒示的消費」理論以外の第二次世界大戦以前のすべてのアパレル理論を拒絶した。ベルはヴェブレンの「衒示的消費」3つの要素（衒示的費用，衒示的閑暇および衒示的浪費）を過去と現在の比較の例証で裏づけている。そして第4のカテゴリー衒示的無礼を付け加えている。それを彼は「ある種の攻撃的な非適合性」と定義している。[27]

合衆国では1940年代後半にマートン（Robert King Merton, 1910-2003）が明示機能と潜在機能の区別を展開し，ヴェブレンの「衒示的消費」の分析を「暗示的に潜在機能の観念を使っている研究の一例」として引用した。消費が有用な考慮と地位の考慮の双方を含むというヴェブレンのテーゼはマートンによって，それぞれ明示機能と潜在機能とに書き直された。ヴェブレンは社会学的分析様式に対する主要な貢献であるとマートンにより功績を帰せられた。[28] ヴェブレンの競争的消費理論はパッカード（Vance Packard, 1914-1996）のアメリカ消費文化へのベストセラーの批判書によって1950年の終わりに一般的な表現となった。[29] また，大学の内外でもヴェブレンの「衒示的消費」理論は1950年代においてアメリカが一層近づきつつあった豊かな社会において反響があった。[30]

カールトンカレッジでの100周年を祝う1966年のヴェブレンセミナーは「衒示的消費」理論に焦点を合わせていなかったが，この点は1970年代においてコーサーとディギンズによって補正された。彼らはヴェブレンの観念，特に「衒示的消費」理論の普及に貢献した。[31]

1980年代においてヴェブレンの「衒示的消費」理論の広範囲におよぶ普及はブルックスによって引き起こされた。この理論の新しく拡張された型はタイム誌にレビューされている。『有閑階級の理論』同様ベルを引用しながら彼は，

「衒示的消費」は未だに広く受け容れられているけれども，競争的消費はより複雑になってきたし，そこにはいまや模倣の要素も含まれている，という。[32]

ヴェブレンの「衒示的消費」論の継続的な妥当性の証拠を低開発社会や先進社会において調査することはマンスフィールドやマクドナルドらによってもたらされている。結局，ヴェブレンの「衒示的消費」理論は教育の消費，ギフトの交換およびアメリカにおける文化的な批判史を含む学究的な文脈に広範な領域において未だに引用されている。さらにヴェブレンの『有閑階級の理論』は教科書において「消費に関する（社会学的）文献に対する最初の主要な貢献」として知られ続けている，という。[33]

そしてエジェルは結論として次のように述べている。特に社会学および経済学を中心としたヴェブレンの「衒示的消費」についての100年間の概略的な検討は，社会科学的妥当性と歴史的適切さという評価のふたつの主要な領域を明らかにした。

ヴェブレンの「衒示的消費」理論が，その操作主義化を妨げ，それゆえに検証する研究におけるその使用を妨げる曖昧な方法で公式化される，という議論には二つの方法で応えることができよう。

第一に「衒示的消費」に関する経験的な研究がヴェブレンのオリジナルな概念化の永続的な有効性を証明する多くの社会科学者によって行なわれている。

第二にヴェブレンは「衒示的消費」理論を科学的社会学の興亡以前に唱えた。それは1930年代以降アメリカにおいて特に支配的になった形態あるいは社会学であり，反実証主義者の批判に非常にうまく抵抗してきた。それゆえに，ヴェブレンの最も有名な理論をまだ発展していなかった社会学の概念の方法論的な規定に一致していないから信頼できないとの理由で退けてしまうのは疑いもなく不適切である。[34]

エジェルは過去100年にわたり出現してきた批判的な評価の関連した方向は，ヴェブレンの「衒示的消費」理論の歴史的な適切さに関して，である。「衒示的消費」を認定するという方法論的な問題を別として，彼の理論は，たとえ19世紀後半のニューリッチに適用されたとしても，もはや妥当性がない，と

いうことが主張されてきた。というのも，物的な豊かさの出現が同時にその重要性を減少させ，消費の複雑さを増大させたからである。にもかかわらず，「衒示的消費」の個人的ならびに集団的形態の双方に関して，それとは反対のかなりの証拠も存在するように思われる。事実，「衒示的消費」の継続的な普及は進行中の議論に対する主要な貢献者によって立証されている，という。

　エジェルはヴェブレンの「衒示的消費」理論には，その公式化のために否定できない曖昧なその他の問題があるにもかかわらず，肯定的に答えるための強力な根拠として次の4つをあげている。まず，第一にもしもヴェブレンが彼の書いた独自の用語やその時代によって判断されるならば，社会科学を構成するものに関する彼の観念は，経済活動の現存する歴史的静的な概念を拒絶しており，これは彼の「衒示的消費」理論で彼が「何を貨幣で購入するのかについての社会的な意味に対してわれわれに警告し，それによって消費の経済的使用を変えている」という重要な意味を知らせている。換言すれば，単なる金融をはるかに超える社会的ならびに文化的な重要性を持っている消費は，20世紀後半においては親しみやすい観念になるかもしれないが，100年前には，それは主流派経済学を破壊するような激しさをもった考察であったし，消費の社会学の成長の基礎となった。

　第二に，これを達成する過程でヴェブレンは，『有閑階級の理論』が事実に照らして理論を吟味することによって，知識を増大させるものよりもむしろ論争的な学問分野としての社会学の支持として読むことができる，という意味で社会科学に対する反保守主義者的攻撃を期待しただけでなく，また独創的で，挑発的で影響力のある方法で，均一的でない階級関係の永続性を解釈した。

　第三に経済学者，特に社会学者や歴史学者，また人類学者，地理学者などの多くの学者が，自動車，建物，衣服から休暇までの非常に多様な財の消費を理解するためにヴェブレンの「衒示的消費」理論を利用した。さらに彼の「衒示的消費」理論はその継続的な妥当性を堅固にする方法で発展してきた。

　第四に，ヴェブレンの「衒示的消費」理論が先駆的な理論として役立っている社会批判の古典的な社会学的伝統は，選択的理解のための研究において社会

的真実についてヴェブレンによって啓示を受けた人々によって生き続けている。

　最後に協調的仮説：ヴェブレンの「衒示的消費」理論内に埋め込まれた社会的地位に対する競争の浪費性および不適切さの批判は，根拠のないものではない。次世紀において，ヴェブレンの主要な遺産は知的ではないが，実践的になる，ということは可能であるし，これは「衒示的消費」理論の創案者を不満足にはさせない，というのがエジェルの結論である。[35]

5．エジェルの所説の検討および今後の課題

　これまでエジェルの所説に即してヴェブレンの「衒示的消費」に関する評価が，この100年間でどのように変化してきたのかを見てきた。エジェルの所説はこれまで見てきたように主に社会学と経済学の領域を対象としているとはいえ非常に多岐にわたり，「衒示的消費」をめぐるさまざまな評価や考え方の変遷を追う上では非常に役立つものと評価できる。また，エジェルの所説は時代的に見るとヴェブレンが『有閑階級の理論』で衒示的消費を明確な形で展開してから彼が亡くなる1929年ごろまで，1950年代および1980年以降という3つの時期を中心に展開されている。ヴェブレンの基本的な視点に関する考察や衒示的消費の特徴の要約など非常に優れた点を挙げることができる。

　ヴェブレンの考え方を概説すれば，彼独自の進化論的経済学を作り上げる際に因襲的な経済理論の先入観や前提を批判的に吟味したが，特に人間観を問題とした。というのもヴェブレンは個人が近代資本主義のような特定の経済文化的複合体の構成員である，と見做し，その経済行動を分析した。彼は人間行動が社会的あるいは文化的な産物であるという認識に基づき，さらに人間は本能に基づいて能動的に行動するものと考えた。しかし，注意しなければならないのは，習慣という要素が本能と人間行動の間に介在するということである。本能は直接的には行動を起こさない。個人は本能により行動するが，その行動の反復は習慣的な反応という形を採る。そして人間の行動は個人が生活している集団から多くの影響を受ける。つまり個人はすでに定着している思考および行

動の標準が存在する社会に生まれ，それらの複合体が制度であり，制度の複合体が文化である，と考えられる。したがって，衒示的消費を論ずる場合にも，本能―制度論との関連をつけるこのような視点への論及が不可欠である，と考えられる。しかし，エジェルの所説には，このようなヴェブレンの基本的な方法論との関連に関する掘り下げた検討が見当たらない，消費を制度と言う観点から捉えた点についても不十分な検討が行なわれているに過ぎない。確かに100年に及ぶレビューゆえに総花的なることは避けられないかもしれないが，この点にこそヴェブレンの消費論の独自性があり，それに関する論及は不可欠といっても過言ではあるまい。

『有閑階級の理論』の理論でヴェブレンが展開した独自の消費論を制度論との関連で論及してゆくことは今後の課題としたい。また最近ヴェブレンの本能論について注目すべき研究も現われてきており[36]，今後ヴェブレンの考え方の基本となる本能論まで遡り，消費論のみならず，その基本的方法論および思想体系の解明をすることこそが，今日におけるヴェブレンの消費論の有効性を明確にするために不可欠な手順であるといえよう。

注）

1） ヴェブレンや制度派経済学に関しては非常に多くの研究があるが，例えば，オーサーはヴェブレンがコモンズ，ミッチェルらと共に制度学者の創設者の一人である，と次のように述べている。「制度主義学派は経済思想に対する顕著なアメリカの貢献である。それは1900年ごろに始まった。……この学派の3人の偉大な人物はヴェブレン，ミッチェルおよびコモンズである」(Jacob Oser & William C. Blanchfield, *The Evolution of Economic Thought*, Third Edition, New York: Harcourt Brace Jovanovich, Inc. 1975, p. 360.)

2） conspicuous consumption は「ヴェブレニアン・フレジーオロジー」いわゆるヴェブレンの造語の一つとして知られている。本書ではわが国におけるヴェブレンや制度学派ならびにアメリカ経済思想における偉大な先駆的研究者である小原敬士の「衒示的消費」という訳語を使っている。この用語は，「誇示的消費」あるいは「みせびらかしの消費」とも呼ばれている。ところが『有閑階級の理論』の最近の邦訳では「顕示的消費」という訳語をあてている。その解説の中で訳者の高は「本書は，顕示的閑暇や顕示的消費（従来は「衒示的消費」とか誇示的消費と訳された），」と述べているが，なぜ「顕示的閑暇」あるいは「顕示的消費」

という用語を使用したかについては何ら解説されていない（ソースティン・ヴェブレン著，高哲男訳『有閑階級の理論』筑摩書房，ちくま学芸文庫，1999年3月10日第2刷発行）。もちろん"conspicuous consumption"は「顕著な消費」ではない。それは『有閑階級の理論』のなかでヴェブレンが明確に規定している内容を理解していない，といえよう。ヴェブレンのいう「衒示的消費」とは非生産的な有閑階級に属する人々が自らの資力を見せびらかすために主体的・意識的に行なう行動であり，制度的にきめられた一定の基準を満たすべく行なわれる消費のことである。したがって単なる「顕著な消費」ではない。もちろん"conspicuous consumption"を「顕著な消費」と訳出した邦訳書もかつてはあった。例えば，大野信三による「顯著な閑暇」「顯著な消費」（ソーシタイン・ヴェブレン著　大野信三訳『有閑階級論』第一期刊行『社會科學体系』11，而立社，大正13年5月15日發行）や陸井三郎の「顕著な閑暇」「顕著な消費」（陸井三郎訳『有閑階級論　平和の条件』河出書房，世界大思想全集17　社会・宗教・科学思想篇，昭和31年5月15日初版発行）などを参照されたい。

3）Milton Lower, "*The Evolution of the Institutionalist Theory of Consumption*", in *Institutional Economics Contributions to the Development of Holistic Economics, Essays in Honor of Allan G. Gruchy* (Boston: Martinus Nijhoff Publishing), 1980, p. 82.

4）Wilfred Dolfsma, "Life and Times of The Veblen Effect", *History of Economic Ideas*, VIII. 2000. 3, p. 61.

5）Robert L. Basmann, David J. Molina, and Daniel J. Slottje, "A Note on Measuring Veblen's Theory of Conspicuous Consumption", *Review of Economics and Statistics*, 70, No. 3. (August 1988), p. 531.

6）Stephen Edgell, "Veblen's Theory of Conspicuous Consumption after 100 years", *History of Economic Ideas*, 1993 March, VII, pp. 99-125. この論文は1996年の5月30日から6月1日にかけてミネソタのカールトンカレッジで行なわれた第二回国際ソースタイン・ヴェブレン協会の会議で発表した論文の改訂版である。

7）『有閑階級の理論－制度の進化についての経済学的研究』は1899年2月にヴェブレンの処女作として刊行された。本書は14の章から構成されているが，7章ごとに2つの部分に分かれており，特に第一章の緒論は，理論的前提をなしている，といえる。（ジョセフ・ドーフマン著　八木甫訳『ヴェブレン：その人と時代』ホルト・サウンダース・ジャパン，1985年9月30日第1刷発行，250～252頁）。またヴェブレンにおいては「閑暇」(leisure) という言葉は，時間と労力の非生産的消費あるいは衒示的な消費あるいは浪費を意味する。ソースタイン・ヴェブレン著　小原敬士訳『有閑階級の理論』（岩波書店，昭和36年5月25日第1刷発行，解説，383頁）。

8）ヴェブレンの影響力は思わぬところまで及んでいる。たとえば，エリック・ロールは「今日彼の思想の影響力は廣く承認され，その影響は廣く認められている

のであって，時としてはもっとも思いがけない部分にさえ及んでいる」と述べてい。(Erich Roll, *A History of Economic Thought*, Faber & Faber Limited, p. 441. エリック・ロール著，隅谷三喜男訳『経済学説史 下巻』有斐閣，昭和45年6月10日初版第三刷発行，248頁）。

9) Stephen Edgell, *op. cit.* p.100. ヴェブレンは1895年の秋頃から『有閑階級の理論』の執筆に取り掛かり，4年後の1899年の2月に出版した。(小原敬士訳『有閑階級の理論』岩波書店，解説374頁）。

　ヴェブレンは「社会主義理論における若干の閑却された点」の中でスペンサーの社会主義論を手がかりとして「経済的な見栄」(economic emulation) の概念を中心とする独特の社会主義観を述べた。(小原敬士『ヴェブレン』勁草書房〔思想学説全書12〕，1974年6月25日第1版第1刷第2回発行，32頁）。この点については David Seckler, *Thorstein Veblen and the Institutionalists A Study in the Social Philosophy of Economics* (London: Macmillan Press Ltd, 1975), pp. 37-42. も併せて参照されたい。この中でセックラーは，ヴェブレンが科学的な概念として「見栄」(emulation) を発見し，それは社会科学に対する彼の最大の貢献の一つである，とすら述べている。また三部作の論文とは「製作本能と労働の嫌忌すべき性質」(The Instinct of Workmanship and The Irksomeness of Labor, *The American Journal of Sociology*, Vol. IV, September, 1898)「所有権の起源」(The Beginnings of Ownership, *The American Journal of Sociology*, Vol. IV, November, 1898) および「野蛮時代の女性の身分」(The Barbarian Status of Woman, *The American Journal of Sociology*, Vol. IV, January, 1899) を指す。これらの論文は，その後次の論文集に再録されている。Thorstein Veblen, ed. by Leon Ardzrooni, *Essays in Our Changing Order* (New York: Augustus M.Kelly, Bookseller) 1964.

10) Stephen Edgell, *Ibid.*, pp. 100-101. David Hamilton, "Institutional Economics and Consumption", *Journal of Economic Issues*, 1987, 21, p. 1539.

11) ヴェブレンの本能制度論については，例えば，小原敬士『ヴェブレンの社会経済思想』(一ツ橋大学経済研究叢書18，岩波書店，昭和41年3月25日第1刷発行），第三章「基本観念と歴史哲学」(61～77頁) および中山大『ヴェブレンの思想体系』(ミネルヴァ書房，1974年5月20日第1刷発行，82～116頁) などを参照されたい。

12) Stephen Edgell, *op. cit.*, pp. 101-102.

13) ここでヴェブレンとの関係というのは，John Rae, *Statement of Some Principles on the Subject of Political Economy: Exposing the Fallacies of the System of Free Trade, and of Some Other Doctrines Maintained in the "Wealth of Nations."* 1834. において展開されている考え方との関連性である。また，ヴェブレンとレーとの関連ついては，たとえば，次の論文を参照されたい。Blake Alcott, "Conspicuous Consumption: A Neglected Intellectual Relationship", *History of Political Economy*, 23: 4.1991, pp. 731-744. および Stephen Edgell and Rick Til-

man, "John Rae and Thorstein Veblen", *Journal of Economic Issues*, Vol. XXX-VIII, No. 3, September, 2004, pp. 765-786. ドーフマンによれば，ヴェブレンはJ. M. クラークの同僚の家でのパーティでレーの研究をよく知っているかどうか尋ねられた時に「知っている」と答えた後で，「彼のアイディアを私が盗んだと非難する人もいる」と付け加えた，という。(Joseph Dorfman, *Essays, Reviews and Reports*, 〔New York: Clifton, N. J.〕1973, p. 31.)。またレーの消費論についてはメイソンの研究もある。「ジョン・レーの奢侈的消費論」ロジャー・メイソン著，鈴木信雄・高哲男・橋本努訳『顕示的消費の経済学』(名古屋大学出版会，27～44頁。*The Economics of Conspicuous Consumption* [Edward Elgar Publishing Ltd, 1998])。

14) このボアスとヴェブレンの関係であるが，ヴェブレンはシカゴ大学において多くの学問的刺激を受けた。そこには，当時さまざまな学問分野において新しい考え方を持った優れた学者が多く集まっていた。たとえばジャック・レーブ (Jacques Loeb)，ウィリアム・コードウェル (William Caldwell)，ジョン・デューイ (John Dewey) などと共に，ボアスもおり，ヴェブレンは彼らから多くを学んだ。

特にボアスからはクワキントルインディアンの研究を学んだ。同時に当時のシカゴはアメリカの多くの社会的・経済的問題が起こっており，これらの外的な環境もヴェブレンの思想形成に少なからぬ影響を与えた，といえよう。(この点については，小原敬士，前掲書，31～40頁を参照されたい)。また，ボアスはクワキントルインディアンについての民俗学的研究の中で，財産の機能を衒示的消費の法則として説明していた。インディアンたちが高い地位を獲得したり，財産を分配する方法は，ポトラッチに基づいている。インディアンはポトラッチを用いて競争相手を凌ぐために財産を獲得しようと努力する，と述べている。(詳しくは，ドーフマン著，八木甫訳『ヴェブレン《その人と時代》』168～170頁を参照されたい。

15) Stephen Edgell, *op. cit.*, p. 102.

16) *Ibid.*, pp. 102-104. ここでエジェルが述べているのはヴェブレンの方法論を貫く二分法である。ヴェブレンは，その経済分析において「親性本能」「取得本能」「製作本能」および「好奇本能」という4つの本能だけを使った。これら4つの本能の特徴を要約すると次のようになる。「親性本能」とは自分自身よりも他人のことを配慮するように個人を導くものであり，公共財への親のような配慮を導く。これとは反対に他人の福祉よりも個人の個人的な福祉への配慮を導くのが「利己的本能」あるいは「取得本能」と呼ばれるものである。「製作本能」とは効率的で経済的な仕組みなどに関心を持たせる本能であり，ヴェブレンはこれを重要視したが，この本能はむしろ補助的な本能である。それは，この本能の位置づけがいささか特殊であり，具体的な目的は他の本能によって与えられる。たとえば，資源の経済的利用と社会の福祉とを結びつけるには「親性本能」の補助が必要だからである。「好奇本能」とは実践的な知識を導く，たとえば，産業技術的な手

段への関心などである。特にこの本能はイノベーションを導くものとしてヴェブレンの科学的な思想において重要な位置を占めている。文化的複合体における硬直的な制度への変化をもたらすのが，イノベーションだからである。またヴェブレンの本能分析は経済的不調和理論の基礎を与えているといえる。彼は人間の生物学的構造における根本的な矛盾を暴露している。それは親性本能と利己的本能あるいは取得的本能との間に存在する。これら二つの本能は相互に排他的な目的に導くと考えられた。ヴェブレンの分析においては，経済体制内の矛盾は，親性本能と取得本能との間に存在する心理学的対立に単に文化的な表現を与えているのに過ぎないと見做された。この点については，グルーチーの所説を参照されたい。(Allan G. Gruchy, *Modern Economic Thought: An American Contribution* [New York: Augustus M. Kelly・Publishers,1967], pp. 58-68)

17) Stephen Edgell, *op. cit.*, p. 103.
18) *Ibid.*, p. 104.
19) *Ibid.*, p. 105. ここでのエジェルのミルズについての論述は次の書物を参照されたい。(*The Sociological Imagination* (Oxford University Press, 1959).『社会学的創造力』紀伊國屋書店，1975年6月30日第8刷発行)。
20) ライベンシュタインの所説については，次の論文を参照されたい。H. Leibenstein, "Bandwagon, Snob, and Veblen Effects in The Theory of Consumer Demand", *Quarterly Journal of Economics*, 64 (May 1950) pp. 183-207. および『消費者・コミュニケーション戦略』〔現代のマーケティング戦略④〕(2006年5月10日初版第1刷発行，有斐閣，65頁)を参照されたい。
21) Stephen Edgell, *op. cit.*, pp. 105-106. ティルマンはヴェブレンとアドルノについて，次のように述べている。「アドルノは，ヴェブレンは衒示的消費が好きではなかった，と述べている。というのも，それが真の欲求の充足を目指すからではなく，社会的な尊敬や地位を目指すからである。アドルノは確かに衒示的消費が存在することを認めていたが，彼の分析はヴェブレンの分析とは根本的に異なっていた。ヴェブレンが衒示的消費を(アドルノの言葉では)『単なる見せびらかし』と見たのに対して，アドルノは工業生活の苦役を凌ぐために必要である，と見た。」(Rick Tilman, *Thorstein Veblen and His Critics, 1891-1963* [New Jersey: Princeton University Press, 1992], p. 193.)
22) Stephen Edgell, *Ibid.*, p. 106.
23) *Ibid.*, p.107. しかし，ティルマンは衒示的消費に関するキャンベルの考え方に異議を唱えている。詳細に関しては，次の論文を参照されたい。Rick Tilman, Colin Campbell on Thorstein Veblen on Conspicuous Consumption, *Journal of Economic Issues*, Vol. Xl, No. 1, March, 2006, pp. 97-112.
24) *Ibid.*, pp. 107-108.
25) *Ibid.*, p. 108.
26) *Ibid.*, pp. 109-110.

27) *Ibid.*, p.110.
28) *Ibid.*, pp.110-111. マートンの所説については，ロバート・K・マートン著，森東吾・森好夫・金沢実・中島竜太郎共訳『社会理論と社会構造』(みすず書房，1978年12月5日第13刷発行)，特に第一章「顕示的機能と潜在的機能」を参照されたい。
29) *Ibid.*, pp. 111-112.
30) *Ibid.*, p. 112.
31) *Ibid.*, p. 112.
32) *Ibid.*, pp. 112-113.
33) *Ibid.*, p. 113. エジェルによれば，マンスフィールドおよびマクドナルドは建築における衒示的消費について述べている。
34) *Ibid.*, pp. 114-115.
35) *Ibid.*, pp. 115-116.
36) Harold Wolozin, Thorstein Veblen and Human Emotions: An Unfulfilled Prescience, *Journal of Economic Issues*, Vol. XXXIX. No. 3 September 2005, pp. 727-740.

第4章 消費理論への代替的アプローチ

1. はじめに

　多くの学問分野において消費の研究はダイナミックに変化しつつある領域になってきている。消費に関する新しい学際的研究領域は過去四半世紀に出現してきた，といえよう。それは社会学，人類学，歴史学，哲学，マーケティングおよび経済学といった領域におけるさまざまな研究に負っている。消費は経済理論で中心的な役割を演じているにも関わらず，経済学は新しい研究の波に対して，貢献という点では，さほど大きなものがないといえよう。それゆえ新古典派経済理論における消費の取り扱いに関してダーネルは「ある一定の条件の下での消費者選択についてミクロ経済理論は十分発達しているが，近年におけるいかなる重要な進歩の対象になっていない」とすら述べている。[1]

　消費への新しいアプローチへの経済学者の関心の欠如は消費者行動についての因襲的経済理論の硬直性を反映している。もちろん，因襲的経済理論のアプローチにおいては消費者が商品およびサービスに対してはっきりと明示された飽くことを知らない欲望をもって市場にやってくる，ということを仮定している。そして，彼らの欲望は社会的な相互作用，文化，経済制度や他人の消費選択や幸福によって影響を受けない。価格，所得，および私的嗜好だけが消費に影響を与える。また嗜好は新古典派経済学にとって外因的だから，価格や所得以外のものを論ずることはない。

　因習的な経済理論と経済生活の明白な事実との間の関連は，あるとしても希薄である。もしも消費者行動についてのミクロ経済学における最近の進歩がなかったとしても，それは改善の余地がないためではない。そして，それは経済

学の文献において良い批判や新理論の提案など何らかの不足があったためでもない。問題は新理論が余りにも早くバラバラに壊されるか，忘れられてしまうか，ということである。

以上のような問題意識をもって消費についての非主流の経済的視角の歴史を再検討し，その視角が新しい理論の構築のための豊富な材料を与えることを，すなわち特に反主流の考え方が包括的な新理論に結合しうるかどうか，を意図したのがフランク・アッカーマン（Frank Ackerman）である[2]。しかしながら理論的な発達の歴史を見ると，それはしばしば反対の方向，つまり狭い単一モデル化に向かって進んできた，といえる。つまり，このような状況を鑑みると，反主流の理論的代替物は経済的思想を変形させる力を殆どもっていなかった。たとえば，よく知られているゲーリー・ベッカー（Gary Stanley Becker, 1930-）の消費者選択についての標準的分析の拡張は，信じがたいほどであり，新古典派理論の間違っているものの大部分を強化する，と思われる[3]。そこでアッカーマンは，新しい理論を提出するためには，新古典派消費論の根本的な3つの仮説の概要を示すことが役に立つ，と考えた。これらの仮説は利己的個人主義，強欲さ，および商品志向と呼びうる。その特徴を以下のようにまとめている[4]。

1．利己的個人主義：消費者の欲望および選好は外因的である。つまり，消費者は社会的あるいは経済的制度，他人の影響，あるいは他人の行動の観察によって影響を受けない。
2．強欲さ（飽くことをしらないこと）：変わりやすい物的欲望の多様性を持つことが人間の本質である。より多くの消費から個人的な満足という唯一の経済的な意味のある形態。
3．コモディティ志向：消費者選好は市場で入手できる特定の財やサービスに対する十分な情報を持った欲望からなる。

これら三つの仮説は緊密に関連している。新古典派理論のどんな包括的な批判も，これら三つすべての仮説に対する代案を含んでいる。たとえばヴェブレ

ンは，利己的個人主義的仮説に対する彼の代案で著名である。しかし彼は快楽に対する飽くことを知らない欲望どころか，人間性は「展開しつつある活動において実現と表現と追求する諸傾向と習慣の一貫した構造物である」と主張して快楽主義的な人間の概念を「均質な欲望の小球」とあざ笑いもした。また彼は，消費者行動の大部分はその時の社会的地位を象徴する商品に対してだけでなく根本的に社会的地位といった無形なものに対する欲望により駆り立てられる，と主張した。にもかかわらず，ヴェブレンが利己的個人主義の批判を衒示的消費の分析に含んでいたことは最もよく知られている，といって違いないと思われる。消費について論じているその他の多くの経済学者もまた利己的個人主義に対する代案を展開しつつあったと見ることができる。

2．デューゼンベリー，ライベンシュタインおよびガルブレイスらと代替的消費理論

　ヴェブレンの消費についてはデビッド・ハミルトンによって十分に述べられている。ハミルトンは地位を意識した衒示的消費について述べる際にヴェブレンが単に社会的な事実や皮肉をいっているのではなくて，消費理論を展開していることを明確に述べている。ヴェブレンにとって，財は消費者にとって社会的地位や使用価値を生むものであり，儀式的であり道具的でもあった。ヴェブレンが非常に効果的に，また風刺的に示したように，時間がたつにつれて消費の儀式的な側面は無限に拡張しうる。しかし，どんな時代でも，社会のそれぞれの集団にとって適切な社会的な地位にあった消費水準が存在する。ヴェブレンに続く制度主義者の世代は消費以外の問題に注意を集中した。同時に新古典派経済学も，その独自のアプローチを集大成し，公式化することに取り掛かっていた。消費者行動についての代替理論に対するヴェブレンに次ぐ主要な貢献者としてデューゼンベリー，ライベンシュタインおよびガルブレイスらを挙げることができる。1940年代および1950年代はケインズ主義経済学の成功が新しい視点の宣言を周知したときであったが，彼らは消費者行動の分析およびモ

デル作りの革新的な方法を示唆した。彼らの研究における共通のテーマは，消費者選好に影響を与える社会的要因の識別である。つまり，われわれの言葉では，それらはすべて利己的個人主義的な仮定の欠陥と関連づけられる[11]。

　デューゼンベリーは実質所得の何らかの一定水準において家計の貯蓄総額が時間の経過とともに減少する，という経験的な難題からアプローチした。彼は新古典派の理論的装置の大部分を拒絶し，個人の選好が相互依存的であり，その一部分が社会的に決定され，学習および習慣形成を免れ得ない，ということを自明のことと見做した。社会的相互依存性の結果が「デモンストレーション効果」であった。つまり，より優れた財貨やより高い生活水準が自分自身の消費を増加させる欲望を導く，ということである。それゆえに，成長しつつある経済において他人の消費が増加するにつれて，いかなる所与の所得水準の世帯もより多く消費し，あまり貯蓄しなくなる[12]。

　ラグナー・ヌルクセ (Ragnar Nurkse, 1907-1959) はデューゼンベリーのデモンストレーション効果を開発経済学の初期の議論の中心に置いた。ヌルクセは，先進国の消費パターンを見習おうという試みが開発途上諸国の貯蓄率を抑制する，と示唆した。代替理論のモデル化に対するもうひとつのアプローチは，ライベンシュタインの古典的な論文に見ることができる。彼の「バンドワゴン，スノッブおよびヴェブレン効果」は社会的な相互作用がある財貨への消費者需要を変えうる三つの異なった方法の単純化されたモデルである。ヴェブレンの名前は一つだけにしかついていないが，三つすべてがヴェブレンにとって意味がある。ライベンシュタインのモデルのそれぞれは，標準的な新古典派モデルとは異なり，価格と需要の間の関連が社会的に決定されることを暗示している。しかし，そのモデルについては，その後少数の研究者によってのみ研究されている。

　これまでの消費の経済学に関する研究書の中でのベストセラーのひとつが『豊かな社会』であることは間違いない。書かれてから50年以上経つ今日でも際立って堅固な経済政策の議論の中で，ガルブレイスは経済成長および産出量の極大化に優先順位をおくことは豊かな社会にとってもはや適切ではない，と主張する。私的消費に対する生産の過度な強調は，その他の望ましくない帰結の

中で，公共財およびサービスや閑暇や経済的安全に殆ど支出しないことを導く。ガルブレイスは，豊かさの増大が，それほど緊急ではない私的消費を一層増加させることに対する絶えざる脅威となる，ということは明白である，と考える。それゆえに，人々の支出を維持するために不自然な何かが生ずる。悪者は，生産過程の一部として新商品への需要を創造する広告という見える手である。欲望が生産者の広告から生じているとするならば，新商品への欲望を充足するための非常に社会的な重要性をもっている，と考えることはできない，とガルブレイスいう。[13]

消費への社会的影響の本質は，さらにフレッド・ハーシュにより精緻化された。彼は地位的消費という概念を導入した。地位財とは稀少であるために欲しいと思われる財のことである。たとえば，昔の巨匠によって描かれた絵画，骨董品などである。社会階層の頂点における職業は類似した地位的価値を持っている。しかも普通の財とは異なり地位財の供給は需要が上昇しても増大しえない。レンブラントのオリジナルや，海に面した不動産などをより多く作り出す方法はない。地位財は衒示的消費におけるある役割を演じている地位的象徴となったが，二つのカテゴリーを同一視できない。つまり，車や服装における流行のようないくつかの地位の象徴は需要の増加を充足するために生産しうる工業製品であるからである。

生産性の上昇は地位財ではなく，普通の財の生産において生ずる。時間が経つにつれて，普通の財の価格は相対的に安価になる。このことが普通財の消費量の増加と地位財への所得の支出割合の増加を導く。地位財への需要が増大する場合，地位的競争が存在する。社会にとってその結果は，ある人の損失が他の人の利益となるゼロ—サムゲームに過ぎない。需要の増加に対応した価値は全く創造されない。かくして，総生産量が増加し，地位財に所得の増加分が支出されても，社会的福祉の純増が存在する，ということを信ずべきいかなる理由もない。この理由についてはシトフスキーは地位的消費が通常の消費よりも非生産的貯蓄という形態であるから，と述べている。[14]

ロバート・フランクはハーシュとデューゼンベリーの研究を引き継ぎ，地位

消費およびデモンストレーション効果についての公式なモデルを作った。たとえば目に見える，地位的支出を支持する先入観は貯蓄に関してデューゼンベリーのデモンストレーション効果と全く同じ効果を持っている。フランクは，地位消費およびそれと関連した先入観の存在が貯蓄および閑暇に関して，人々が時間や労働条件，および地位的支出への課税を制限する年金やその他の強制された貯蓄要求を含む多くの形態の規則により一層幸福になりうる，ということを暗示している。

つまり，この点において消費への社会的影響の問題が新古典派経済学という主流派から消滅してしまっている，ということは全くではないが殆ど正しい。デューゼンベリーおよびライベンシュタインによって示唆された数理的モデルの精緻化を発展させるという企てが，1970年代にロバート・ポラックによりなされたが，その研究は他の人々には殆ど影響を与えなかった。その後ローリー・サイモン・バッグウェルと B. ダグラス・バーンハイムはライベンシュタインの「ヴェブレン効果」をアップデートするモデルを作った。

もしも，ヴェブレンの分析がモデルを作る目的のために小さな部分に分けられたならば，多くの，より多くのモデルが残せただろう。消費者選好に影響を与える社会的要因へフォーカスを当てることは消費に関する代替案の経済的理論化の最もよく発展した要素である。しかしながら，それは全く独自の十分に新しい理論を与えることができていない。第二および第三の仮説への批判および代替案は同様に必要である。事実，数理的な仮定の公式化の過程は新しい理論化の領域を限定しているように思われる。ここで述べられている研究は，ヴェブレン，ガルブレイスおよびハーシュの包括的批判および体系的，非数理的分析からデューゼンベリーやフランクに見られる公式的モデルとより広い視点，ライベンシュタイン，ポラックおよびバッグウェルやバーンハイムの純粋に形式的でより数理的な取扱いまでの範囲にまで及んでいる。そしてヴェブレン，ガルブレイスやデューゼンベリー・フランクの抽象および公式化の水準の相対的なメリットや潜在的な可能性について述べている。しかし，経済学者が完全な数理的分析モードである第三の選択の受容において極端に走りすぎてきたこ

とは殆ど疑いがない。[15]

　数理的なモデルは経済学者のある集団から構成されていている本質的な地位の象徴といえるかもしれない。数理的モデルは儀式的価値同様に道具的価値を持っているかもしれない。にもかかわらず，それらの隠された限界は，それらが新古典派モデルの数理的な道具の残りの部分を典型的に仮定しているからである。つまり，「もしもあなたがひとつを除いて標準的仮定のすべてを受け容れるとしたら，何を説明することができますか？」というゲームに対して，確立された理論がモデルの設計者に挑戦するようなものである。このゲームに卓越している経済学者もいる。ジョージ・アカロフが最も成功したものの一人として心に浮かんでくる。しかし，新たに始められるゲームの結果は決して包括的な代替的枠組みのための蓄積とはならない，といえよう。どのような理論も一組の仮説や前提の上に構築されており，新たな理論のためには新たな仮説なり前提が必要だからである。

3．人間性の概念

　第二の仮定に着手しよう。人間性を私的消費に対する飽くことのない欲望の総体として見ることは，全く標準的である。過去の多くの偉大な経済学者は，このことを良く知っていた。そこには，いかなる数理的モデルも存在しないが，代替的な視点についての顕著な歴史がある。アダム・スミスは自尊心のような動機の重要性に関してしばしば引用される。ジョン・スチュアート・ミル（John Stuart Mill, 1806-1873）は人間行動のより複雑な理解を支持する引用の埋蔵物である。アルフレッド・マーシャルは，高度な欲求と低度な欲求との間の区別が可能である，と信じていた。実際，多かれ少なかれ緊急な欲求の階層が消費の限界効用逓減のひとつの基礎となっている。不幸にも，マーシャルは，そのような微妙さは容易には経済学と一体化しえない，と結論づけ，次のように述べている。[16]

消費のもっと高級な研究は経済分析の主要部分に先立ってではなく，その後に

第4章 消費理論への代替的アプローチ 75

展開しなくてはならない。またその研究は経済学の固有の領域のうちにその発端をもつけれども，ここで完了するものではなく，これを完結させるためにはこの領域を超えてはるかに遠くその探求の手をのばしていかなくてはならない。

つまり，マーシャルは消費の理論が経済学の科学的な基礎をなす，とは看做していないのである。人間性についての新古典派のカリカチュアへの異議の申し立てはジョン・メイナード・ケインズによっても共有されている。彼の「孫たちへの経済的可能性」は1930年に書かれたが，物的欲望は十分に満足させられる，という前提に基づいたユートピア的な見解である。そして，彼が書いてから100年以内に満足点に到達する運命にあるに違いない。現在までのところ物的欲望の充足が切迫したという証拠は殆どない。その代わりに，広告やスタイルおよび地位の競争的追及によって，その充足についての合意は得られていない。

Drakopoulosによって，この主題についてのケインズの見解は明確に説明されているけれども，ケインズは新古典派の行動モデルおよびその哲学的基礎を断固として拒絶している。余り知られていない著作のいくつかの中でケインズは，近代文明の内側で侵食し，現在のモラルの崩壊の原因であるとして「功利主義者の伝統」に言及している。また彼は，初期の著作でミクロ経済学にコメントしている。すなわち，「その結果がいかに落胆させるものであっても，いまやわれわれはそれを手にしている。経済学をベンサムの快楽主義的計算の数理的応用に変形してしまった華麗な考え方を持っている」[17]。

不幸なことにケインズは選好の代替性について断片的なコメントのみをしただけであった。Drakopoulosは，それらのコメントは異なる緊急性や重要性を持つ欲求の階層における信念と調和している，と述べている。そのような階層に基づく公式なモデルは，現実的ではあるがケインズを当惑させるような価格および賃金という厄介な問題についてのきっちりとした説明を与えている。本質的に，そのモデルは，数量と価格が異なった緊急性のレベルをもつ欲求を満足させるという点で一時的に立ち往生する，ということを示している。かくし

て，消費者行動についての代替モデルは，ケインズ主義のマクロ経済学の背景に隠されているのかもしれない。[18]

　ケインズがマクロ経済学を作り直しつつあったのとほぼ同時期に，ポール・サミュエルソンが顕示的選好の理論を導入した。それは消費についてのミクロ経済学における重要な革新であった。顕示的選好は効用あるいは人間性に関する何らかの仮説に対する必要を避ける，ということが主張されたし，しばしばまだ主張されている。それは，消費者が彼らの選好を市場における現実の選択を示すことで十分である，とされている。観察された選択がある状況を満足させる限りにおいては，標準的な消費者理論の結論は未だに演繹される。特に人々が，より多くの所得を持っている場合に相対的により多く購入するから，物的欲望の不安定性は明らかに顕示される。

　しかしサミュエルソンの顕示的選好理論は消費者行動の基礎についての限定的で非現実的な新古典派的仮定は取除いてはいない。選好は直接的に観察できないから，選好を示す行動はテストすることができない，と主張される。セン（Amarta Sen, 1933-）は顕示選好が同義反復あるいは「選好」という意味に依存している人間動機についての論争的な主張のいずれかである，と主張する。もしも選好が，行動が示すものと定義されるならば，その時顕示選好は定義および完全な情報のなさによって真理である。

　他方，もしもわれわれの選好が，しばしば消費者選択の議論で示唆されるように，平等であるすべてのものよりもわれわれをより満足させるもの，と解釈されるならば，行動は選好を示す必要がない。その代わりに，行動はしばしば共感，理念，約束，道徳および私的義務などに基礎を置くかもしれない。ひとたび，選択と選好との間の区別が認識されたら，サゴフは，選択の自由の極大化を支持する十分な理由は存在するが，選好の満足の極大化を支持することを強制するいかなる根拠も存在しない，という。[19]

　人間性およびその経済行動への密接な関係についての最も広範囲におよぶ吟味のひとつはシトフスキー（Tibor Scitovsky, 1910-2002）の研究に見出される。経済学は消費者満足と呼ばれる単一の事柄が存在する，と仮定するが，シトフ

スキーによれば，心理学は満足についての二つの異なったタイプ，つまり安心感と快楽を明確に区別する。一般的な比喩のように苦痛は快楽の正反対ではない。正確には，それは安心感の正反対というべきである。安心感と快楽との間の複雑なしばしば驚くべき関係は，通常の経済学に見られるのより豊富で特殊な人間の欲求についての理論を与えてくれる。

経済理論がその密接な関係に着手したときに，シトフスキーは2つの主要な疑問を提示している。

第一に，どの欲望も満足されないのか？ 第二に，どの満足も必ず市場における購入を通じて獲得されるのか？ 第一の問いへの彼の答えは，実質的に満足のためのあらゆる欲望は充足されない。不愉快は特殊なことである。それらが取除かれた場合をいうことは容易い。あなたがいかに「空腹でないか」に関してはひとつの限界がある。ひとつの例外がヴェブレンおよび衒示的消費に遡る。帰属，社会的受容の獲得の満足は，その社会的地位の価値にふさわしい無制限な消費者支出の増加を必要とする。さらに，快楽，それはしばしば新奇さの結果であるが，常に増加する支出を吸収しうる。昨日の新奇な快楽が今日の習慣になり，明日のものが社会的に必需となるにつれて，快楽の同一の水準を維持することが新しい消費水準を要求する。

これがガルブレイスやハーシュ同様シトフスキーを生産の絶え間ない増加の緊急性についての懐疑主義に導いた。その態度は第二の問いに対するシトフスキーの答えにより強化されている。つまり生活の最も重要な満足の大部分は購入された財やサービスの消費からよりもむしろ非市場活動あるいは労働の過程から生ずる。[20]

異なっているが補足的な視点はフェミニスト経済学者ポーラ・イングランド (Paula England, 1929-) によっても与えられている。彼女は，人間性に関する基本的な経済的仮説が男性の偏見を反映している，と婉曲に述べている。特に消費者選択について因襲的経済学は，個人間の効用の比較が不可能であり，嗜好は均質的であり不変であり，そして諸個人は市場の相互作用において一様に利己的である，ということを仮定している。フェミニストの理論は，婦人の伝統

的な役割に根拠があり関連しているがそれぞれのケースにおいて正反対の仮説を導く。いつも強制されていて，感情的に支持されている人々は，当然，あるタイプの個人間比較が基準であるし，人々は社会的影響により絶えず形作られ，そして利他主義が一般生活に共通している，ということを仮定している。しかし強制されない標準的な仮説は，例えば英国では伝統的に「切り離された利己」という男性モデルに起源をもつが，これは根本的には新古典派理論である。またフェミニスト理論は家庭内の異なった経済権力観を導く。[21]

イングランドは公式モデルを生まなかったDrakopoulosによるケインズの再解釈の例外について述べている。しかしながら，それらは新古典派の消費理論の批判という重要な側面を提起した。人間性は飽くことを知らない消費者欲望の束よりも複雑である，ということである。これらの議論だけに基づいて経済理論を構築することは難しい。しかし，それらは新しい消費の理解を展開するためのより広範囲にわたるプロジェクトの不可欠な一部分である，といえよう。

4．コモディティ商品と消費

消費者の欲望のコモディティ志向である第三の仮説の批判は，上に論じた経済的代替案のいくつかに暗示されている。そのような批判はまた社会学や人類学のような領域における消費の取扱いにおいて陳腐でもある。マルクスの「商品フェティズム」の概念は，ここでは適切であり，消費についての多くの最近の分析でもよく利用されてきている。

コモディティ志向の仮定に対するより公式的な，数理的な代替案もまた経済学の専門家の間では，広く認識されてきつつある。殆ど同時に，ケルビン・ランカスター，リチャード・ムースおよびゲーリー・ベッカーそれぞれが，きわめて類似した消費者行動理論の再考を提唱した。因襲的な理論は財と消費者満足との間の直接的な関連を仮定する。つまり消費者が正確にそれぞれの潜在的な購入のいかに多くのものを享受するか知っている。それとは反対に新しいア

プローチは，消費者が購入から生ずる経験，満足，財の特徴など何かを求めている，と考える。最近の議論は異なった専門用語で表現されているけれども，類似したコンセプトを使っている。消費者が求めているものは，つまり燃料を燃焼させることではなくて，むしろ心地よい部屋の温度のような「燃料サービス」である。つまり，それは多くの異なった燃料や絶縁体の結合により生み出されうるものである。

　新しいアプローチへの動機は，標準的な消費理論のひとつの側面に対するランカスターの異議に見ることができる。つまり，誰も個々の入手可能な財あるいは財の組み合わせをいかに満足させるか正確に知ることはできないし，新商品が現われた場合には，彼らがいつもしているような，彼らの選好の順位を修正する方法は存在しないからである。代案は，消費者が求めているものが財自体ではなくて，財から獲得する特徴である，ということを認識することである。つまり，フレーバー，生地，食物の栄養，あるいは燃料効率のよい乗り物，気持ちのよい座り心地，および車から得られる目に見える社会的地位などである。[22]

　ランカスターの新しいアプローチの見方は，今までのところ最も受け容れやすいし，需給に特定の構造を負わしている。彼は，商品の特徴に関して消費者需要が財の需要についての因襲的なものと類似している，と仮定している。つまり，消費者は彼らが望んでいる商品の特徴を正確に知っていて，常により多くのものを望んでいる。財への特徴の関連は，正確には直線的であり，テクノロジーによって決定される。

　ランカスターのモデルは，ある点では新古典派理論から決別しているが，その他の点では，未だにそれと緊密に関連している。強欲さが未だに仮定されているけれども，今や新しい特徴をもっている。ランカスターの特徴である社会的地位の討議を経由して，相互依存性は暗黙裡に包含されており直接的には述べられていない。人々が財よりもむしろ特徴を消費しているという彼の考え方は，消費研究の多くの研究で引用されているが，大抵はイメージあるいはメタファーとしてのみである。彼のモデルの応用は細かい点までは共通のものとなっていない。

批評家たちは特に2つの仮説の正当性を疑いランカスターのアプローチを疑問視している。まず，第一に財のすべての特徴が肯定的な満足を生むのか？ もしもある財が否定的な特徴をもっていたとしても，満足が生じた結果，ある特徴が満足の肯定的な源泉から否定的なものへ変化しうるならば，もしもディナー用のワイングラスの場合には満足できても，5つの場合はどうか？ ランカスターによって公式化されたモデルはもはや適応できないのではないか。同様なことが新古典派理論についても当てはまる。それは，すべての消費者がそれぞれの財のそれぞれの単位から可能なあるいは最悪ゼロの満足を獲得する，と仮定している。

第二に，彼らに届けられた財とは独立した特徴から得られる満足あるいは彼らが経験したコンビネーションは？ 何も入っていない一杯のカップと，たくさんの砂糖の入った一杯の紅茶は，それぞれにわずかな砂糖が入っている二杯の紅茶と同じ満足を生むか？ もしも財から得られる満足が取引されるパッケージと分離できないならば，特徴の枠組みの有効さに対して限界が存在することになる。ランカスターの研究は，その最終的な形態よりも新しい理論の発展のための挑発的な出発点として見られよう。[23]

新しいアプローチのムースとベッカーの改訂版は財と特徴との直線的な関連についての仮説の価値を落とした。彼らは世帯の生産過程という言語を使っている。つまり，世帯はパッケージに入ったインプット，例えば，グローサリー，料理道具，燃料を結合する。そして，世帯は望まれたアウトプット，例えば，食事を作るために労働をする。堅固な消費者のイメージは，同様に世帯の生産に応用される日常的生産を分析するために広範囲に及ぶ数理的分析用具を使うことを認めている。ベッカーは世帯の生産の産出物を「コモディティ」として言及するユニークで曖昧な用語の選択を企業によって生産される産出物とのアナロジーで強調する。「英語―ベッカー辞典」がない読者は，ベッカーがコモディティと呼ぶものが，他の人が経験あるいは満足と呼ぶものであるということを覚えていなければならない。一方コモディティはわれわれすべてにとって目に見えるものであるが，ベッカーにとっては世帯によって購入されるインプ

ットはコモディティを算出するためのものである。[24)]

　3人の新しいアプローチの創設者のなかで，ムースはランカスターが行なった数年後に別の研究を続けた。しかしながらベッカーは固執した。彼は一部の世帯の生産モデルの広範囲にわたる応用で1992年に経済学のノーベル賞を獲得した。彼は，しばしば世帯の生産モデルを使うことで，利己的，合理性の極大化という理論的装置が教育，差別，犯罪，結婚および離婚，出産および大部分のその他の行動の説明ができる，と主張する。

　このモデルの拡張しすぎる危険は，消費者の嗜好が変化してきた，と仮定する必要が全くない，というスティグラーとベッカーによる議論に見ることができる。選好がシフトしてきたと思われる場合には，ベッカーは，世帯生産のテクノロジーが変化してきたがホームメイドのコモディティから得られる満足，たとえば，経験は変化しないままである，ということの方を好んだ。かくして，特定のスタイルの音楽に対する理解の増大や欲望は，音楽の理解というコモディティの生産テクノロジーの変化を反映している。新しく変化しつつあるスタイルの追及は，技術の変化がコモディティの区別を産む必要がある，ということを意味している。ガルブレイスやその他の人々による広告や不公正な消費者選好の操作の告発は，現実的には権威のようなコモディティを生むのに役立つようになってきている新しいテクノロジーに関する情報を与えることである。有害なドラッグ中毒は嗜好の変化を表しているわけではない。それは世帯が陶酔というコモディティの生産技術の変化を反映している単なるテクノロジーの変化である。

　それぞれのケースで，ある物語は嗜好の明白な変化を生む世帯の生産機能の変化を告げることができる。世帯は，その場合，合理的に活動するものとして描写することができる。それはいくつかの仮説的で観察されないコモディティに関する効用の極大化，不変の嗜好に関わっている，ということを意味している。事実，これは数理的な破壊である。行動を採り上げて，どのようにそれが極大化されるかという物語を話す。生涯にわたる麻薬中毒の初期でさえも合理的選択として描写しうるし，嗜好は変わらない。非常に強力な極大化能力を備

えている麻薬の中毒者は、今日の麻薬的物質の使用が将来の同じ物質の使用継続よりもより楽しい、ということを認めている[25]。

　もしも、家計生産モデルが消費者行動に対して非常に洞察に富んでいることが分かれば、これらすべては許容されるかもしれない。しかしながら、イングランドが指摘しているように、ベッカーは家計内の力学について瑣末で形式的な仮定をしている。そこには、繰り返し男性として言及される単一の世帯の長がいる。彼は効率的に金を稼ぎ、家庭内にそれを分配することに関して完全に利他主義的である。イングランドは、市場では全く利己的な同じ人間が家庭では全く利他的であると予測することは合理的ではない、と反論する。外的な強欲さが家庭生活に影響を与えるか、あるいは内的な利他主義が公的生活に影響を与えるのか。事実、両方の方向で流出が生じている。不幸なことに、末梢的な形式的な前提で成り立つモデルは次のような結論に終わる危険がある。

　ある人は博識であるかもしれない。つまり一般的に重要であると思われる最近の書籍を読んでいる。しかし、もしもその時代の市場に価値があるならば、彼の配偶者はその博識家族のメンバーである、ということがよりありそうである。

コモディティ志向の仮定に対する代案は経済学の中で排他的に発展し、議論されてきたけれども、適切な新しい理論が作られた、とは言いがたい。それとは反対に隔離された考察の発展のしすぎが、ベッカーや彼の同僚の研究における、その他の競争の場で行なわれる進路での狭い新古典派的テーマを呈している。個人主義の仮説への代案の場合におけるように、代案の一局面の数理的公式化はその他の同様に本質的な側面との関連を妨げうる[26]。

5．新しい理論のために

　アッカーマンは完全な新しい消費経済論について詳述することを意図してい

ない。彼が行なったことは，過去の貢献のレビューが新しい理論を形作るブロックのある部分である，と確認することであった。そして最後にこれまでの議論を要約して，新たな消費理論を構築する際に考慮すべき3つのポイントを挙げている。

1. われわれは社会的な存在であり，孤立した自律的な個人ではない。

　　われわれの嗜好はわれわれの相互作用にとって外因的ではなくて，ずっと昔からの慣習，現代の地位の象徴，われわれの同僚による消費のデモンストレーション効果，広告者からの公然の圧力および地位的競争の期待はずれのプロセスなどを反映している。これが代替物の最もよく知られた側面である。そして，これはヴェブレン，ガルブレイスおよびすでに引用したその他の人々より十分に述べられてきた。

2. 飽くことを知らない物的欲望は人間性の全体ではなく，大部分ですらない。

　　様々な緊急性をもった異なった欲求が存在する。つまり，それらのいくつかのものは社会的であり，それらの大部分は満足しうる。経済理論は様々な欲求の源泉を包含する必要がある。人々は必ずしも自分自身の快適さのために利己的な選好で活動するわけではなく，しばしば断固とした，利他的な，あるいは原理つけられた感情や信念によって動機付けられる。本質的に飽くことを知らない存在である人間性どころか，競争，見栄および社会的に学習された一般的な行動は明らかに飽くことを知らない欲望の主要な源泉になるかもしれない，ということはありうる。

3. 消費者は特定の市場で取引される財それ自体を求めることは稀である。

　　むしろ彼らは，商品から得られる特徴，経験，あるいはサービスを求める。それらのいくつかのものは，財の技術的な性能に基づいている（車ならば，移動性）し，その他のものは，財に帰属する社会的な意味に基づいている（同じ車から得られる社会的地位）。財と欲求される特徴との間のランカスターの直線的な技術的関連は余りにも硬直的であるが，ベッカーの制限のない伸縮性の代案は，あらゆるものを説明するし，ある意味では何も説明しない。市場で取引される財と消費者によって欲求される特徴との間の真の関連につ

いての適切な理論の発展は，消費経済学の残されている未開拓の分野のひとつである。

6．アッカーマンの所説の検討

　以上がアッカーマンの所説の概要である。みられるように，彼はヴェブレンらの消費論を因習的な経済理論の消費論に対する代替的理論である，と明確に位置づけている点が重要である。伝統的な経済理論においては，合理的な人間，すなわち「経済人」を人間モデルと前提し，それに基づいて理論構築をしていた。一方，非主流派の考え方は，このような合理的行動をする人間モデルとは異なった人間をモデルとし，理論展開を図ろうとしている。非主流派の考え方は伝統的な経済理論の代替理論というよりも，それとは異なる方法論による別のモデルを構築しようとしていた，といえよう。人間行動の合理的な側面だけでなく，非合理的な側面に光を当て，現実の消費者行動を説明する際には，これまでの考え方だけでは十分に説明ができない点を採り上げている。

　それが消費者選好に与える，社会的要因をどのように位置づけるかである。デューゼンベリーは個人の選好が相互依存的であり，その一部は社会的な影響を受けて形成され，それらのものが学習され，習慣形成をする，という点に注目した(1948)。しかし，消費の社会依存という考え方はデューゼンベリーの独創ではなく，ヴェブレンが，それ以前に『有閑階級の理論』(1899)で展開している。

　アッカーマンが最後に述べている新しい理論のための３つの見解にみられるように，一番目の人間を社会的な存在であり，相互依存しているものと捉える考え方は，ヴェブレンらの制度主義的なアプローチの価値の再評価につながる，といえる。さらに二番目の人間の選好に関していえば，現実の消費者は効用の極大化のみを目指して行動するわけではなく，多様なニーズを持っているし，利他的な動機などによっても動機づけられるし，見栄や競争など社会的な要因の影響も受ける。そして三番目の点は，消費者は商品やサービスの基本的な効

用のみを求めるわけではなく，その意味をも消費しているという点である。

このように考えてくると伝統的消費理論の代替理論の構築には，ヴェブレンらの制度主義的な分析視角が非常に有効であることが明らかである。その意味でも，すでに触れたように消費を制度として分析しているヴェブレンの『有閑階級の理論』やガルブレイスが『豊かな社会』で展開している議論を再検討する意義はきわめて大きい，といえよう。彼らの考え方は例外的なものではなくて，現実の消費者の行動を説明するもとのとして，大きな有効性を持っている，といえる。それらについては別の機会に改めて論じたい。

注）
1）Adrian Darnell, "Decision-Making under Uncertainly", In *What's New in Economics?* ed. by John Maloney (New York: Manchester University Press, 1992).
2）Frank Ackerman, "Consumed in Theory: Alternative Perspectives on the Economics of Consumption" *Journal of Economic Issues*, Vol. XXXI No. 3 September 1997, pp. 651-664.
3）Ackerman, *ibid.*, p. 652. ハミルトンの所説については，本書第一章「制度派経済学と消費」を参照されたい。
4）*Ibid*, p. 652.
5）Thorstein Veblen, "Why Is Economics Not an Evolutionary Science?" in *The Place of Science in Modern Cilivisation and Other Essays* (New York: Russel & Russel, 1961), p. 74.
6）*Ibid.*, p. 73.
7）Ackerman, *op. cit.*, p. 652.
8）David Hamilton, "Institutional Economics and Consumption" *Journal of Economic Issues*, 21, 1987, pp. 1531-1554. このハミルトンの所説の詳細については，拙稿「制度派経済学と消費」を参照されたい。
9）ヴェブレンの処女作『有閑階級の理論』は，その副題が示しているように，制度についての経済的な分析をおこなっている。この著作においては，「消費」という制度を有閑階級の消費を分析対象として展開しているし，次の著作『営利企業の理論』では現代経済における支配的な制度である「企業」を分析対象としている。
10）ヴェブレンのいう衒示的消費とは湯水のごとく金を使ったり，札びらを切る，といった行動として捉えられたこともあったが，その本質は社会的な体面にかなった，すなわち制度的な消費行動をいっている点が重要である。
11）Ackerman, *op. cit.*, p. 653.

12) デューゼンベリーは，その著『所得・貯蓄・消費者行動の理論』の中で，このデモンストレーション効果が，必ずしも見栄あるいは衒示的消費への考慮に全く依存するものではない，と述べている。James S. Duesenberry, *Income, saving and The Theory of Consumer Behavior* (Cambridge, Massachusetts: Harverd University Press, 1949), pp. 27-28. ジェームズ・S・デューゼンベリー著，大熊一郎訳『所得・貯蓄・消費者行爲の理論』(巖松堂書店，昭和30年2月初版発行，38頁)。
13) Ackerman, *op. cit.*, pp. 653-654. ここで注意すべきことはヴェブレンが消費者と消費者との関係を論じているのに対して，ガルブレイスはメーカーと消費者との関係を論じているという点である。
14) ここでいう地位財の特質として述べられていることは衒示的消費によりヴェブレンが述べたこととほぼ同一である。すなわち，衒示的消費の一つの側面として非生産的な消費だからである。また，シトフスキーの所説については次の論文を参照されたい。Tibor Scitovsky, "Growth in the Affluent Society" in *Economic Theory and Reality: Selected Essays on their Disparity and Reconciliation*, by Scitovsky (UK: Edward Elgar, 1995).
15) Ackerman, *op. cit.*, pp. 655-656.
16) Alfred Marchall, *Principles of Economics An introductory volume Eighth Edition* (London: Macmillan and Co., Limited St Martin's Street, 1925) pp. 90-91. 馬場啓之助訳『マーシャル経済学原理Ⅱ』(東洋経済新報社，昭和46年5月第4刷，13頁)。
17) Ackerman, *op. cit.*, p. 657.
18) *Ibid.*, p. 657.
19) *Ibid.*, p. 658.
20) シトフスキーには，*The Joyless Economy: An Inquiry into Humans Satisfaction and Consumer Dissatisfaciton* (Oxford University Press, 1976) という著作もある。訳者 斉藤精一郎『人間の喜びと経済的価値 – 経済学と心理学の接点を求めて –』(日本経済新聞社，昭和54年1月刊)もある。この本については，たとえば，日本経済新聞，昭和54年(1979年)2月18日に，芙蓉石油開発社長，小島慶三の手による書評がある。
21) Ackerman, *op. cit.*, p. 659.
22) *Ibid.*, p. 660.
23) *Ibid.*, pp. 660-661.
24) *Ibid.*, p. 661.
25) *Ibid.*, p. 662.
26) *Ibid.*, p. 662.

第二部

ヴェブレンの消費論と基本的方法論

第1章 ヴェブレンの消費論
―衒示的消費―

1．はじめに

 ソースタイン・ヴェブレン（Thorstein Veblen, 1857-1929）は，制度派経済学の創始者であり[1]，J・R・コモンズおよびW・C・ミッチェルらと共に制度学派の建設者のひとりとしても著名である[2]。ところでヴェブレンは，その処女作『有閑階級の理論』[3]において，有閑階級の発生，成長の過程，その思考習慣や生活様式の特質を明らかにした。しかしこの著作は，「有閑階級」の行動分析を中心にしながらも，実は資本主義文化のさまざまな側面を究明し，批判しようとしたものである。しかも，この著作で展開されている消費論は，単なる有閑階級の消費にとどまらず，現代（ヴェブレン用語では金銭文化）における消費を考える上でも多くの示唆を与えてくれると考えられる[4]。

 そこで本章において私はアンドリュー・トリッグの論文「ヴェブレン，ブルデューと衒示的消費」を採り上げ検討することとした[5]。というのも，トリッグの所説はヴェブレンの「衒示的消費」に対する最近の問題提起を3つの立場に要約し，それらを批判的に検討することにより，ヴェブレンの「衒示的消費」の特徴とその有効性を明らかにする，と考えられるからである。

2．衒示的消費をめぐる3つの問題

 トリッグは論文の冒頭でヴェブレンが「処女作『有閑階級の理論』を発表してから100年以上経つが，本書はいまだに新古典派の消費理論に対する強力な批判を象徴している，といえる。彼は新古典派のアプローチにより前提されて

いるよう受動的な個人の静的な効用の極大化の考え方とは対照的な選好が社会的なヒエラルキーにおける諸個人の地位に関連して社会的に決定される進化論的な枠組みを展開した」と述べている。確かにヴェブレンは『有閑階級の理論』において「諸個人は社会階層のより高い地点に位置するその他の諸個人の消費パターンと張り合う。そのような張り合いを支配する社会的な基準である制度は，経済やその社会的な構造が長い時間を経て進化するにつれて変化する」と述べている[6]。

ところでトリッグによれば，近年において衒示的消費の理論は主として3つの異なる立場から批判を受けてきている，という。それら3つの主要な問題は以下のように要約できる，という[7]。

第一のものは，ヴェブレンのアプローチは社会的ヒエラルキーの頂点からの消費パターンの「トリックル・ダウン」にあまりにも限定的に依存し過ぎているが，消費の主導者は社会階層の底辺にいる人々であり，衒示的消費論は贅沢品にのみ適応されるために消費理論としては一般性を欠いている，というものである。

第二に，ヴェブレンの時代以来，消費者はもはやその財産（富）を人目につくように誇示しない。むしろ社会的地位はより複雑で微妙な方法でそれとなく伝えられる，というものである。

そして第三に，ポストモダンの考え方では，消費者行動はもはや社会的階級の地位によってではなくて，社会的ヒエラルキーに跨るライフスタイルによって形作られる，というものである。

トリッグはこれら3つの立場からの議論がヴェブレンの衒示的消費の概念についていかに不正確に述べているのか，またその全体的な理論枠組みとの関連でそれをいかに採り上げているかを問題としている。さらに，これらの議論に対する現代的対応を展開するために，ピエール・ブルデュー（Pierre Bourdieu, 1930-2002）の考え方を利用しうる可能性を吟味している[8]。トリッグの狙いはヴェブレンとブルデューの基礎的な考え方を慎重に吟味することにより，衒示的消費理論の擁護およびその拡張の可能性を展開することにある。トリッグの所

説はヴェブレンの衒示的消費理論の紹介，それに対する主要な3つの批判の紹介，そして最後にそれぞれの議論の吟味という構成になっている。では，トリッグの所説にしたがって見てゆくことにしよう。

3．ヴェブレンの衒示的消費理論

　ヴェブレンの衒示的消費理論は有閑階級の進化に基づいている。その構成員は働くことを要求されないで，労働者階級によって生産された余剰物を使用する。ひとたび社会が余剰を生産し始めると，私有財産と社会的地位との関係が次第に重要になってくる。ヴェブレンも述べているように「ある人の名声を維持するためには，蓄積をすること，財産を獲得することが不可欠になってくる」[9]。ある人々は財産を所有し，その他の人々は財産を所有しない，というヒエラルキーが発達する。財産を所有することは，このヒエラルキーの中で地位および名誉，尊敬の地位を得ることである。すなわち，財産を持たない者は社会的な地位も得られない，ということになる。

　もちろん，財産の蓄積は，ある人が効率的な働きをする能力があり，生産的であるということを示す。すなわち，金銭的な事柄において優れた能力を示すことである。しかし，ヴェブレンは，相続した富は効率的な働きをする能力を通じて得られた富よりも社会的地位さえ与える，という。すなわち「これがいっそう洗練されると，祖先やその他の先祖からの譲渡により受動的に獲得された富が，所有者自身の努力で獲得された富よりもさらにいっそう名誉あるものとなる」[10]。貴族の家族により所有されている古い財産は最高の社会的地位を与える。というのも，それがその蓄積のために必要とされた労働から最も隔離されて齎されたからである。

　富から地位への変換の鍵となるのは，有閑階級の構成員の社会的なパフォーマンスである。社会的な地位は，社会のその他のメンバーがある個人の社会における地位を作り，この地位を確立するためには富を誇示しなければならない，という判断から導き出される。トリッグによれば，ヴェブレンは，はなはだし

い有閑活動を通じて個人が富を誇示できる方法と，消費やサービスへの浪費的支出を通じて個人が富を誇示できる二つの主要な方法を同一視した，という。これら二つの誇示のタイプを貫いている議論の筋道は，ある場合には，それは時間や努力の浪費であり，その他の場合には商品の浪費である。そのような浪費的活動に従事しうるためには，有閑階級の構成員が彼らの富と社会的地位を見せびらかすことは不可欠な方法である[11]。

原則的に人々はこのいずれかの方法で彼らの富を見せびらかすことができる。このために必要なのは，閑暇の程度や持っている物について広まる噂に対する効果的なネットワークである。ヴェブレンは人々がより流動的になるにつれて，共同体の中の人々の社会的な緊密さがなくなる，と主張する。より流動的な社会においては，人々はその他の人々が従事している閑暇活動についてさほど十分に知識を持たなくなる。したがって，商品の消費を通じての富の見せびらかしは閑暇の見せびらかしよりも重要になる[12]。

ヴェブレンはこのタイプの行動を「衒示的消費」と呼んだ。人々は富を社会のその他の構成員に示すために人目につく消費・支出をする。重要なことはヴェブレンが衒示的消費を金持ちにとってだけでなくすべての社会階層にとって消費者行動を決定する際の最も重要な要因と考えたことである。つまり，上層階級によって課せられる名声の規範は，殆んどいかなる場合も障害なしに，社会構造全体を通じて最低の階層に至るまで，その強制的な影響力を及ぼすのである。「その結果，それぞれの階層の構成員は体面の理想として，次のより高い階層において流行している生活体系を受けいれる。そしてその理想にふさわしい暮らしをするために全力を注ぐ」とヴェブレンはいう[13]。それぞれの階層は，最も貧困な人々でさえ衒示的消費に関与するための圧力を被り，その上の階層の消費行動と張合おうとする。それゆえに「最後のこまかい装身具や最後の金銭的見栄が捨てられないうちは，非常に大部分の卑屈と不快が耐え忍ばれるであろう」[14]。

そこでトリッグはヴェブレンの衒示的消費について次のように結論づける。「消費を通しての地位へのこの探求は決して終わらない。人々は常に彼ら自身を他

人から区別するためにあたらしい消費財を得るために努力しなければならない」[15]。

4．衒示的消費に関する諸問題

　トリッグによれば，歴史家は衒示的消費の理論を18世紀のイングランドでの産業革命と符合する消費者革命を説明する際に使用してきた。たとえばウェッジウッドはヨーロッパの貴族階級のメンバーに彼の陶器を使うように説得することで18世紀の間の陶器に対する消費者ブームを扇動した，といわれているが，この解釈に対しては，その他の陶器の製造業者がウェッジウッドを手本にしていないし，その他の製造業者は彼ら自身のビジネスとは独立した製品保管所や流通ネットワークを使っていた，という反論もある。さらに，陶器に関する論争にもかかわらず，多くのその他の商品にとって，見栄が生ずる機会さえ存在しない，と主張するものもいる[16]。

　実際，いくつかの商品には社会階層のトップからの「トリックル・ダウン」とは反対の方向における見栄が存在するかもしれない。この現象は起源を合衆国にもつ消費財であるジーンズの事例を使って説明される。ジーンズはまさにアメリカの産物であり，それゆえに富と繁栄を連想するけれども，この製品の社会的起源は労働者階級に由来するということが指摘しうる。大量生産の消費アイテムとしてのジーンズの本来の成功は，上層階級の行動の結果のために生じたわけではない，というのである[17]。

　このようにヴェブレンの批評家に共通するテーマのひとつは，消費パターンの「トリックル・アップ」が「トリックル・ダウン」同様に重要である，ということである。つまり衒示的消費理論は，その適応が特定のタイプの奢侈品に限定される，という限界をもつ嗜好および選好の伝達という一方向の焦点を持つあまりに狭い見方である，と考えられた[18]。

　20世紀における消費者行動の諸変化は衒示的消費理論がさほど適切なものでないことを論証してきた，という考え方もある。1930年代の大恐慌の到来は，メイソンによれば，富裕階級がその消費を見る方法を変えた，という。衒示的

第1章　ヴェブレンの消費論　93

消費は富を見せびらかす手段として，その効力を失したし，戦後の期間もまた金持ち階級にとっては，勃興してくる中産階級の支出力からその消費を区別するためにより困難な時期であった。ヴェブレンの批判家にとって，富裕階級と高所得の中産階級によるさほどこれ見よがしでない行動の結合は，衒示的消費論の重要性を一層減ずるものである[19]。

　トリッグによれば，この批評をもう一歩進めると，社会的階層と消費の関連は消失してしまった，ということになる。例えば，現代の資本主義の発展のもとでは，「ライフスタイルが社会的集団の構成員の指標として重要となってきており，これらの集団のアイデンティティは社会的階層や固定された社会的な地位の集団により課せられた古い制約から自由であり，相応しい消費パターンを受け入れることにより確保されている」。ポストモダン主義の下では，「ライフスタイルへの社会的構造の分解」が存在する。諸個人は今や商品に対して彼ら独自の意味を自由に投影するし，個人的なイメージが見せびらかしや競争よりもより重要となっている。「消費は今や個人の義務である。市民や労働者として存在するわけではなくて，消費者として存在する」。ヴェブレンのアプローチは現代の消費者社会の新しい文化的構造との関連においては，不適切なものであり，時代遅れのものと考えられた[20]。以上がヴェブレンの「衒示的消費」についての3つの問題提起の概要である。

5．ひとつの擁護：ヴェブレンとブルデュー

　トリッグによれば，これらの批判に対して，衒示的消費理論を擁護する2つの主要な方法を明確に述べることができる。まず，第一にわれわれはヴェブレンの著作で展開されている方法をより厳密に吟味する必要がある。ヴェブレンのアプローチに対する批判家の見解には誤解や簡略化しすぎがある，といえるからである。

　第二に，ブルデューの研究は衒示的消費理論に現代的展開を与えている，と考えられる。それはヴェブレンの枠組みのより精緻な側面に基づいて構築され

ている。したがってヴェブレンとブルデューの関連を比較することにより，衒示的消費のモデルがその部分を形成するより一般的な枠組みが展開しうる。ヴェブレンの批判家により提起された３つの問題のそれぞれについては順次考察してゆくことにしよう[21]。

　まず，トリックル・ダウン効果について見てゆくことにしよう。考察すべき最初の問題は，トリックル・ダウンモデルは限定的すぎる，という非難である。というのも，社会的ヒエラルキーの底辺から嗜好の「トリックル・アップ」も存在しうるからである。そこでトリッグは，この非難に対する衒示的消費理論の擁護を展開する際に，ヴェブレンとブルデューの関連を探ることからはじめる[22]。ヴェブレンの有閑階級の様々な階層についての分析の要点は，確立された上流階級の一員が，いわゆる「成金」の人々と彼ら自身とは区別するために累積された文化を使う，ということである[23]。文化は有閑階級という最高の階層に入るための障壁を与える。ブルデューにとって考察すべき重要な要因は，社会的地位の異なった階層で得られる文化資本であった。文化資本は芸術的ならびに知的伝統の生産物に関する蓄積された知識のストックと定義できる。それは教育的訓練および社会的な教育を通じて学習される。社会的構造における不平等がいかに教育システムにおいて再生産されるかは，教育の範囲外で獲得される文化資本の主要な役割は特権階級というバックグラウンドから子供のすぐれた能力を説明するさいによく用いられる[24]。

　トリッグによれば，この教育についてブルデューは「文化資本の獲得はブルジョアの会員の地位およびその権利および義務へのアクセスを与えられる資格において客観的需要として記される。高度な文化資本をもつ諸個人の審美的な嗜好は，差別の指標を行使することを通じて社会的階層における地位を確保するのに良く使われる。趣味は差別と評価のために獲得された傾向である。差別の課程により確立し違いを際立たせるために，また認知を確実にするために。さらにこの差別化のプロセスは衒示的消費よりも強力であり，より一般的な排除の手段を与える」と述べている[25]。ヴェブレンはより明確に商品およびサービスの消費に焦点を合わせていたけれども，彼の趣味についての審美的な本質の

強調はその社会理論においてより一般的に趣味を考慮することを可能にしている。ヴェブレンは「時間と精進とを必要とする。それゆえにこの方向において紳士になされる要求は有閑生活をいかに適切な方法で見せかけの有閑の生活をするかを学ぶという仕事のために多かれ少なかれ困難な精進に変えてしまう傾向にある」と，この審美的な能力の涵養について述べている。[26]

ブルデューにとって，区別を達成するためには趣味は常に否定的な現象であった。それは一般的であるものを批判あるいは差別化することに基づいている。[27] 社会的階層のより高い地位にある人々は，社会階層の底辺にいる人々と自分たちを区別しがちであるのと同様に，ブルデューによれば，底辺にいる人々も彼ら自身の価値観と趣味を持っている。その分析では，労働者階級の人々は必要性あるいは有用性のあるものに関心をもっているし，このことは社会階層のより高い地位にある人々の文化的趣味に対抗する大衆文化論の基礎を与える。トリッグによれば，支配的な上流階級と被支配的労働者階級との間にあって，上流階級の趣味を得ようと熱望している中流階級の役割をブルデューは吟味している。中産階級の趣味もまた「大衆的な」労働者階級の趣味とは対照的に否定的に公式化される。しかしながら，上流階級にとっては中産階級の趣味から彼らの社会的な地位を差別化し，維持することが必要とされた。[28]

図-1は社会的階級間の趣味の伝達に関する二つの選択的モデルを比較している。図-1の(a)はヴェブレンのトリックル・ダウンモデルである。このモデルでは趣味が上流階級から中産階級や労働者階級階層へ伝達される。しかしながらブルデューにとっては，むしろ趣味の「トリックル・アップ」が存在す

図-1　趣味の伝達

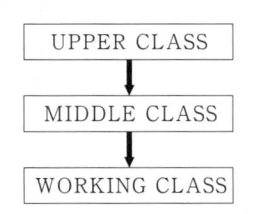

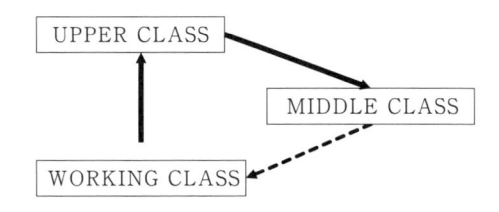

(a) The trickle-down model　　(b) The trickle-round model

る。上流階級の趣味はしばしば大衆的労働者階級の嗜好から引き出され、さほど洗練されていない中産階級に伝達される。図-1 (b) では一方向的な趣味のフローの代わりに、伝達は循環的であり、ある程度までトリックルダウン効果を受け入れるが、社会的地位のフロート現象を認める[29]。

しかしながら、トリッグによれば図-1の (b) において中産階級から労働者階級への趣味の「トリックル・ダウン」に関して、ヴェブレンとブルデューとの間の相違点を示す破線が存在する。ヴェブレンが労働者階級は資源の欠如により妨害されるが、張合いの本能的衝動に支配されると論じたのに対して、ブルデューは彼の大衆文化の観念を発展させ、労働者階級は社会的階層のより高い社会的地位の人々に抵抗し反対する、と主張する。一方で、これは大衆文化の重要性の増大を考慮したヴェブレンのフレームワークをアップデートしたものと見做すことができる。他方、ブルデューのフレームワークはトリックル-ダウン効果の可能性を退けるさいにいくらか柔軟性がない。図-1はヴェブレンとブルデューの間の類似点と相違点を吟味するための基礎を与える。それは同時にそのトリックル-ダウン（モデル）の対応物と匹敵するトリックル-ラウンドモデルのもっている潜在的な柔軟性を強調する[30]。

6. 衒示的消費の緻密さ

トリッグによれば、衒示的消費理論が緻密さを欠いているという非難に対して、ヴェブレンとブルデューの双方から強力な反論の根拠を導き出すことができる。ヴェブレンはあらゆる社会階層の消費者が、たとえ意欲的な中産階級でさえ、必ずしも衒示的な消費を意識的にしようとはしない、と次のようにいう。「近代社会の多くの人民にとっては、肉体的快楽のために必要以上の支出をおこなうことの直接の理由は、自分達の目にみえる消費が金がかかっているという点で、他のものを凌駕しようとする意識的な努力ではない。それはむしろ、消費する財貨の量や等級の点で、因習的な体面の標準にかなった生活をしようとする願望である」[31]。

第1章 ヴェブレンの消費論　97

　衒示的消費が課する無意識的な文化的影響力は下着や台所用品のような門外漢には見ることさえない高価なアイテムを購入する傾向によって説明される。体面の標準は，諸個人がその行動において他人に印象付けるために必ずしも人目につく必要のないあらゆるタイプの消費にまで拡大する。張合いは「間接的に」作用する。

　ところでトリッグによれば，ヴェブレンのアプローチにおけるこの無意識的な行動の側面は，ブルデューのフレームワークでも維持されている。ブルデューの出発点は学習制度である。そこでは，その利点が特権階級に属する教育を持つ子供により享受され，強化された文化資本がある意味で当然である，という神話が生まれる。高度な文化資本の利点は，あからさまに誇示されるのではなくて，むしろ当然それぞれの学生に授けられている個人的な長所に帰せられるべきものとして解釈される[32]。

　この教育の分析を構築するさいにブルデューは，ハビトゥスという概念を導入した。これはもろもろの性向の体系として，ある階級・集団に特有の行動・知覚様式を生産する規範システムのことである。ひとびとの活動を組織化する原理は（それはハビトゥスを構成しているが），異なった状況下で進化する制約や不確実性に依存しているが，長い年月をかけて少しずつ順応しうる。しかし，諸個人は彼らの行動を導いている文化的影響力を自覚しない[33]。

　また「衒示的消費を論じたヴェブレンとは対照的にブルデューは，大部分のシグナルは無意識的に送られる。というのも，それらは気質やハビトゥスを通じて学習されるからであるか，あるいは文化的コードの意図することのできない分類上の結果である，と考えている」という見解もある[34]。しかしながら，この解釈はヴェブレンのアプローチを単純化し過ぎている。というのも，事実ヴェブレンも衒示的消費を無意識的な活動と見ているからである。ブルデューのハビトゥスの概念はヴェブレンの衒示的消費の高度な分析において与えられている考察のひとつを公式化したと見るべきであろう[35]。

7. ポストモダンのライフスタイル

　トリッグによれば，近年において，ヴェブレンらの制度主義経済学と新しいポストモダンの伝統との間の関連に関していくつかの論争がなされてきた。[36]『有閑階級の理論』においてヴェブレンは「ライフスタイル」という言葉をつかわなかったけれども多様なライフスタイルが存在する可能性を見過ごさなかった，ということは言及すべきである。彼は「スタイルの変化」および「生活の体系」に非常に緊密に関連していた。ブルデューは，文化資本およびハビトゥスというコンセプトを使うことで理論的な枠組みを構築することができた。そこでは，異なった社会的集団のライフスタイルが社会的階層との関連で理解することができる，と考えた。まず，第一にハビトゥスは，諸個人の行動に影響を与える特定の原則を通じてライフスタイルをグルーピングする要素がいかに存在しうるか明らかにする。第二に異なったタイプのライフスタイルは特定の文化資本と経済資本との結合と関連している。ライフスタイルはヴェブレンの場合のように，階級階層の垂直的地点に対してのみ関連しているだけでなく，社会的階層を水平的にも横断している。これがポストモダンニストによる消費を社会的構造のない複数のライフスタイルの集合物に変えるための努力に対応する首尾一貫した基礎を与えている。[37] ブルデューにとって特に文化資本という高度なストックを保有する文化人は，現代芸術，クラシック音楽にハイブラウな趣味を発揮しがちである。特に高度な経済資本のある人々は，高い文化資本に関連する必要なスキルを欠いているが，より中流知識人の趣味を行使しがちである。たとえば，クラシック音楽に関連して，彼らはクラシック音楽の完全な理解に必要な社会的な教育を欠いている。正当な社会的バックグラウンドを持たない人々にとって，彼らのクラシック音楽についての知識を完成するためには，映画の領域はより便利な表現の手段を与えてくれる。芸術の一形態として，映画はクラシック音楽ほど正当ではない。[38]

　ブルデューは経済資本あるいは文化資本のいずれかに特化している人々に加えて，双方のタイプの資本をもっている人々の特定のライフスタイルを分類す

図-2 ブルデューのライフスタイルの分類

	文化資本 +	文化資本 −
経済資本 +	Lifestyles A	Lifestyles B
経済資本 −	Lifestyles C	Lifestyles D

る。図-2はブルデューの社会的空間を単純化したバージョンである。この図から文化資本と経済資本の4つの可能な組合せがあることがわかる。ブロックAはポジティブな経済資本と文化資本を持つ人々を含んでいる。弁護士や建築家のような消費財における効果的な趣味のための経済的資源と正当な文化を理解するためのノウハウの双方を持ちうる人々である。その反対の極にあるのがブロックDである（そのライフスタイルは経済資本も文化資本も持っていない労働者階級と結びついている）。ブルデューによれば経済資本と文化資本の制約は人々がブロックDからブロックAに移行することを困難にしている。残っている対角線上のブロックであるブロックBとCは，二つの資本タイプのうちのひとつが欠けている諸個人のライフスタイルを表している。ブロックBでは諸個人はポジティブな経済資本をもっている。これは，例えば沢山のお金を儲けるが，芸術に何ら関心を示さないスモールビジネスの人々と言える。他方ブロックCは多くの金を儲けない（否定的経済資本）が，恐らく特権を持つ教育法からベネフィットを得ていたり，根気よく美術館を訪問したり，劇場に行く小学校の教師のような人々が含まれる。[39]

　長い時間はかかるがブロック間のクロス・モビリティもある。例えば，スモールビジネスであるが低い文化資本（ブロックB）を持っている家庭は，その資産をその子供のための教育を手に入れることに流用するかもしれない。その場合，彼はブロックCのライフスタイルを展開しようとしている。そして，

ブルデューにとって重要なことだが，社会的流動性の別の事例は，主として文化産業やサービス産業で働いている「新中産階級」である。初期の文化資産の低い蓄積は「現存している趣味のヒエラルキーに関連した不快感を彼らに与えるにもかかわらず，同時に文化的差別化や合法化（ポストモダニズム）の新しい分裂性のある配列を彼らに主張させるあるいは少なくともそれに満足させる。それは彼らに経済的，社会的および文化的フィールドにおけるその興味を促進させうるし，それに対応して階級構造それ自体の再構築をし始める」[40]。

この社会的移動性を強調している点はヴェブレンと殆ど同じ垂直的な社会的な地位の構造に帰結する。例えば，中産階級の中では階級の断片が存在する。そのあるものは成長し（新中産階級），あるものは没落する（農場主）。「最も古い階級あるいは階級の断片が農場や工業および商業の経営者のような没落する階級であることは偶然ではない」[41]。没落しつつある階級の断片の諸個人は，変化に抵抗する手段として保守的な趣味あるいは時代遅れの趣味を受入れる傾向がある。

新中産階級はより革新的で，実際その変化を形成するのに役立つ。ヴェブレンは，その進化論的アプローチに変化を受入れたが，彼の社会的地位の構造の垂直的性質は，その構造におけるそれぞれの地点で支配的である階級内の規範が存在することを意味している。例えば，低中産階級の世帯では，その規範は働く人のためにあるが，「中産階級の婦人は，いまでも，その家庭と主人の世評をよくするために代行的閑暇の仕事を続けている」とヴェブレンはいう[42]。これはすなわち，より特権ある階級の婦人たちは，彼らが働くかどうかに関してかなり余裕がある，というブルデューの観察とは対照的である。階級の断片の存在は，社会的階層における特定のポイントを普遍的に横断するのと同一の支配的な規範が存在しない，ということを意味する。

ブルデューの解釈では，ライフスタイルの動的な性質は階級構造の分析に包含されうる。文化的形態および経済的形態という資本の二重の役割は，ブルデューのフレームワークにおいて異なったライフスタイルにおける変化の分析を可能にする[43]。このフレームワークの柔軟性は，ハビトゥスにかなう諸原理の範

囲内で諸個人が社会的移動性に対する闘争の一部分として正当なライフスタイルを形作ることを可能にする。それゆえに，ポストモダンとして特徴づけられるライフスタイルがどのように諸個人のアイデンティティとの関連で進化するかは，必ずしも社会的階層とヒエラルキーのカテゴリーの豊富さを要件としないとトリッグは見做している。[44]

8．結 論

　これまでトリッグの諸説に従って，衒示的消費理論の批評家により提起されてきた3つの主要な問題を考察してきた。それぞれの問題をヴェブレンの理論のオリジナルな概念およびブルデューの現代的貢献を吟味することにより検討してきた。そこで，トリッグはこれまでの議論をまとめて次のように述べている。まず，第一にその理論が社会的階層の頂点から底辺への趣味の一方向的な「トリックル・ダウン」のためにあまりにも限定的である，と言われてきた。この問題は社会的移動性に対するバリヤーとしての文化に関して，ヴェブレンにより与えられてきた重要性を発展させることにより論じられてきた。ブルデューは蓄積された知識のストックとしての個人の趣味を解釈するために文化資本の概念を導入した。諸個人は，社会的階層における特定の地位を確保するために必要とされる文化資本を獲得することを可能にする戦略を採る。趣味の形成に関してこのアプローチを採ることによって，ブルデューは社会地位の底辺から頂点への趣味のフィードバックが存在することを示し得た。上流階級は，文化資本の不十分なストックのために競争することが困難であるとわかっている野心的な中産階級のメンバーを出し抜くためにしばしば社会的地位の底辺のひとびとの趣味を選ぶ。限定的なトリックル−ダウンモデルとは対照的に，より一般的なトリックル・ラウンドモデルがブルデューのアプローチにより示唆されている。[45]

　トリックル・ダウン問題に関連した二番目の非難は，衒示的消費理論が緻密さや精巧さを欠いているということに対してであった。第二次世界大戦後の期

間中，消費者はヴェブレンの時代よりも富を見せびらかすことをさほど公然と証拠立てなくなった，という。しかしながら，ヴェブレンの時代においてさえ，ヴェブレンは支配階級の上流階級の階層が，その消費行動において洗練された趣味を実践している，ということを認めている。事実，あらゆる社会階層にとって衒示的消費は，意識的な活動ではなくむしろ諸個人の行動に社会的な圧力を行使する体面の標準と看做された。このアプローチの公式化はブルデューのハビトゥスの概念の展開により与えられる。それは不確実で変化する環境での無意識的な意思決定に影響を与える一組の原理である。第三の問題は衒示的消費理論が現代の資本主義を特徴づけている多様なライフスタイルを論じるのにはあまりにも限定的であるというポストモダンの著者による非難である。ヴェブレンは，その分析で異なった「生活体系」やファッションの「スタイル」を認めているが，相対的に新しいコンセプトであるライフスタイルについては明白に考慮していない。さらにヴェブレンのモデルは，これらの生活体系を社会的階層の異なったポイントに応じて，垂直的に見ている。ポストモダニズムにとって現代的反応は，ブルデューによる異なったライフスタイルの分析により与えられている。個人により保有されているハビトゥスの概念を使用し，文化資本と経済資本を区別することで，このモデルはライフスタイルが社会的階層を横切り，水平的に変化しうるということを明らかにした。さらに，このフレームワークの中では社会的構造は諸個人の行動を決定するし，それにより決定される。ブルデューは文化産業やサービスに関連した産業で働いている新しい中産階級の進化を分析できた。[46]

9．トリッグの所説の検討

　以上がトリッグの所説の概要である。ヴェブレンにとって，人間は本質的に社会的であり，習慣的であると考えられた。消費行動に含まれる制度は「大多数の人間に共通した固定した思考習慣」であった。そして特に特定の消費行動が社会的地位に依存し，それは時間と場所が特定なものとして分析する必要が

第1章　ヴェブレンの消費論　103

あると考えた。[47]ヴェブレンにとって消費はひとつの制度であったが、トリッグの所説には制度論についての論究が全くない。ヴェブレンの消費論は消費過程の社会性のもつ意味を解明している点に特徴がある。つまり「衒示的消費」がその意味を持つのは、消費する物の持つ意味が社会的に承認されていることが前提となる。そして、このようなアプローチは現代の消費社会における例えば「ブランド」を説明する上でも意味を持ってくる。現代社会では物は他者との差別化のためにばかりでなく、同化のためにもひとつの規範としての消費が重要性をもってくるからである。現代の消費社会において衒示的消費は、ヴェブレン時代のように特定の階級のものではなく、むしろ大衆の消費行動の中にも見られる点も指摘すべきであった。

またトリッグは、ブルデューの社会学を特徴づけている文化資本やハビトゥスの概念を取り上げ、衒示的消費に対する批判に対する反論を試みているが、ブルデューは「新古典派思想が非常に染込んだ視点をもっているし、制度的な視点との融合は不可能ではないにしても、難しい視点である」という指摘もある。[48]このような点についても何ら検討されていない。また、エジェルによれば、ブルデューは「ヴェブレンの貢献を認識し損なっている」という。さらにエジェルによれば、ヴェブレンはその消費理論を大衆消費社会の出現以前に展開し、19世紀後半のアメリカの新興にわか成金に特に言及しそれを説明したが、ブルデューは1960年代および1970年代のフランス全階級構造に基づく広範囲に及び大規模調査のデータおよび経済資本同様、文化資本をヴェブレンの考察の上に築いた。それゆえに、多くの点において、ブルデューの貢献はヴェブレンの補完をするものである、という。[49]つまりブルデューの貢献はヴェブレンの築いた制度理論に基づく堅固なフレームワークの上に構築された衒示的消費論なしにはなしえなかった、といえる。トリッグはこの点をもっと明確に指摘する必要があった、といえよう。

注)

1) Erich Roll, *A History of Economic Thought*, Third Edition (Englewood Cliffs,

N, J: Prentice-Hall, Inc) p. 439. (隅谷三喜男『経済学説史 下巻』有斐閣, 昭和四十五年六月十日初版第3刷発行, 248頁)。わが国における主要なヴェブレン研究としては, 次のものが挙げられる。小原敬士『ヴェブレンの社会経済思想』(岩波書店, 昭和四十一年三月二十五日, 第1刷発行), 松尾博『ヴェブレンの人と思想』(ミネルヴァ書房, 昭和41年6月20日第1刷発行), 中山大『ヴェブレンの思想体系』(1974年5月20日第1刷発行), 松本正徳『ヴェブレン研究』(未来社, 1971年2月20日第1刷発行), 高哲男『ヴェブレン研究 進化論的経済学の世界』(ミネルヴァ書房, 1991年4月20日第1刷第1刷発行), および宇沢弘文『ヴェブレン』(岩波書店, 2000年11月28日第1刷発行)。

2) 制度学派については, たとえば, 次の文献を参照されたい。久保芳和, 第10講「アメリカ経済学」小林昇編『経済学史』(有斐閣, 昭和50年1月30日初版第13刷発行, 169〜174頁)。George H. Soul, *Ideas of The Great Economists* (New York: VikingPress, 1952) 多田基・小林里次訳『偉大なる経済学者たちの思想』(政文堂, 昭和53年4月10日4版発行, 195〜216頁)。Richard T. Gill, *Evolution of Modern Economics* (NewJersey: Prentice-Hall, Inc., 1967) 久保芳和訳『経済学史』(現代経済学叢書, 東洋経済新報社, 昭和53年6月30日第14刷発行, 92〜98頁)。また制度学派を含むアメリカ経済学史の全体像に関しては, 田中敏弘『アメリカ経済学史-新古典派と制度学派を中心として-』(晃洋書房, 1993年11月10日初版第1刷発行) を参照されたい。グルーチーによれば, ヴェブレン, ミッチェルやコモンズらの第二次世界大戦後出現したエヤーズ (Clarence Edwin Ayeres, 1891-1972), ガルブレイス (1908-2006) やミュルダール (Gunnar Myrdal, 1898-1986) など次の世代の制度派経済学を「新制度経済学」あるいは新制度主義として呼んでおり, ヴェブレンらを「旧制度派」あるいは「旧制度主義」と呼んでいる。ところが1970年代以降「新しい制度主義」が台頭してきた。すなわち, コースやウィリアムソン, ノースらのことである。これらの新しい制度主義の特徴はその多くが主流派経済学の諸前提をそのまま受け容れている点で, 新制度派とは異なるが, 両者を混同している場合もある。というのも「新制度主義」は"Neo-Institutionalism"であり,「新しい制度主義」は"New Institutionalism"であるが, 邦訳するとどちらも新制度主義となりうるからである。この点については, 田中敏弘, 前掲書, 215〜226頁。および馬渡尚憲『経済学のメソドロジー』(平文社, 1990年4月26日第1版第1刷発行, 364頁) を参照されたい。

3) Thorstein Veblen, *The Theory of Leisure Class: An Economic Study of Institutions* (New York: Macmillan & Co. Ltd. 1899). 本章ではケリー版 (Reprint of EconomicClassics) を参照している (Augustus M. Kelly, Bookseller, New York 1975)。なお邦訳にはいくつかのものがあるが, 前掲の小原敬士訳『有閑階級の理論』を参照している。ドーフマンによれば,『有閑階級の理論』は7章ごとに二つの分に分かれる。前半は「社会主義論における若干の無視された問題」の前半に手を加えたもので, 金銭文化における張合いの動機の性質を論じている」。

Joseph Dorman, *Thorstein Veblen and his America 7th edition*, (New York: Augustus M. Kelly Publishers) 1972。八木甫訳『ヴェブレン：その人と時代』(ホルト・サウンダース・ジャパン，1985年9月30日，第1刷発行，251頁)。

4) この点について間宮は「ヴェブレンの消費論の独自性は，効用理論とは異なって，それが消費過程それじたいのもつ社会性をもののみごとに解き明かしていることにある。彼の消費論は有閑階級の消費現象に関するものであり，必ずしも消費一般に及ぶものではないが，それにもかかわらず消費という，人と物とが織りなす小宇宙をほとんど完璧といってもいいほどに構成している」と述べている。間宮陽介『モラル・サイエンスとしての経済学』(ミネルヴァ書房，1986年2月20日第1刷発行，121頁)。

5) Andrew B. Trigg. "Veblen, Bourdieu and Conspicuous Consumption" *Journal of Economic Issues*, 2001, March, XXXV, p. 99.

6) Ibid., pp. 99.

7) Ibid., pp. 99.

8) トリッグによれば，ブルデューは社会学者であり人類学者でもある「フランスの主導的な当代の社会的理論家」といわれている。(Cf. R. Shusterman, "*Introduction: Bourdier as Philosopher.*" In Bourdier: A Critical Reader, edited by R Shuterman (Oxford: Blackwell, 1999) pp. 1-13. ブルデューとヴェブレンとの関連はすでに検討されており，例えばキャンベルはブルデューを「消費専門の最も重要な現代理論家」であり，その主要著作『ディスタンクシオン：社会的判断力批判』(1984) を「その性質および重要さにおいて，ヴェブレンの『有閑階級の理論』に匹敵する」と述べている。Cf. Cambell "The Sociology of Consumption" In *Acknowledging Consumption*, ed. by D. Miller (London: Routledge, 1995) pp. 96-126。しかしながら，この両者の関連は制度主義者の文献ではさほど広くは認識されてきていないし，例えば，ブラウンによる最近のヴェブレンの批判的再評価論文集では，なんらブルデューの著作への言及を含んでいない，という。(Cf. D. Brown., ed, *Thorstein Veblen in the Twenty-First Century* (Aldershot: Edward Elgar, 1987). ブルデューの『ディスタンクシオン』に関しては，例えば，石井洋二郎『欲望と差異－ブルデュー「ディスタンクシオン」を読む』(藤原書店，2002年2月20日初版第4刷発行)を参照されたい。

9) Veblen, *The Theory of Leisure Class*, p. 29. 小原訳『有閑階級の理論』34頁。

10) *Ibid.*, p. 29. 同上訳書，34頁。

11) Trigg, *op. cit.*, p. 101.

12) ヴェブレンは，こう述べている。「それゆえに，現在の発展傾向は，閑暇にくらべて，衒示的消費の効用を高めるような方向にむかっていることは明らかである。また，見苦しくない生活のひとつの要素として消費を強調することや，それが世評の手段として役立つことは，個人の人間的な接触がもっとも広く，人口の移動がもっとも大であるような社会の部分において，いちばんであるということも注

意すべきである。……消費は田舎よりも都会の方が，生活の標準のいっそう大きな要素となる」(Veblen, *The Theory of Leisure Class*, pp. 87-88. 小原訳，87～88頁)。
13) *Ibid.*, p. 84. 同上訳，84頁。
14) *Ibid.*, p. 84. 同上訳，85頁。
15) Trigg, *op. cit.*, p. 101.
16) *Ibid.*, p. 103
17) *Ibid.*, p. 103. 確かにジーンズの起源は労働者階級に起源を持つものであるが，さまざまなメーカーブランドがでてきたり，現在では一本150～1,000ドルもする「プレミアムジーンズ」が米国や日本では人気がある。いわゆる「高級ジーンズ」が売れている。今やジーンズは普及品であると同時に高級品となり，「衒示的消費」の対象となっている側面もあるといえよう。この点については，たとえば，朝日新聞，2005年9月16日「米国発トレンド最新情報」を参照されたい。
18) *Ibid.*, p. 103.
19) *Ibid.*, p. 103.
20) *Ibid.*, pp. 103-104. ポストモダンの考え方は，それまでの科学的，客観的心理に対して，相対的な認識に立つ考え方といえる。また文化的価値，審美的な価値といった，主として消費者の主観的な判断に基づく価値を重視する。快楽的消費や刹那的消費はこの典型といえる。この点に関しては，上田拓治著『マーケティングリサーチの論理と技法』（日本評論社，1999年12月10日，第1版第1刷発行，303～306頁。）および和田充夫・恩藏直人・三浦俊彦著『新版マーケティング戦略』（有斐閣，2000年9月30日新版第1刷発行，120～123頁）などを参照されたい。
21) Trigg, *op. cite.*, p. 104.
22) *Ibid.*, p. 104.
23) *Ibid.*, p. 104.
24) 石井洋二郎は文化資本について「ひと口でいえば，経済資本のように数字的に定量化はできないが，金銭・財力と同じように，社会生活においえて一種の資本として機能することができる種々の文化的要素のことである。」（石井洋二郎，前掲書，25頁）。
25) Trigg, *op. cit.*, p. 105.
26) Veblen, *The Theory of Leisure Class*, pp. 74-75. 小原訳『有閑階級の理論』76頁。
27) Trigg, *op. cit.*, p. 105.
28) *Ibid.*, p. 106.
29) *Ibid.*, p. 106.
30) *Ibid.*, p. 108.
31) Veblen, *The Theory of Leisure Class*, p. 103. 小原訳『有閑階級の理論』101頁。
32) Trigg, *op. cit.*, p. 109. ブルデューのいう「ハビトゥス」は「習慣」とは異なる。

というのも，ブルデューにとって「習慣」とは反応的，機械的，自動的で再生産的と考えられるからであった。これに対して「ハビトゥス」は，ある階級・集団に特有の行動・知覚様式を生産する規範的システムと考えられた。各行為者の慣習行動は，否応なくこれによって一定の方向づけを受け規定されながら，生産されていく，と考えられた。ブルデューの「ハビトゥス」については，石井洋二郎訳『ディスタンクシオンⅠ〔社会的判断力批判〕』259〜343頁および石井洋二郎，前掲書，123〜180頁，第3章「ハビトゥスの構造と機能」を参照されたい。

33) *Ibid.,* p. 109.
34) *Ibid.,* p. 109.
35) *Ibid.,* p. 109.
36) *Ibid.,* p. 110.
37) *Ibid.,* p. 110.
38) *Ibid.,* pp. 110-111.
39) *Ibid.,* p. 111.
40) *Ibid.,* p. 112.
41) *Ibid.,* p. 112.
42) Veblen, *The Theory of Leisure Class.* p. 81. 小原訳『有閑階級の理論』82頁。
43) Trigg, *op. cit.,* p. 112.
44) *Ibid.,* p. 112.
45) *Ibid.,* p. 113.
46) *Ibid.,* p. 113.
47) 加藤秀俊『余暇の社会学』(PHP研究所，昭和59年2月13日第1刷，17〜50頁)。
48) Wilfred Dolfsma, "Mediated Preferences How institutions affect consumption", *Journal of Economic Issues,* Vol. XXXVI No2 June 2002, p. 450.
49) Stephen Edgell, *Veblen in Perspective His Life and Thought* (New York: M. E Sharp 2001) pp. 110-111. ブルデューはその著『ディスタンクシオン：社会的判断力批判』の中で特にヴェブレンには言及していないが「衒示的消費」という言葉は使っている。

第2章 ヴェブレンの衣服論

1. はじめに

　ヴェブレン（Thorstein Veblen, 1857-1929）はアメリカの生んだ最も独創的な思想家としても，またコモンズ（John R Commons, 1862-1945）やミッチェル（Wesley Clair Mitchell, 1874-1948）らとともに制度学者の建設者の一人としても知られている[1]。その中でもヴェブレンは，当時の隣接諸科学の成果を積極的に摂取し，ラーナー（Max Lerner）も述べているように社会科学の「学問間の垣根を取り払った」と評価されている[2]。

　ところで，ヴェブレンらの制度派経済学は1920年代にはアメリカの経済学界において卓越して地位を占め，アメリカ経済学の革新に貢献した。しかし，その後ケインズ主義の台頭により，その影響力は一時衰微したように見えた。その後1970年代に入り，南北問題や環境問題などが出現し，主流派経済学の限界が指摘され「経済学の危機」が叫ばれるようになるとともに，制度主義的な思考方法が再び脚光を浴び始めた[3]。

　ヴェブレンは富裕階級が，その富を見せびらかすためにしばしば非常に衒示的な財やサービスを消費し，それによって一層大きな社会的な地位を獲得している，ということを述べている。ヴェブレンの著作は「名声」あるいは「地位」財に関する重要な研究体系を生んだ，といえる。それは制度化された消費形式であり，金銭的文化社会（資本主義者社会）における消費の一形態である，と考えた[4]。すなわち，ヴェブレンにおいては制度として消費を分析しているところに特徴がある。

　本章で採り上げる「衣服」についてもヴェブレンは同様に制度という視点か

らアプローチしている。そこで，1894年に発表した「女性のドレスの経済理論[5]」および1899年に刊行された処女作『有閑階級の理論』の第7章「金銭的文化の表示としての衣服[6]」を採り挙げ，衒示的消費に代表される独自の消費論に基づくヴェブレンの衣服論を中心に見てゆくことにした。それによりヴェブレンの衒示的消費論の具体的な側面が一層解明でき，併せて制度論としての消費論の一側面が解明できると考えたからに他ならない。

2．女性のドレスの経済理論

ヴェブレンによれば「人間の衣服(apparel)において，ドレスの要素は衣類(clothing)の要素とは容易に区別される。分化は決して完全ではない。人間のアパレルの大部分は物的満足のためにも，ドレスのためにも着られる。さらにその多くのものは，外見上はその双方の目的のために着られる。しかし，分化はすでに非常にかなりの程度で存在しており，進んでいる」[7]。したがって「物的満足という目的と評判の良い体面という目的を混同してはならない」[8]。衣服の要素とドレスの要素は，まるで異なっているし，衣服とドレスはほとんど両立しえない。アパレルのこれら二つの要素のうちドレスは発展の序列の中で最優先されるし，今日まで首位を維持している。衣服の要素および満足を与える品質は，最初から非常に大きな程度でそうあり続けている。

ヴェブレンの見るところ，ドレスの起源は装飾の原理に求められ，その進化の出発点を与えている，という。しかし純粋に審美的な意味において装飾は近代のドレスにおいて相対的にわずかな重要性しか持たない要素である。「アパレルは補助的な付加物による単なる装飾の概念から，外側から人を満足させるべき複雑な装飾の概念あるいは羨ましがられる存在へと進化した。同時にそれは美貌な人だけの所有物というよりも，その他の長所(virtue)である所有を示すことに役立った。したがってドレスは，この方向に進化したものの中に存在する」[9]。

またドレスに経済的事実を与えているものは，その着用者の富を表示する機

能である。すなわち，より正確にいえば，その所有者の富を表示する機能である。というのも，着用者や所有者は必ずしも同一人であるとは限らないからである。女性のドレスは着用者と所有者が異なった人である，と考えられるが，彼らは同じ経済的単位の有機的構成員でなければならない。そして「ドレスは着用者が象徴する経済的単位の富の指標である」とヴェブレンは考えた。

　特定の社会組織の下では社会的単位が男性であり，女性のドレスは男性の富の象徴であり，女性は男性の所有物である。近代社会では，一つの単位が世帯であるが，女性のドレスは属している世帯の富を示すものである。今日においてさえ女性のドレスについては，その着用者が家財の一つである，ということを示唆している。このドレスの最高の表現は，最も進んだ近代社会の女性の衣服において確かに見られる[10]。

　ヴェブレンは，社会的階級と一般的な尊敬という栄誉の基礎は成功であり，より正確には効果的な能力である，と考えた。それは目に見える成功によって証拠立てられるような社会的単位の尊敬である。だから，「能力が所有物，金銭的な強さになる場合，われわれの時代の社会システムにおいて，社会的な重要性をもっている賞賛の基礎は社会的単位の目に見える金銭的な強さとなる。金銭的な強さの直接的で明白な指標は非生産的に支出し，消費する目に見える能力である」[11]。差別化が始まった非常な初期に，並外れた程度において価値のある商品の衒示的な非生産的消費という手段によって社会的単位のもっている金銭的な強さを示すことが女性の機能となった。

　名声はかなり明白に当該社会的単位の金銭的な強さと一致している。元来彼女自身金銭的な所有物であったから，第一に女性は社会的集団の金銭的な強さの象徴である。社会的組織における機能の専門化の進歩とともに，この役割は一層もっぱら女性に委ねられがちになった。現代の最も高度に発達した社会では社会システムにおける女性の偉大な，特殊な，そしてほとんど唯一の機能は理念的に支払いに対する経済的単位の能力を証拠立てることとなった。つまり，女性の立場はわれわれの社会システムの理念的な体系に従えば，衒示的に非生産的支出の手段となるようになってきた，といえる[12]。

相対的に長く継続した富の所有を示す手段は有閑階級以外身に着けたり保持しえない作法，たしなみおよび教養という形態を採る。それは特定の生活様式でも表現される。しかし，流行の方法はドレスの方法と同じである。それゆえに「ドレス」は経済的な観点から「浪費的な支出を見せびらかす」こととほぼ同義語となる。[13)]

　しかし，重要なことは，「これらの浪費的な商品の着用者や購入者は浪費を望んでいる，ということはない。彼らは支払う能力を明示することを望んでいる。探求すべきものは浪費という事実ではなくて，浪費という外見である」。[14)]それゆえに，できるだけ良い取引で，それらを入手するためにこれらの商品の消費者によってなされる不断の努力が存在する。またこれらの商品の生産費を低くし，したがって価格を低くしようとするこれらの商品の生産者によってなされる不断の努力も存在する。しかし，それらの商品の消費がもはや注目に値する支払能力の明らかな証拠ではない価格にまですぐにその商品の価格が下落すると，当該の特定商品は支持を失う。そして消費は着用者の浪費的消費をする能力をより適切に明示する別のものに方向転換する。

　求められる目的は浪費ではなくて浪費的見せびらかしである，というこの事実は生地（material）の利用において擬似経済（pseudo-economy）の原理に成長する。それゆえにアパレルが単に惜しげもない浪費を見せびらかすだけではない，という商品形態の標準として認識されるようになってくる。使われる材料は，見せびらかす方法に関する限り，「着用者（所有者）の能力の証拠を与えるように選ばれなければならない」。さもなければ，その所有者に関しては無能力を連想させることになるからであるし，その見せびらかしという主要な目的を部分的に無効にさせるからである。

　われわれが大きな資産の所有に対する望ましさという点を支持するのは，長く続く資産の所有をするため名門の生まれや貴族階級の生まれという伝統のためである。所有される資産の絶大さは見せびらかす量によって証明される。知識の証拠や作法の良い習慣形態は主として価値があるとされる。というのも，それはこれらの教養を身に着けるために多くの時間が費やされた，ということ

を示すからである。また教養は直接的ないかなる経済的価値も持っていないから，それは時間と労働の浪費に対する金銭的な能力を示している。「そのようなそれゆえに教養を高い程度で備えている場合には，いかなる役に立つ目的に対しても支出されない生活の証拠となる。尊敬という目的のために，それは非常に大量な商品の非生産的消費となりさえする[15]」。

それゆえに，ドレスの第一原理は衒示的贅沢さ（conspicuous expensiveness）である。この原理の元での必然の結果として，新しい浪費的な衣服（garment）や細かい装身具の絶えざる廃棄によって与えられる支出の証拠が存在する。この原理は「どこでも時代遅れであるものは一切着ないということを必然的にする望ましさを植えつける[16]」。われわれの時代の大部分の先進国では，ドレスの最高の表現に関する限り―すなわち，舞踏会のドレスや類似した儀礼的な場合に着用するアパレルの場合，ドレスのルールの基準が外部からの考慮によって妨げられない場合，という行動原理に表現される。したがって「いかなる外出用の衣類も二度と着ることはできない」ことになる。目新しさの要求はファッション全体の原理の基礎となっている。ファッションは連続的な不断の流れや変化は必要としない。流れや変化や目新しさは，あらゆるドレスの中心的な原理である衒示的浪費によって必要とされる。

「婦人は社会的機能の限定という美徳によって，その経済単位の金銭的強さの象徴であり，それは結局また金銭的な損失という受動的形態を持ち堪えるその単位の能力を誇示することを彼女に委ねる[17]」。これを婦人は，彼女が働いていない生活を率先している，という事実（しばしば虚構）を証拠立てることで行なうことができる。「ドレスの究極の目的は，その着用者がどのような役に立ついかなることもできないことを証拠立てる，という事実をすべての観察者に対してはっきりと示すことであるし，その事実を観察者に無理やり認めさせることである。近代の教養のある婦人のドレスは，この習慣的な働いていないことを証明しようとしているし，それはかなり成功している[18]」。

そこでヴェブレンは次のようにいう。スカートやあらゆる着にくい，さもなければスカートが代表する意味のない服の永続的な秘密がある。「スカートが

残存しているのは，それが着にくいためである[19]」。それは大部分着用者の動きを妨げ，いかなる有用な仕事も不可能にする。だから，それが告知として役立つのは，スカートが暗示しているその着用者が効果的な働きを損なう無用さを与えられていることができる充分な手段によって裏付けられているからである。同様なことがハイヒールに当てはまるし，近代のドレスのいくつかのその他の特徴にも当てはまる。

さらにまた教養のある西洋の女性たちによって習慣的に行なわれている一つの大きな毀損（mutilation）の継続的根拠を捜し求めることができる。すなわち，中国人の纏足と類似した慣行と同様に不自然に締めつけられたウエスト。この近代の婦人の毀損は，恐らく厳密にはドレスの範疇の下には分類できないかもしれないが，その理論から排除するような一線を画すことはほとんど不可能である。また，それはその理論の概略は原理の要点においてその範疇と非常に緊密に符合する。

自発的に身体的な無能を受け入れる，という事実は，実際に確立された富の所有が便利さ，満足あるいは健康という方向での婦人のドレスに関する何らかの意図された無用さを示している。「着用者を束縛し，不便を感じさせ，傷つけるのがドレスの本質である[20]」。というのも，そうすることによりドレスは無駄や身体的無能さを耐え忍ぶ着用者の金銭的能力を告知するからである。

ところで，婦人は尊敬されるようになるためには働いていない，と見えなければならないというこの要求は，自分自身で生計の手段を立てることを強いられている婦人にとって不適切な状況である。それらは生計を立てる手段を与えるだけではなく，婦人たちがなんかの収入のある職業を持たないで生活しているという虚構を告知する手段も与えねばならないし，その動きを妨げ，産業的効率を減少させるように特に意図された衣類でずっと妨げられ続けられなければならない。

そこでヴェブレンは，婦人のドレスの理論のきわめて重要な原則として，次の三つの原則を挙げている[21]。

1．高価さ。衣服としてその効果に関して考慮すべきことは，アパレルは非経

済的でなければならない。それは，いかなる役に立つことにも関与していないことに対して支払う着用者の経済的集団の能力という証拠を与えなければならない。つまり，満足や利益と高価なものを得ることなしに支払うこと。これには例外はない。

2．目新しさ：婦人のドレスは着られているものの明らかな証拠を与えねばならないが，相対的に短期間では同様に多くの商品に関して，容易に評価できる量の衣服を持ちこたえる無能さの証拠を与えねばならない。この規定の例外は，(金銭的) 上層階層によってのみ所有されるような，ずば抜けて高価なものである。世襲財産の所有は賞賛されるべきである。というのも，それが数世代にわたる浪費の慣行を証拠立てるからである。

3．愚かしさ：着用者がいかなる収入のある職業に対しても無能力である，という明らかな証拠を与えねばならない。そして，それはまた，たとえアパレルの拘束が取り除かれた後でさえ彼女がいかなる有用な努力に対しても，永久に不向きである，ということを明らかにすべきである。この規則からの例外は存在しない。

　これら三つの原則以外に，美的な意味で装飾の原理がドレスにおいてある部分を演じている。その原理はある程度経済的重要性はもっているし，かなりの普遍性をもって適用される。しかし，決して不可避的に存在するわけではない。それが存在する場合には，上に述べた三つの原則によって範囲を定められている。実際，ドレスにおける装飾の原理の役目は目新しさの原理に対する手作りの原理である。「すべてのものは上で明確に述べた3つの基本的な原理の支配的な影響力を蒙っている。これら3つのものは本質的であり，婦人のドレスの重要な規範を構成している。そして，富という点で人々の間の対抗意識の機会が残存している限り，いかなる切迫した事情も，これらの原理を無効にすることはできない。富における差異の可能性が与えられるならば，このドレスの規範の支配力は不可避である」。そして「衒示的浪費」という重要な規範は，これがその経済的な根拠を残している限りにおいては無効にできない。

　また，第二の非常に類似した人々の階級が存在する。彼らのアパレルも婦人

のドレスの規範に順応する。この階級は教養のある社会の子供から構成されている。子供たちは，この理論の目的のために商品の衒示的消費者としての教養ある女性の偉大な機能を完全にするのに役立つ補助的材料と看做すことができる。「教養のある婦人の手元にいる子供は衒示的消費の付帯的な器官である。労働者の手元になるいかなる道具も生産効率の付帯的な器官であるように[23]」。

以上が「女性のドレスの経済理論」の骨子である。次に節を改め『有閑階級の理論』の「第7章　金銭的文化の表示としての衣服」でのヴェブレンの所説を検討することにしよう。

3．金銭的文化の表示としての衣服

ヴェブレンは，前節で見た「女性のドレスの経済理論」で展開した「衣服」についての議論をより詳細に独自の消費論との関係で展開している。

まずヴェブレンは，この「金銭的文化の表示としての衣服」の劈頭において次のように述べている。

「いままで述べてきた経済原理が生活過程のある方向の日常の事実に，いかに当てはまるかを実例によって多少詳しく示すことが適当であろう。この目的とって，衣服に対する支出ほど適当な例証を与える消費の方面はない。衣服の中に表示されるのは，特に財貨の衒示的浪費の法則である[24]」。

つまり衣服は，われわれの金銭的な地位をあらゆる観察者に対してひと目で示すものである。ヴェブレンによれば，衣服は他のいかなるものの消費よりも見せびらかしのための公認の支出の基準がより明白に存在しており，恐らく，より一般的に行なわれている，と考えられる。「あらゆる階級が服装のためにこうむる金銭支出の大部分は，身体の保護のためよりも，むしろ尊敬されるような外観のためにおこなうものである[25]」。

あらゆる近代社会で衣服に使われる財貨の商業的な価値は，その財貨が衣服を着る人の身体を包むために提供する機械的効果よりも，ずっと大きな程度で，流行の性質，すなわちその財貨の名声を博する性質から成り立っている。衣服

の必要は明らかに「高級な」もしくは精神的な必要である。衒示的浪費の法則は，趣味や体面の基準を作り出すことによって衣服の指導原理となる。普通の場合には，際立って浪費的な衣服を着たり，買ったりする人の意識的な動機は，確立された習慣に従うという必要，趣味や世評の公認の標準に適合する必要などである。「衣服の点では高価であるということの要求が，われわれの思考習慣の中に非常に深く染み込んでいるために，金のかかった衣服以外のものは，すべてわれわれにとって本能的に嫌忌すべきものとなる。われわれは，ろくに考えもせずに，安価ものは無価値なものと思い込んでしまう。安価なアパレルは『安かろう，悪かろう』という格律のもとで劣等なものと考えられる」[26]。

趣味と実用性の双方を基礎として，安価な装飾品は「安かろう，悪かろう」という格律のもとで，劣等なものと考える。「われわれはそのものが高価であることにほぼ比例して，実用的でもあり，美しくもあると考える。われわれはすべて金がかかった手作りの装飾品の方が，ずっと安価な模造品よりも美の点でも実用性の点でも，はるかに好ましいと思う」[27]。支払能力の証拠としての衣服の機能は単にその着用者が肉体的快楽のために必要以上に高価な財貨を消費することを示すことだけに終わるものではない。衣服は，このような単なる浪費的な消費の素朴で直接的な証拠以上にさらに微妙で，さらに広汎な可能性を，もっている。もしも，その着用者が思うままに，また不経済に消費する余裕があるということを示すほかに，彼もしくは彼女が生活費を稼ぎ出す必要がない，ということがやはり同じような仕方で示されるならば，社会的価値の証拠は非常に大きく増進される。

われわれの衣服は「その目的に効果的に役立つためには単に高価でなくてはならないばかりでなく，その着用者がいかなる種類の生産的労働にも従事していない，ということをあらゆる観察者に対して明らかにする必要がある」[28]。一般の人の頭の中で優雅な衣服として通用するものを良く調べてみると，それはあらゆる点で，その着用者がなんら有用な労力を費やす習慣がないという印象を与えるように工夫されていることが明らかとなるであろう。きちんとしていて汚れのない衣服の快適な効果は，すべてではないにしても，主としてそれが

閑暇—あらゆる種類の生産過程との個人的接触からの免除—の連想を伴っていることに基づいている。優雅な衣服は，それが高価であるという点で優雅な目的に役立つばかりでなく，また，それが閑暇の刻印であるがためにも，それに役立つのである。それは，その着用者が比較的多額のものを消費しうることを示すばかりでなく，それと同時に彼が生産をせずに消費することをも証明する。

ここでヴェブレンは女性の衣服について次のように述べている。

「女性の衣服はその着用者が生産的職業から離れていることをはっきり示す点で男性に衣服よりもずっと勝っている。例えば，女性の優美の型のボンネットは男性のシルク・ハットよりも労働を不可能にするという点で一歩も二歩も進んでいる。また婦人用の靴はフレンチ・ヒールがついており，それは磨くためにはどうしても閑暇を要するということの証拠である。このハイ・ヒールは明らかに最も単純で最も必要なものでも，あらゆる肉体労働を極度に困難にするからである。同様なことがスカートその他，女性の衣服に特有な装飾品についても，一層高い程度で当てはまる。スカートに固執する本質的な理由は，それは金がかかっており，その着用者があらゆる場合に邪魔になり，あらゆる有用な労働を不可能にするからである。また同様なことが，髪の毛を必要以上に長くしておく女性の習慣についても当てはまる」[29]。

しかし女性の服装は，それが労働の免除を証明する程度によって，現代の男性の服装を凌駕しているばかりでない。それはまた男性によって習慣的に行なわれているあらゆるものと質的に異なっている特殊の極めて特徴的な様相をもっている。このような特徴はコルセットがその典型的な例となっているような部類の工夫である。コルセットは経済学ではもともと，その主体の生活力を低下させ，彼女を永久に，また誰が見ても，労働に適しないようにする目的で行なわれている一つの毀損（mutilation）である。コルセットは，その着用者の個人的魅力を損なうかもしれないが，しかし，その点で被った損失は彼女が明らかにますます金がかかっていて，弱そうにみえることから生ずる名声の点での利得によって相殺される。女性の服装の女らしさは，実質的な事実の点では，結局，女性特有な衣服によって与えられる有用な労働に対する一層効果的な障

害に帰着する[30]。

　だから，これまでの考察で衣服の大きな，支配的な規範として，衒示的消費の一般的原理を得ることができた。そして，この原理を補足し，その系論となる第二の規範として，衒示的閑暇の原理を得る。

　衣服の仕立て，この規範は，その着用者が生産的労働には従事せず，また手っ取り早くいえば，従事することができないことを示すような，いろいろな工夫の形をとってあらわれる。これら二つの原理の他に第三のそれに劣らない拘束力をもつ原理がある。「衣服は際立って金がかかっており，また不便なものでなくてはならないばかりではない。それはまた同時に，最新流行のものでなければならない[31]」。ヴェブレンによれば流行の変化という現象については，今までいかなる十分な説明が少しも与えられていない。このような最新流行の原理は衒示的浪費の法則に属するもう一つの系論である。

　もしもそれぞれの衣服が，ごく短期間しか役に立たないならば，また，もしもこの前の季節の衣服はどれ一つ現在の季節に持ち越され使われることがないならば，衣服に対する浪費的な支出は甚だしく多くなるであろう。われわれがいえることは「衒示的浪費の規範は，衣服に関する全ての点で制約的な監視を及ぼすものであり，したがって流行の変化はすべて浪費の要求に合致しなければならない，ということである[32]」。

　しかし，これだけでは現在行なわれているスタイルの変化を作り出し，それを受け入れる動機に関する問題にはなんら答えることにはならない。そこで流行の発明やイノベーションの動機として役立ちうるような創造的原理を求めるためには，われわれは衣服がそれによって始まった原始的，非経済的な動機——装飾の動機——にまで遡らねばならない。流行のそれぞれの継続的なイノベーションは形や色彩もしくは効果に関するわれわれの感覚が排除するものよりもそのような感覚にとって，一層受け入れやすいような誇示の形式に達しようとする努力である。「スタイルの変化は，われわれの美の感覚に訴えるものを得ようとする絶えざる探求の表現である。しかし，あらゆるイノベーションは衒示的浪費の規範の淘汰的作用を受けるから，それが起こりうる範囲は幾分限定さ

れる。イノベーションは，それが排除するものよりも一層美しく，また，しばしば一層気に入らないようなものでなくてはならないばかりでなく，またそれは高価であるという公認の標準にも合致しなければならない」[33]。

衣服の美に達しようとするそのような絶えざる努力の結果は，ちょっと見ると芸術的完成に段々と接近することであるように思われるであろう。われわれは流行が人間の形態に際立って似つかわしいひとつ，もしくはもっと多くの種類の衣服の方向に向かって進むはっきりした趨勢を示すことを期待するのが当然であるかもしれない。また，われわれは，これらの多くの年月にわたって，あらゆる熟達や努力が衣服に対して払われたのであるから，今日では流行は永久に通用する芸術的理想に極めて接近した相対的完成なり相対的安定なりを達成したに違いないということを希望して差し支えない実質的な理由があると思うかもしれない。しかし，実際にはそういうことはない。「実際今日のスタイルはそれ自体としては，十年前のものより，また二十年前，五十年前もしくは百年前のものより，ずっと恰好が良いと主張することは，きわめて危険であろう。これに反して，二千年以前に流行したスタイルが今日最も手が込んでいて骨を折って作った構築物よりも，ずっと恰好がよいという主張が少しも矛盾なく通用する」[34]。

それゆえに，今述べたような流行についての説明は十分な説明ではない。ある種の割合に安定したスタイルや型の服装が世界の各地に作り出されているということは周知の通りである。このようなわりあいに安定した服装は多くの場合，かなり厳格に，また狭く地域が限られており，またそれは場所が異なるにしたがって，わずかずつ整然とした階梯をもって変化する。

つまり「時代や考え方の試練に耐えうるような安定した服装は，衒示的浪費の規範が現代の大きな文明都市ほどには，至上命令として自己を主張しないような状況のもとに作り出される。今日，そのような大都市では，割合に可動的で富裕なその住民が流行に関して歩調を決めている」[35]。このようにして安定的芸術的な服装を作り出した国や階級は，そのような状況に置かれていたために，それらのものの間の金銭的見栄は財貨の衒示的消費よりも，むしろ衒示的閑暇

の競争の方向を採った。したがって,流行はわれわれの間のように,財貨の衒示的消費の原理が最も絶対的に自己を主張するような社会の場合に,もっとも不安定であり,最も不恰好である,ということが一般にいえるであろう。

　これらのことはすべて,高価であることと芸術的衣服との間の対立関係を指し示す。実際的な点では衒示的浪費の規範は,衣服は美しく,また良い恰好でなくてはならない,とう要求と両立しない。そして,このような対立関係が流行の絶えざる変化を説明するものであって,それは高価であるという基準も美の基準も,それだけでは説明することができない。「名声の標準は衣服が浪費的な金銭支出を示すことを要求する」[36)]。

　衣服の流行の細部の外見的な効用は常に非常に見え透いた見せかけであり,またその本質的に無駄な性質は,やがて耐えられないほど露骨にわれわれの注意を引く。そうなるとわれわれは新しいスタイルに逃れる。しかし,新しいスタイルは世評となるほどの浪費や無益の要求に従わねばならない。その無益さはまもなく,その先行のスタイルの無益さと同じように,鼻持ちならないものになる。したがって,浪費の法則がわれわれに与える唯一の逃げ道は同じ様に無益で永続しない何らかの新しい恰好に救いを求めることである。ここから流行の衣服の本質的な醜悪さや絶えざる変化が生まれる。

　このように流行の移り変わりの現象を説明したので,次の問題は,その説明を日常の事実と一致させることである。これらの日常の事実の中には,ある時代の流行スタイルに対してあらゆる人々が抱く周知のような愛着,ということがある。ある新しいスタイルが流行してきて,あるシーズンは好評を保つ。そして,それが少なくとも最新流行である間は,人々はきわめて一般的にそのスタイルを魅力がある,と思う。現在の流行は美しいと思われる。これは,一つにはそれが以前のものとは違うために,ほっとした感じを与えるためであり,またひとつには,それが世評にあがるからである。

　「世評の基準がある程度までわれわれの趣味を作り出すのであり,したがってその指導原理の下では,その斬新さがきえてしまうまでは,あるいはその世評の保障が同じ様な一般的目的に役立つ新奇な作品に移るまでは,すべてのも

のが好ましいものとして受け入れられるであろう[37]」。ある時期に流行したスタイルの，言うところの美しさや「素晴らしさ」が単に束の間のものであり，見せかけのものであることは移り変わってゆく多くの流行が，どれひとつとして時の試練に耐えることができない，という事実によって明らかである。長期的な時間の流れの中でみると，流行品の一番良いものでも不恰好ではないにしても，なんとなく不自然に見えてくる。

　いかなる場合でも，必要な時間の長さは，そのスタイルの本来の嫌忌感の程度に反比例する。流行品の嫌忌感と不安定性の間に存在するこのような時間的関係は，スタイルが次々に他のものの後に続き，それに取って代わることが激しければ激しいほど，健全な趣味にとってますます気に入らなくなる，という推論に根拠を与える。「その社会，ことにその社会の富裕な階級が富，可動性の点および人間的接触の範囲の点で，ますます発展すればするほど，衒示的浪費の法則が衣服に関してますます強くあらわれてくるであろうし，美的感覚はますます休止状態となり，また金銭的名誉の基準によって圧倒されるようになり，流行はますます急激に移り変わるであろうし，そして次々に流行するいろいろなスタイルはますますグロテスクで我慢できないものとなるであろう[38]」。

　このような衣服の理論は現代では殆んどあらゆる点で「女性の衣服に対して一層大きな力で当てはまる。女性の衣服は男性の衣服とは本質的に異なっている。女性の衣服では，その着用者があらゆる卑俗な生産的職業から免除されているかその能力がないことを証明するような特徴を明らかに一層強く主張する[39]」。そして，その家族の首長を代行して消費することが経済発展の過程の中で女性の任務となった。そして女性のアパレルは，このような目的を持って工夫されている。明らかに生産的な労働は身分の高い女性にとっては著しく名誉を傷つけるものとなった。それゆえに，女性のドレスの仕立てについては，その着用者が有用な労働に従事する習慣がなく，また従事することができないという事実（しばしば，実際にはひとつのフィクション）を見るものに印象づけるように特別な骨折りをしなければならない。「行儀作法は身分の高い女性が同じ社会階級の男性よりも一層徹底的に有用な労働から遠ざかることや一層多くの閑

暇の見せかけを行なうことを要求する。行儀作法は女性の衣服その他の装身具の金のかかった誇示に一層絶えざる注意を払うことを要求する。われわれの社会体制は父系制の過去からの伝承によって自分の家庭の支払能力を証明してみせることを特に女性の職務としている」。[40]

だからその家庭の女性の金遣いが荒く非生産的であればあるほど、その生活、その家庭もしくはその戸主の名声の目的にとって、ますます名誉あるものとなり、ますます効果的となるであろう。女性が有閑生活の証拠を与えるばかりでなく、有益な活動を行なう能力を持たないように要求される場合にますますそうである。

「衒示的浪費や衒示的閑暇が名声を博するのは、それらのものが金銭的実力の証拠となるからである。金銭的実力が名声を高めるものとなり、また名誉あるものとなるのは、それが結局、成功なり、優れた力なりを証明するからである」。[41]

このような一般論を女性の衣服に適用し、それを具体的な言葉で言い換えれば、ハイヒール、スカート、実用的でないボンネット、コルセットなどあらゆる文明国の女性のアパレルの際立った特徴となっているような、およそ着用者の快楽を無視するようなものは、現代文明の生活様式では女性はなお理論上、男性に経済的に依存するものである、ということ——恐らく、非常に理想化された意味では、女性は男性の動産であるということ——を証明する多くのアイテムである。女性の側での、これらすべての衒示的閑暇や衣服の、ごくありふれた理由は、女性が召使であって、経済的機能分化の過程で、その主人の支払能力を証明して見せる職務が彼女に委託された、という事実の中にある。

これらの点で女性のアパレルと家庭の召使のアパレル、特にお仕着せを着た召使の間に、際立った類似性がある。双方とも不必要な贅沢の非常に手の込んだ誇示が存在するし、双方の場合において、着用者の肉体的快楽について際立った無視も存在する。しかし、貴婦人の衣装は、その着用者の肉体的弱さを強調しないまでも、その怠惰を手の込んだやり方で強調している点で、召使の衣服よりもずっと進んでいる。そして、これは当然のことである。というのも

理論上，金銭的文化の理想的な様式によれば，家庭の主婦は，その家庭の召使頭であるからである。[42]

その衣服の点で召使階級に類似しており，また，その衣服が女性の衣服の女らしさを作り出すのに役立つ多くの特徴を示す別の階級が少なくとも一つある。それは僧侶階級である。僧侶の法衣は隷従的身分や代行的生活の証拠として示されたあらゆる特徴を強められた形で示している。法衣と呼ぶのが相応しい僧侶の衣服は，衣服という点では僧侶の日常の習慣よりもずっと際立って，ゴテゴテと飾り立てた，おかしな恰好の，不便な，そして少なくともちょっと見ると不愉快なものである。態度やアパレルの点でのこのような類似は経済的職能に関する二つの階級の類似に基づくものである。しかし，それを着ることが，その着用者の生理的快楽には殆ど，もしくは全く貢献しないことを示すように工夫されている。

一方での女性，僧侶および召使に衣服と，他方での男性の衣服との間の境界線は，実際には常に必ずしもみられないけれども，しかし，それが一般の思考習慣の中に多少ともはっきりとした形で常に存在している，ということは議論の余地がないであろう。「衣服のある種の要素や特徴の流行は，金銭的地位の一つの証拠としてそのものの効用に依存する，という準則の一つの証明であることがわかる。コルセットはある種のかなりはっきりと限定された社会階層の中でだけつかわれている」[43]，ということはだれでも知っていることである。

「上層有閑階級が世間的体面のあらゆる事柄の歩調を決めるとともに，社会の残りの部分への効果も衣服の様式の漸次的改良という結果となる。社会が富と文化の点で進歩するとともに，支払能力は見る人のますます細かい鑑識眼を必要とするような方法によって証明される。広告方法の間のこのような細かい識別は，実際一層高い金銭的文化の一つの特徴である」[44]。

4．ヴェブレンの消費論および今後の課題

以上がヴェブレンの衣服論の骨子であるが，その基礎となっている衒示的閑

暇および衒示的消費についてまず見てゆくことにしよう。

　ヴェブレンは社会の上層階級は慣習上生産的職業から免除，もしくは除外され，ある程度名誉を伴う職業のために留保される，と考えられた。そして生産的な職業からの免除は，彼らの卓越した地位の経済的な表示であると考えられた。社会の上層階級である有閑階級の制度は職業間の差別から出現した，と考えられた。そして，そのような区別が現代の生活の中にも先入観として根強く残存している，と看做した。

　ヴェブレンは金銭的文化社会において有閑階級は，人々の尊敬を獲得し，それを保持するためには単に富を所有するだけでは不十分である，と考えた。富は証拠立てられなければならず，尊敬は証拠がある場合にのみ払われるからである。つまり労働からの衒示的な疎外がすぐれた金銭的成功の因襲的な刻印となり，名声の因襲的な指標となる。そして生産的労働に従事することは貧困と服従の刻印であるから，社会の名声のある地位とは両立し得ない。

　文化的進化の系列のなかで有閑階級の出現が所有権の始期と時を同じくしていると考えた。そして，所有権の根底に横たわる動機が見栄であり，この動機が社会構造のあらゆる様相のあらゆる発展の中に作用し続けると捉えた。時代の経過と共に富の所有は名声と尊敬の慣習的な基礎として相対的な重層性と効果を増してくる。他の人との金銭的な上下の比較によって判断される相対的成功が行動の因襲的な目的となる。この場合の上下の比較とは価値の点で人々を評価する過程を意味する。

　名声の基礎として財産を誇示すること，閑暇を強く誇示することを導く。つまり，非生産的な時間の消費を見せびらかすことである。ここでヴェブレンがいう閑暇とは「怠惰や無為を意味するものではない。それが意味するのは時間の非生産的消費である。時間が（1）生産的な仕事は価値がないという考え方から，また（2）怠惰な生活を送りうる金銭的能力の一つの証拠として，非生産的に消費される」[45]ことである。

　例えば，ヴェブレンが挙げている事例の一つが礼儀作法である。それは固有の効用を持ってはいるが，その究極的な経済的な根拠は時間や労力の非生産的

な使用という名誉ある性格の中に求められるべきと考える。つまり作法の価値は，それが有閑生活の証拠物件であるということのなかにある。閑暇は金銭的名誉をうるための因襲的な手段であるから，だれでも多少とも金銭的に見苦しくない生活を楽しむものにとって行儀作法に通じることが必須のこととなる。

　有閑階級に属する貴婦人も閑暇および消費において，主人に代わる「代行的閑暇」や「代行的消費」行なう。食物，衣料，住居，家具の消費やその他の家庭備品においてである。つまり体面のために上等な品物を消費することが，その家庭の金銭上の体面をあらわす。衒示的閑暇や衒示的消費の効用は両者に共通する無駄使いの要素の中にある。前者は時間や骨折りの無駄遣いであり，後者は財貨の無駄遣いである。両方とも富の所有を誇示する方法であり，これら二つのものは同等なものとして受け取られる。しかし，社会分化が一層進み，一層広い人間環境に手を届かすことが必要となる場合には，消費の方が体面を保つ通常の手段として閑暇の上を行くようになる[46]。

　消費を規制する規範は，概して衒示的浪費の要求であるけれども，消費者があらゆる特定の場合に，それに基づいて行動する動機は，単純率直な形のこの原理であると考えてはならない。普通の場合，消費者の動機は確立された慣行に従い都合の悪い注意や噂話を避け，消費する財貨の種類，分量および等級，彼の時間や労力の作法に適った使い方などの点での世間並みの体面の基準に従って生活しようとする願望である[47]。

　つまり，金銭上の世間的な体面の標準が要求するような時間や物質の代行的な消費を行なうことが有閑階級の婦人の役割となる。その事例のひとつがここで見てきた「衣服（dress）」に関するヴェブレンの所説である。

　女性が生産的労働に適さない衣服を見につけたりするのは，有用な労務をおこなうことができず，したがって，その持ち主によって怠惰な状態で扶養されねばならない，ということを示すからである。そのような女性は役に立たず，しかも金がかかるものであり，だからこそ，その女性は金銭的な実力の証拠として価値がある，のである。

　しかしヴェブレンはこうも述べている。「ある商品は有用でもあり，また無

駄でもあるかも知れない。そして、そのものの消費者に対する効用は、非常に様々な割合で、有用さと無駄から成り立っているかもしれない。

ある種の品物もしくは役務の主要な目的や要素が、いかに明白に衒示的浪費であるにしても、それらのものの用途には、有用な目的な少しもない、と主張することは危険であろう。また主として有用な生産物について、その価値の中には、無駄の要素が直接にあるいは間接に全く無関係であると主張することは、幾分危険の程度が少ないだけであろう」。この点の認識は非常に重要である。[48]

注）

1）ヴェブレンについては、たとえば小原敬士『ヴェブレンの社会経済思想』（一橋大学経済研究叢書18、岩波書店、昭和41年3月刊）、松尾博『ヴェブレンの人と思想』（ミネルヴァ書房、昭和41年6月刊）、中山大『ヴェブレンの思想体系』（ミネルヴァ書房、1974年5月刊）、および松本正徳『ヴェブレン研究－アメリカ経営思想史研究序説－』（未来社、1971年2月刊）などを参照されたい。宇沢弘文は「ソースティン・ヴェブレンは、経済学の歴史のなかで、もっとも卓越した業績を残した経済学者の一人である。ヴェブレンはすぐれた分析、透徹した直感、深い洞察をもって、経済学の考え方に新しい機軸を生み出し、現在に至るまで、その思想的独創性において彼を超える経済学者は出ていない」と述べている。(宇沢弘文「ソースティン・ヴェブレン」『宇沢弘文著作集第Ⅳ巻』岩波書店、1994年12月12日刊、247頁)。またヴェブレンの進化論的経済学については、たとえば、次のホジソンの所説も参照されたい。Geoffrey M. Hodgson, "On the evolution of Thorstein Veblen's evolutionary economics", *Cambridge Journal of Economics* 1998, 22, pp. 415-431.

2）Max Lerner, *Portable Veblen* (New York: Penguin Books, 1976) p. 29.

3）田中敏弘はグルーチー（Allan G. Gruchy）所説を引用しつつ次のように述べている。「制度学派は、ヴェブレンの第1段階、ミッチェル、コモンズ、J. M. クラークらの第2段階を経て、第3段階にあたる第二次世界大戦後の新制度主義へと展開したとみることができるであろう」（田中敏弘『アメリカ経済学史研究－新古典派と制度学者を中心に－』晃洋書房、1993年11月刊、70頁）。また磯谷明徳「制度と進化の経済学」および藤田菜々子「反主流の経済学」も参照されたい。いずれも根井雅弘編著『わかる現代経済学』（朝日新書087、朝日新聞社、2007年12月刊）に所収されている。

4）Laurie Simon Bagwell and B. Douglas Bernheim "Veblen Effect in a Theory of Conspicuous Consumption" *The American Economic Review*, 1996, June, 83, 3, p. 349.

5) Thorstein Veblen, "The Economic Theory of Woman's Dress", *Popular Science Monthly*, Vol. XLVI, November, 1894. ただし引用は *Essays in Our Changing Order*, ed by Leon Ardzrooni with The Addition of A Recently Discovered Memorandum "Wire Barrage" supplied by Joseph Dorfman (New York: Augustus M. Kelly, Bookseller, 1964).
6) Thorstein Veblen, *The Theory of The Leisure Class: An Economic Study of Institution* (New York: The Macmillan Company, 1899)。ただし引用はケリー版を使用。(New York: Augustus M. Kelley, Bookseller, 1975)
7) Thorstein Veblen, "The Economic Theory of Woman's Dress", p. 65.
8) *Ibid.*, p. 65
9) *Ibid.*, p. 66.
10) *Ibid.*, p. 67.
11) *Ibid.*, p. 68.
12) *Ibid.*, pp. 68-69.
13) *Ibid.*, p. 69.
14) *Ibid.*, p. 70.
15) *Ibid.*, p. 71.
16) *Ibid.*, p. 72.
17) *Ibid.*, p. 73.
18) *Ibid.*, p. 73.
19) *Ibid.*, p. 73.
20) *Ibid.*, p. 74.
21) *Ibid.*, pp. 74-75.
22) *Ibid.*, p. 75.
23) *Ibid.*, p. 77.
23) Thorstein Veblen, *The Theory of The Leisure Class*, p. 167. 小原敬士訳『有閑階級の理論』(岩波書店，昭和36年5月25日，161頁)。なお，本書では邦訳書がある場合，該当ページを記しているが，必ずしも邦訳書どおりではない。これはすべての場合に当てはまる。
24) *Ibid.*, p. 167. 同上訳書162頁。
25) *Ibid.*, p. 168-169. 同上訳書162〜163頁。
26) *Ibid.*, p. 169. 同上訳書163頁。
27) *Ibid.*, p. 170. 同上訳書164頁。
28) *Ibid.*, p. 171. 同上訳書165頁。
29) *Ibid.*, p. 172. 同上訳書165〜166頁。
30) *Ibid.*, pp. 172-173. 同上訳書166頁。
31) *Ibid.*, p. 173. 同上訳書167頁。
32) *Ibid.*, p. 174. 同上訳書167〜168頁。

33）*Ibid*., pp. 174-175. 同上訳書 168 頁。
34）*Ibid*., pp. 175-176. 同上訳書 169 頁。
35）*Ibid*., p. 176. 同上訳書 170 頁。
36）*Ibid*., p. 177-178. 同上訳書 171 頁。
37）*Ibid*., p. 178. 同上訳書 172 頁。
38）*Ibid*., p. 179. 同上訳書 172 頁。
39）*Ibid*., p. 179. 同上訳書 173 頁。
40）*Ibid*., p. 181. 同上訳書 174 頁。
41）*Ibid*., p. 182. 同上訳書 175 頁。
42）*Ibid*., p. 184. 同上訳書 177 頁。
43）*Ibid*., p. 187. 同上訳書 180 頁。
44）*Ibid*., p. 43. 同上訳書 47 頁。
45）*Ibid*., pp. 85-86. 同上訳書 86 頁。
46）*Ibid*., pp. 115. 同上訳書 113 頁。
47）*Ibid*., pp. 100-101. 同上訳書 99～100 頁。

第3章 経済的価値と金銭的価値

1. はじめに

　ソースタイン・ヴェブレン（1857-1929）はアメリカの生んだ独創的な思想家であり，制度派経済学の創始者としても知られている。[1] ヴェブレンは人間の本能的構造の中に対立する二つのグループを見出した。一つは利己的あるいは取得的な傾向に中心をおくもので個人的であり，もう一つは社会的なものであり，協調的あるいは親性的傾向を含む複合体である。これらの対立する傾向が人間文化において，その対応物をもっている。人間文化に含まれる経済的なセグメントにおいて，それは産業的職業と金銭的職業である。産業的職業は機械的なテクノロジーの論理を伴い経済的価値の生産に関連している。これに対して金銭的な職業は価格体制の企業の論理を伴い金銭的な価値にかかわっている。つまり資本主義的システムは人間の本質の中に根強く存在する心理学的な対立に文化的な表現を与えているに過ぎない，と考えた。このような基本的な二分法がヴェブレンの経済学を貫く一つの考え方である，といえる。[2]

　そこで，本章では，制度派経済学研究者として著名であるアラン・G・グルーチー（Allan Garfield Gruchy, 1906-1990）の著作『近代経済思想：アメリカの貢献』に収められている論文「経済的価値と金銭的価値の理論」[3] を採りあげ，上に述べたヴェブレンの経済学を特徴づけている基本的二分法の持つ意義を明らかにしよう，と考えた。

2．基本的二分法

　ヴェブレンは近代の経済体制が二つのタイプの価値，すなわち経済的価値と金銭的価値を作り出す組織体である，と考えた。この区分は産業と企業の間の基本的な二分法に一致している。産業は経済的価値に関連し，企業は金銭的価値に関連している。歴史的にみると，経済体制の進化のある時期においては経済的価値と金銭的価値とは緊密に混合していた。その当時においては，二つのタイプの価値は一致していたので，調和的な関連があった，ということができる。そのような状況の下では，金銭的な価値は経済的価値を反映していたし，おおよその尺度であった。経済体制の発展の別の時には，これら二つの価値のタイプの流れは相互に離れて，二つの価値のタイプの間の不一致が現われてきた。このような状況の下では，金銭的な価値は，もはや経済的価値の適切な尺度ではない。金銭的価値と経済的価値との間の一致の欠如から社会が直面している根本的な経済問題が生じてくる。ヴェブレンの経済分析は経済的価値と金銭的価値との間の一致の欠如がどのように生じ，またそれはどのように除去しうるかについて説明している[4]。

　ヴェブレンによれば，経済的価値は産業体制によって生産される実質的価値あるいは実態的価値である。これらの実質的価値あるいは経済的価値とは有用な財貨や商品のことである。それらは近代の大規模テクノロジーに影響を与える産業システムの最終生産物である。これらの有形の商品の「有用性」あるいは「実用性」は，私的側面と社会的側面という二つの面を持っている。私的な観点から，それが何らかの種類の個人的なニーズを満たす場合，商品は有用である。有形な商品は個人によって多くの個人的ニーズの中の何かひとつを満たすが，社会的なニーズを満たさないかもしれない。ヴェブレンはニーズあるいは目的の二つのタイプ，すなわち当面のニーズと究極のニーズが存在する，という。例えば，利己的な個人が社会を犠牲にして自分自身のニーズを満たす状況の場合のように，個人と社会のニーズは必ずしも調和しない。つまり，ある財貨あるいは経済的価値は個人の当面のニーズを満たすかもしれないが，その

共同体の究極的なニーズは満たさない。ヴェブレンは本当に有用であるためには，有形財は個人と社会双方のニーズを同時に満たさねばならない，と考えた。経済的価値の有用性あるいは実用性は，このように私的，社会的な双方にかかわる。[5]

どのような時に物的な生産物が社会的に有用あるいは実用的なのか？ 生産物が社会的あるいは本質的な有用性を持つためには社会にとって有用でなければならない。ヴェブレンにおいては生産物が社会によって有用なのは，それが個人の生物学的傾向を充足させ，したがって種の生存闘争に役立つことを容認する場合である。社会的に有用な生産物は「非個人的な有用性のテストをみたさねばならない。有用性は人類一般という観点からみなければならない。このテストは人間生活全般を強化することに直接役立たねばならない。つまり，それが非個人的に考えられた生活過程を促進するかどうかである[6]」。もしも生産物がこの非個人的な有用性のテストにかなったならば，その場合その生産物は「社会的実用性」あるいは社会的有用性を持っている。それは，それ自身の中に「盲目的な実用性[7]」を含んでいる。それによってヴェブレンは衒示的あるいは浪費的な消費の要求に合致するように，物的生産物に付け加えられてきたすべての過剰なものを取除いた後で物的生産物に見出される基本的あるいは基礎的な有用性を意味した。盲目的な実用性はその財貨の物的本質から引き出された物的な実用性，有用性のことがらの根本にある。市場の金銭的価値よりも，より「本質的」な経済的価値を形成するのは，その中にある実体の核心である。[8]

いつ生産物が社会的有用性あるいは盲目的な実用性を持つのか，またいかにこれらの意思決定が行なわれるべきなのかを決めるのか？ ヴェブレンはこれらの問題に次のように答えている。「経済的妥当性」あるいは社会的有用性というどんな問題においても，最高裁判所は製作本能である。[9] 製作本能（The Instinct of workmanship）を持っているから個人は「先入観のない常識」を与えられている。それは物的生産物が「社会における正味の利益あるいは生活の充足」をもたらすような方法で使われるかどうかを決定することを可能にする。製作本能がもっとも十分に発展している個人は，それゆえに，どのような時に，あ

る生産物が社会的有用性をもっているか決定するのにもっとも適した資質を持っている人間である。

　このことは技術的専門家が社会のメンバーであることを意味している。彼らは産業システムが経済価値を生産し，いかにそのような価値の流れが拡大されるか決定するのにもっとも適任である。これらの技術的専門家の観点から，社会的有用性あるいは実用性は機械的効率あるいは技術的効率の問題である。それは工業科学によって設定される客観的，科学的標準によって客観化されるあるいは具体化される問題である。テクノロジー的効率という科学的尺度に関する技術的専門家の間での合意を確実にすることが可能な限りにおいて，物的生産物において見出されるべき社会的有用性あるいは実用性の本質と範囲に関する科学的意見の一致をみることは可能である。決して曖昧で管理できないはかり知れないものどころか，機械的効率の観点から解釈された場合，社会的有用性は客観的で管理できる概念である。ヴェブレン独自の用語法では，社会的実用性は，その場合，「機械的，科学的および心理学的効果という客観的観点に還元しうる物的環境」において「本質的な」基礎をもっている。[10]

　単なる「盲目的な実用性」を超えた実用性あるいは有用性は困難な問題を与える。ヴェブレンが関心を持った実用性は主に人間の物的ニーズに関連している。彼は物的ニーズを超えた別のニーズが存在すること，それゆえに社会にとって利害のある経済的あるいは物的実用性以外の別の種類の実用性がある，ということに十分に気づいていた。しかしヴェブレンは人間の非物的ニーズの充足に何ら特別な関心を持たなかった。彼は経済的実用性があらゆるその他の種類の実用性にとって基本的であり，ひとたび社会が経済的価値あるいは有用な物的生産物を十分に供給したならば，人間の非経済的ニーズの充足はその場合，相対的に単純なことである，と考えていたように思われる。彼は人間の生存は単なる経済的あるいは物的な実用性の生産という問題ではない，ということを理解していた。

　実質的あるいは経済的価値と対象的なものに交換価値あるいは金銭的価値がある。経済的な価値が産業体制の最終的な生産物であるのに対して，金銭的あ

るいは市場価値は企業体制の最終的な生産物である。金銭的価値は交換価値である。それは状況に作用するさまざまな力によって決定される。金銭的価値は「売ることができる」という不確実な基礎に依存している。売ることが出来る可能性によってヴェブレンは，その所有者にあるアイテムが金銭的利益をもたらす可能性を示唆している。売ることができるということは「金銭的実用性」の問題であり，つまり，金銭的利益を蓄積するという目的にとっての有用性をもっている。

　それは物的実用性や社会的有用性の変化に応じて変動するのではなくて，大衆あるいは群集心理の変化に応じて変化する。それはパニックや投機的インフレにおいて非常に明らかである。それらはパニックや投機的ないつ現われるか予測のつかないできごとにすぐに反応するので，金銭的な価値はしばしばより本質的な経済的価値に殆ど関連をもたない。そして，結局それらは経済的価値とは一致しえない[11]。

3．金銭的価値と経済的価値

　次にグルーチーは金銭的価値と経済的価値について歴史的に考察している。手工業の初期の段階では，金銭的価値と経済的価値とは非常に一致していた。それらは「本質的に」相互に影響していた，とヴェブレンはいう。この段階の産業においては，親方のいない職人は賃金労働者を使わずに，またいかなる資本も借りてはいなかった。彼らは彼らの生産物に自分自身の直接的な労働と彼らが使っている道具に対して投入するごくわずかの労働を足したものを投入した。これらの親方のいない職人の生産物は，基本的に競争原理で交換された。その結果彼らが交換する価格は，その労働コストあるいは製作コストのおおよその尺度であった[12]。手工業システムの限界の中では生産をした人々だけが報酬を支払われた。報酬はそれゆえに生産性の函数であった。そして生産性は経済的あるいは金銭的価値のいずれかによって測定することができた。商品の価格はその労働費用に接近したままだったので，経済的価値と金銭的価値との間に

いかなる不一致も生ずる余地はなかった。同じくらい技術のある職人の間の競争は独占的な慣行にいかなる余地も残していなかった。産出量を制限し，価格を吊り上げ，そして物的環境におけるそれらの基礎から金銭的な価値を分離するための機会は殆どなかった。

　産業の初期手工業段階以降の経済システムの発展において，ヴェブレンは金銭的価値と経済的価値との一致における漸進的衰退を見ている。しかしながら，これらのふたつのタイプの価値の一致の衰退は，企業体制が本質的に競争的である限りにおいては重要ではない。自由競争が支配的である限り，さまざまな独占的な慣行が物的実用性における基礎から金銭的価値を分離する機会は殆ど存在しない。

　世紀の転換期における新しい企業体制の出現は，金銭的価値と経済的価値の一致における急速な衰退の始まりを特徴づけた。金銭的価値と経済的価値との間のこの分離は競争的から独占的な基礎への企業体制の急速な変化の結果である，とヴェブレンは説明している。ここでの独占は一人の生産者による産出量の排他的な支配ではなく，部分的な独占の企業の状態のことである。彼は近代の経済世界において完全な企業統制あるいは厳格な独占の場合を殆ど見出さなかった。彼は営利企業の大部分が自由競争と厳格な独占との間にある，ということに気づいた。つまり，ヴェブレンにとって主要な関心事は，少数の大企業から構成されている巨大な半独占的基幹産業の価格政策および生産政策である。彼は，金銭的価値と経済的価値を相互に本質的に影響しあわないようにさせている最大の原因は，これらの大規模で部分的に独占的な企業である，という見解を持っていた。

　大規模法人企業によって，その産出量に設定されている価格は需給の競争的原理によってばかりではなく，その取引が産み出す経費についての独占的な原理によっても決定されている。その取引が産み出すものを決定する際に企業は，消費する大衆の反応同様その巨大法人の同業者の価格および生産政策を考慮に入れねばならない。もしも競合者の政策をうまく相殺することができ，効果的な販売技術や広告を通じて購入する大衆の大部分を獲得できたならば，その企

業は，その時成功したと判断される。この状況で，その企業の価格あるいは費用は，費用あるいは与えられたサービスの使用価値とは何ら関係をもっていない。その生産物の経済的価値に対して成功した企業は今やトレードマークやブランドという名声価値を付加している。この名声価値は物的実用性あるいは社会的有用性の問題ではない。それは社会の物的ニーズに役立つその商品の性能に何物も付加しない。それは，その企業がその他の生産者の生産物の代わりに顧客を自社の生産物にうまく導いたという事実から生ずる代替価値に過ぎない。生産の基本的な費用に対してできるだけ多くの代替価値を付加することによってそれらの金銭的あるいは市場価値を不当に吊り上げることが大規模，半独占的企業の目的である。経済的価値と金銭的価値の間の不一致は，その場合名声あるいは代替価値がその企業の販売技術や広告活動によって作り出され，うまく市場価格に統合される範囲まで拡大される。[13]

近代の企業体制のもとでは，もはや一致あるいは本質的に影響しあわないのは物的商品の金銭的価値と経済的価値だけではない。[14] 同じ状況が資本および労働の双方に関しても見出される。工業設備は有用な物的生産物を生み出すその能力で評価されるだけでなく，その所有者の金銭的な利益を増加させる能力でも評価される。資本は金銭的，産業的という二つの側面をもっている。金銭的な観点から，資本は市場価値あるいは金銭的効率の問題であるが，産業的観点からは，それは経済的価値あるいは機械的効率の問題である。ヴェブレンは，近代企業体制では資本の産業的側面が急速にその金銭的な側面に従属するようになってきている，と主張する。工業設備の機械的効率は，競争的企業体制が独占的な発展に道を譲るようになるにつれてますます注目を受けなくなってきた。次第に資本は，その機械的な効率に対してよりも，その金銭的な効率あるいは実用性で評価されるようになってきている。営利企業におけるこの新しい発展の結果として金銭的資本と産業的資本の間の不一致が急速に拡大してきている。[15]

状況は労働要素に関しても同様である。ちょうど競争という力がもはや金銭的資本と産業的資本を一致させるための十分な力を持っていないのと同様に，

競争的な力はもはや「本質的に」関連している労働の生産性と報酬を維持できない。近代の半独占的な企業世界では賃金の支払い基準は生産性ではなく金銭的な実用性である。労働は有用な物的財貨を生産する効率で報酬を得るのではなく，それを利用しているひとびとの金銭的利益を増加させる効率で報酬を得る。資本に関して労働は金銭的側面と産業的側面を持っている。それは営利企業という領域では，非常に急速に独占が自由競争に取って代わるにつれて本質的に相互に影響しあわない。

　経済的価値と産業的価値の間の不一致の問題はヴェブレンの余剰理論あるいは純生産物理論を導く。彼は産業の純生産物を，その社会の年々の産出量が「生計費の観点から考えられた場合それ自体のコストを超過し，必要な機械設備のコストを含む」[16]総額と定義した。この産業の純生産物は物的生産物の余剰であり，交換価値あるいは金銭的価値の余剰ではない。マルクスとは異なりヴェブレンは余剰交換価値の理論に関心を持たなかった。彼が関心を持ったものは，全産業システムによって作り出される有用な物的財貨の余剰純生産物であり，労働者によって作り出されたいわゆる余剰ではなかった。ヴェブレンは全生産体制の効率の標準として，産業の余剰純生産物に関心を持った。彼は労働者階級の感情を強く動かすように意図されたキャンペーンとして役に立つであろう余剰交換価値理論を作り出すことには関心がなかった。[17]

4．経済価値の規定要因

　経済価値あるいは有用な物的生産物の純余剰生産物の大きさは三つの要素に依存している。つまり，物的資源，人力およびテクノロジーである。[18]これら三つの条件となる要因は，産業の余剰生産物の生産において同様な重要な役割を演じるわけではない。ヴェブレンの見解ではテクノロジーあるいは製作（workmanship）が産業における支配的な創造力であった。テクノロジーは不可欠な創造的機能を遂行する現存する機構と見做された。

　ヴェブレンは経済価値の生産においてテクノロジーに一定の卓越性を与えた

けれども，彼はテクノロジーだけがこれらの価値を決定するとはいっていない。経済的価値の単一の原因あるいは決定要素は存在しない。その代りに労働，原材料およびテクノロジーという三つの寄与する要因がある。しかしながら，これらの要因のそれぞれが経済価値の創造において等しく重要ではない。[19)]

　手工業時代において不可欠なあるいは創造的要因だったのは労働であった。20世紀の新しい産業体制において，これら三つの生産的要素の間の関連は根本的に変化した。テクノロジー的知識についての社会の共通資本は今や戦略的な創造的要素である。それに対して労働は補助的あるいは副次的な創造的要素に過ぎなくなった。

　ヴェブレンが状況によって正当化されると見做した産業の純生産物あるいは「費用を上回る実用性の超過」に対する唯一の権利の主張は，この余剰生産物に対する何らかの貢献をなす人々の権利の主張である。金銭的価値の所有者は，この純余剰生産物のいかなる部分に対しても権利を持っていない。というもの，所有権はそれ自体では純生産物を作らない。そして，したがってそれは収入を生み出さない，からである。しかし法的権利のために，その力によって収入は資本化された富の所有者のところへ行く財産をもっているということは生産的な函数ではない。むしろ，それは，余剰生産物を創造するのに役立つ人々からそれを取り去ることである。ヴェブレンは，生産は製作の問題であるが，他方金銭的価値の所有権は単なる企業あるいは市場操作の問題に過ぎない，と考えた。彼は所有権が生産増大のための刺激であるという古典派経済学の見解を受け容れなかった。彼によれば，非常に複雑な機械経済である近代における生産が強大な生産力を含むテクノロジーと結びついているのは，労働者の製作本能の結果である。一般的に労働者は所有権についての法的権利を享受するという期待のために働くのではなくて，働くこと，材料を手際よく処理することおよび有用な生産物を創造することに対する人間の性癖のために働くのである。金銭的資産の所有権は，この製作本能を促進するどころかしばしば製作本能の十分な表現に対する，また産業システムの自由な機能に対する障害物としても作用する。ヴェブレンの分析では，報酬に対する権利を与える生産的な要素であ

る代わりに，所有権は全く非生産的な要素である。

　同様な方向の論法が近代営利企業の危険負担にも適応される[20]。ヴェブレンは危険負担を生産的である経済的機能あるいはその長所が収益であるとはみなさなかった。正統派経済学者は，危険負担に対する報酬が創意に富んだ活動に対する刺激として働く，と主張した。この主張に対するヴェブレンの返答は，製作本能や好奇本能の働きの結果として，またテクノロジー的発展の蓄積の帰結として発明やテクノロジー的進歩が生じる，ということである。さらにヴェブレンは，金銭的な価値の蓄積に含まれる危険は経済的価値の創造を促進しない，と述べている。近代の営利企業の危険は競合している企業家が金銭的な利益を極大化しようとする場合に創造するリスクである。それらは技術者や労働者にはいかなる関連もないリスクである。さらにまたこれらのビジネス上の危険は産業の純生産物の大きさにいなかる有益な効果ももたらさない。それとは反対に，創造的あるいは生産的要因である代わりに，ヴェブレンの分析によれば，危険負担は人間および機械の十分な利用に不必要な制限をもたらす。財貨の生産の持っている唯一の真に生産的機能から物質および人力を脇へそらす。

　ヴェブレンは経済的価値の生産と危険の大部分が非常に容易に国民所得の規模へのいかなる有害な効果もなく除去できる，と信じていた。法人の合併や合同の促進，販売と広告キャンペーン，新しいブランド名の確立，特許やフランチャイズの利用，および企業の暖簾の資本化への試みを伴うあらゆる危険は，それらの除去に関していかなる大きな困難も示さない。ヴェブレンは労働者階級の基本的な生活の要求を満たす際に含まれる本当のリスクはほとんど存在しない，と考えた。高い程度の成功で技術者が克服できない唯一のリスクは，さまざまな気候や天候および自然的大災害の発生の結果などである。これらのリスクは個人の責任の問題ではないから，彼らは産業の純余剰生産物から共同体によって供給される。いかなる私的な危険負担機能もその場合には報酬も要求できない。

5. おわりに

　産業の純余剰生産物に対する唯一の真の請求者は技術者と労働者である。ヴェブレンが心に描いた将来の社会主義的経済では産業の余剰生産物はこれら二つの集団の間に分配される。しかしながら，いかに社会主義的経済が真の財貨の国民所得あるいは経済的価値に寄与した人々に報酬を与えるかについて，いかなる詳細な研究も行なっていない。彼は経済的理論化を現実的な実行へ移す積極的な衝動をもっていなかったばかりでなく，国民所得をいかに社会主義的経済に分配するかという問題の中にある多くの現実的問題に本気で取り掛かっていない，という問題点がある[21]。

　以上がグルーチーの所説の概略である。確かにヴェブレンには現実的なレベルにまで議論を落とし込んでいないという問題点はあるものの，基本的な二分法により提示され，その後ガルブレイスによっても取り上げられた私的商品・サービスと公的なものとのアンバランスに関する議論は重要性を持っているといえる。ヴェブレンの立場は商品・サービスの生産に関して政府の介入を是認する立場であり，大きな政府論といえる[22]。しかし，近年取りざたされている地球規模の環境問題などを考慮に入れれば，個人的なニーズのみを充足する商品やサービスの開発では，今後は立ち行かないことは明らかである。その意味でも経済的価値と産業的価値という視点は今日でもなお重要性を持っている，といえよう。それゆえ，再びヴェブレンに立ち返り，その考え方を現在の制度的な枠組みの中で再検討することも必要であろう。

注)
1) ダガーによれば，ヴェブレンの制度主義は7つの関連した概念によって特徴づけられる，という。(William M. Dugger, "Veblenian Institutionalism: The Changing Concepts of Inquiry", *The Journal of Economic Issues*, 1995, December, No. 4, p. 1013).
2) このような二分法については，たとえば，小原敬士『ヴェブレンの社会経済思想』(岩波書店，昭和41年3月25日第1刷発行) 66頁も併せて参照されたい。

3) Allan G. Gruchy, *Modern Economic Thought: The American Contribution* (New York: Augustus M. Kelly・Publishers, 1967), pp. 105-115.
4) *Ibid.*, pp. 105-106.
5) *Ibid.*, p. 106. J. K. ガルブレイスは『豊かな社会』第17章「社会的バランスの理論」で，私的に生産される商品およびサービスと公的なものとのアンバランスについて論じている。
6) Thorstein Veblen, *The Theory of The Leisure Class: An Economic Study of Institutions* (New York: Macmillan Company, 1899), p. 99. 小原敬士訳『有閑階級の理論』(岩波書店，昭和36年5月25日第1刷発行，99頁。)
7) Thorstein Veblen, "On the Nature of Capital", *The Place of Science in Modern Civilisation and Other Essays* (New York: Russell & Russell, 1961), p. 367.
8) Gruchy, *op. cit.*, p. 107.
9) Veblen, *The Theory of The Leisure Class*, p. 99. 小原訳99頁。『有閑階級の理論』では，このように本能，特に製作本能を重視する立場であったが，『製作本能論』では，その立場を修正している。Harold Wolozin, "Thorstein Veblen and Human Emotions: An Unfilled Prescience", *The Journal of Economic Issues*, Vol. XXXIX, No. 3, September, 2005, pp. 727-728. を参照されたい。
10) Gruchy, *op. cit.*, pp. 107-108.
11) *Ibid.*, pp. 108-109.
12) Thorstein Veblen, *The Vested Interests and The Common Man* (London: George Allen & Unwin, Ltd., 1924), p. 28.
13) Gruchy, *op. cit.*, pp. 109-110.
14) Thorstein Veblen, "Industrial and Pecuniary Employments", *The Place of Science in Modern Civilisation and Other Essays* (New York: Russell & Russell, 1961), p. 303
15) Gruchy, *op. cit.*, p. 111.
16) Veblen, *The Vested Interests and The Common Man*, p. 55.
17) Veblen, "The Socialist Economics of Karl Marx and His Followers", *The Place of Science in Modern Civilisation and Other Essays* (New York: Russell & Russell, 1961), p. 445. fn15.
18) Gruchy, *op. cit.*, p. 112.
19) *Ibid.*, p. 113.
20) *Ibid.*, p. 114.
21) *Ibid.*, p. 115.
22) 例えば，宇沢弘文は制度主義と社会的共通資本という視点からヴェブレンの制度主義を捉えている。宇沢弘文『ヴェブレン』(岩波書店，2000年11月28日第1刷発行，209〜213頁) を参照されたい。

第4章 ヴェブレンの制度派経済学の本質と意義

1. はじめに

　ヴェブレン (Thorstein Veblen, 1857-1929) は制度派経済学 (Institutional Economics) の創始者として，また制度学派 (Institutional Scholl) の建設者のひとりとしても知られている。今年は没後 82 年に当たるが，その評価は未だに確定していない，といえよう。[1] 1980 年以降，制度は，新制度派 (New Institutional Economics) の台頭もあり重視されるようになってきた，といえる。しかし，NIE はヴェブレンらの制度派経済学とは根本的な違いがある。この点について，たとえばダガー (William M. Dugger) はこう述べている。「いわゆる『新制度主義』は現存の経済体制や支配的な経済理論のいずれに関しても批判的ではない。しかし『旧制度主義』は双方に関して批判的である。それゆえに『旧』制度主義を批判的制度主義と呼び，『新』制度主義を無批判的制度主義と呼ぶ必要があろう。そうすることで，その学派の真の特徴に関してつけられるべき明白なラベルと与えることができる」。[2] このような状況下でヴェブレンの経済学の特徴を再吟味することは現代における制度派経済学の持つ意義と重要性を再認識する上でも大きな意味を持っている，といえよう。そこでわたしはグルーチーの『現代経済思想：アメリカの貢献』に収録されている「ヴェブレンの制度派経済学の本質と領域」と「ヴェブレンの制度派経済学の意義」を採り上げることとした。[3]

2. ヴェブレンの制度派経済学の本質と領域

　ヴェブレンの見解では経済学は価格あるいは富の研究よりもむしろ人間行為についての科学である。それは価格や富に関わるけれども，その関心の焦点は生活の物的ニーズを与えるという課題について個人および集団が行なっている活動あるいは行動にある。もしも経済学が進化論的科学としての方向に入るならば，経済行動がその科学の主題でなければならない[4]。というのも経済学において「物的生活手段を取扱う際に研究の主題は人間の行動[5]」だからである。ヴェブレンにとって経済学の心理学的基礎が重要なのは，経済現象の解釈のためには適切な心理学的理論の必要性に対する注意を喚起するからである。ヴェブレンにとって経済学の再建は，その基礎となっている心理学的理論の再建で始めなければならない，というのが彼の確固たる信念であった。

　人間行動の科学として経済学は本質的に人間関係を問題にする。諸個人は社会的関係のネットワークの中で活動する。彼らは，多くの個人，集団，階級との関係を含む経済的な取引を営む。それゆえにヴェブレンは，経済学を人間関係の研究とする際に個人行動を統制する集団行動の役割に特に注目した[6]。人間行動について重要なことは，人間行動が組織のパターンや体系の範囲に収まる，ということである。2人あるいはそれ以上の人間が一緒にいる場合は常に経済システムの中心部分を形作る習慣的な行動あるいは決まりきった方法を作り出す。経済体制はさまざまな商品やサービスを供給するという共通の目的のために展開する体系的な個人の結合体と定義される。「行為の体系はそれによって人間が生活の物的手段を取扱うものである[7]」。

　経済学者が特に関心をもっている経済行為の体系あるいはパターンは「物的生活手段」に関連している。あらゆる集団，社会や国家は限られた人力や物的資源で物的な生活ニーズを満たすという問題に直面している。それぞれの社会は有用な資源で充足しうる以上のニーズがあるという問題に直面している。つまりヴェブレンが「経済的利害」と呼んだものに直面している。稀少な資源へのこの関心は個人，階級あるいは共同社会的観点からアプローチすることがで

きる。ヴェブレンはこれらすべての見方を結合したが，特に稀少な資源を利用するという根本的な問題への全面的あるいは共同社会的アプローチに特に関心を払った。彼はひとびとが経済的問題を対処するさいにいかに集団的に行動するか探求する。正統派経済学者たちが主に個人的な企業家の観点から人間の経済的利害を分析したのに対して，ヴェブレンは主に文化的全体あるいは総体としての社会あるいは国家という観点から分析した。この総合的なアプローチは，当時の正統派経済学に欠けていた集団的側面の重視という要素をヴェブレンの経済学に与えた。[8]

人間の経済的利害に表現を与える共同社会の行為の体系は文化的な産物である。それは過去，現在および未来に関わるゴーイングコンサーンあるいは文化的プロセスである。したがってヴェブレンにとって経済学は人間がその物的生活手段を取扱う行為の体系の連続性および変化を取扱うものと考えられた。経済学は人間の生活体系に対する発生論的な研究となる。そして経済学の研究の主題は物的生活手段を取扱う人間の行為であり，必然的に物的文明の生活史に対する研究である。ヴェブレンの進化論的経済学は近代資本主義の発展および将来の展望についての解釈となった。[9]

ヴェブレンは経済学を文化科学の中においた。彼は進化論的経済学が経済的利害によって決定される文化的成長の一過程の理論でなければならないし，それは過程それ自体という観点から述べられる経済制度の累積的因果関係の理論であると見做した。経済的利害は人間文化を形作る多くの基本的利害のひとつに過ぎない。それは，その他の基本的な利害と同様に，さまざまな文化的配列を通じて表現されるが，孤立状態で作用することはない。

ヴェブレンが経済学を人間文化の経済的な側面の研究である，と考えた時，彼にとって経済—文化的分析は「論理的に各要素が密接に構成された理論体系」である。その関心の中心は，あらゆる時代の経済学者が関心を持っているもの，つまり，あらゆる物的ニーズが十分には充足されえないある文化的状況における稀少な手段の処理である。ヴェブレンにとって経済学は「動因と環境の双方がどんな点においても過去の過程の結果である累積的な過程が進むにつ

れて変化していく目的に対する適応手段の累積的な過程」の研究である。正統派経済学は，その当時の文化的配列を所与のデータと捉えたし，所与の文化的な環境の中における稀少な手段の処理という問題を分析したに過ぎない。彼らは，その文化的な環境が，いかに稀少な手段の処理に影響を与えるか，あるいは稀少な手段の処理がいかに文化的環境に影響をあたえるかについて研究を行なわなかった。ヴェブレンは正統派経済学者によって無視されたこれらの重要な問題に取り組んだ。彼はどんな社会においても文化的枠組みが，その社会の中で行なわれるいかなる経済的活動も条件づける，と主張した。ヴェブレンの文化経済学は，それゆえに，19世紀の正統派経済学者が気づかなかったこの手段と目的の問題に対して非常に重要な位置づけを与えた。

　ヴェブレンにとって，普遍的に妥当性をともなったいかなる抽象的な経済学という科学は存在しなかった。彼は人間文化およびあらゆる現存する社会の進化のあらゆる段階で，経済生活のある一定の共通する要素あるいは類似した特徴が存在する，ということを否定はしない。しかし，経済社会の進化や現存する社会におけるさまざまな異なった段階の文化的あるいは制度的配列は特有の配列である。ヴェブレンが特に関心をもったのは文化の一つの型，すなわち近代資本主義的文化である。したがって，ヴェブレンにとって経済科学はあらゆる非常に工業化された諸国において見出される経済行為の体系の進化の研究である。

　これまでヴェブレンの伝統的な経済学に対する批判は建設的よりもむしろ破壊的である，という主張がされてきた。しかしヴェブレンは体系的な均衡分析というレベルで正統派経済学者と競う意図はなかった。彼は「いまや経済学者の体系の前にある問題は，いかにものごとを『静的な状態』においてそれらを安定させるかではなくて，いかにそれらが絶え間なく成長し変化するかである」という。静的均衡分析から動的な過程の研究へ関心を移動させる際にヴェブレンは，正統派経済学者の経済理論のもっている自己充足的で均衡の取れた体系が適切である，とは思わなかった。

　ヴェブレンが代置した経済思想の体系における根本的な統一的な考え方は二

分法あるいは両極性の概念である。この二分法の原理の中にヴェブレンは人間の精神的傾向の中に二つの対立する傾向を見出した。ひとつは実践的な事柄に関連し，もうひとつは不適切あるいは非実践的な事柄に関連している。そしてヴェブレンは人間の本能的構造の中に衝動あるいは傾向の二つの対立するタイプを見出した。ひとつは利己的あるいは取得的な傾向に中心をおく一組の傾向であり，もうひとつは協調的あるいは親性的傾向を含む傾向の複合体である。この対立は人間文化にその対応物を持っている。それは人類にとって役にたつ制度と役にたたない制度である。役にたつ制度は人間生活や文化の保護に関連している。それらは科学の進歩やテクノロジーの状態の改善にとって役立つ制度である。役にたたない制度は文化的衰退や種の自滅に向かう制度である。それらは社会の福祉よりも個人の福祉を上に置くし，科学やテクノロジーの進歩にとって有害である。

　人間文化の経済的なセグメントの中には更なる二分法を見出すことができる。これは産業的職業と金銭的職業の間の分割あるいは両極性である。産業的職業が経済的価値の生産に関連しているのに対して，金銭的な職業は金銭的価値を取扱う。経済体制の将来を見る場合にヴェブレンは，経済的トレンドの二分法あるいは分岐を認識していた。

　ヴェブレンの関心をもった二分法は対立の源泉である。個人に生涯を通じて心理学的対立および生物学的対立の双方があるのと同様に社会のなかではさまざまなタイプの制度的配列の間に終わることのない文化的な対立がある。それゆえに，経済生活の本質は正統派経済学者が信じたように調和ではなくて，対立である。これらの闘争は抑制されるかもしれないが決して除去されることはない。というのも，それらは人類の不変の性質の中に見出される二分法に根ざしているからである。ヴェブレンの経済思想と正統派との間の克服できない大きな隔たりを作り出しているのは二分法から生じてくる。経済システムについての均衡経済学者の見解の中心的な事実が静止あるいは均衡であるのに対して，ヴェブレンの経済システム間の中心的な事実は対立あるいは敵対である。ヴェブレンの主要な目的は近代資本主義的な実体の体系を構成する動的な経済的現

実の本質を把握することである。[13]

　現実主義的な経済思想の体系を作り上げる際にヴェブレンは，19世紀の正統派経済学的概念を全く不要にしたわけではない。ヴェブレンが行なったことは，新しい分析の枠組みを提供することであった。彼は均衡経済学の基礎となっている仮説と全く矛盾する哲学的，心理学的および方法論的仮説の基礎に基づく新しい解釈の枠組みに照らして経済理論を改訂した。

3．ヴェブレンの制度派経済学の意義

　ヴェブレンの進化論的経済学は20世紀の問題や課題に対して均衡経済学者の経済理論よりもより適切な経済理論体系を与えている。その適切さは，経済的対立や変化についてのその中核的な理論から引き出されている。理論と実践との間の懸隔を埋める以外にヴェブレンの進化論的経済学は経済思想に対する将来的な見解を与えている。ヴェブレンの科学的パーソナリティには，懐疑的と空想的という二つの矛盾する傾向が混在していた。その科学的思想における懐疑的傾向は経済活動における習慣と理性の役割についての分析に現われている。ヴェブレンの見解では，人間は大部分が習慣の産物である。知性は破壊的な社会習慣の侵略に対して非常に効果的な保護手段ではない。現実的な観点から経済社会の進化を見た場合，ヴェブレンは「ばかばかしい制度」の支配力や人間文化の生存にとって役立つ本能的傾向の弱さに非常に印象づけられた。[14]

　ヴェブレンの経済思想における楽天的あるいは空想的な傾向は人間文化におけるテクノロジーの影響の取り扱いに現われている。ヴェブレンはテクノロジーの変化が旧式な思考習慣の衰退をもたらす，ということを指摘した。テクノロジーは「侵食性の性質」をもっている。それは伝統的に受容された思考習慣を破壊する。テクノロジーの変化と接触は人々の時代遅れの思考習慣を新しいものに置き換える。それは外界についての実際的な知識により裏づけられている。このようにテクノロジーの変化は人間の思考および行動に指針を与える規範あるいは思考習慣を変化させる。しかし，新しいテクノロジー的秩序によっ

第4章　ヴェブレンの制度派経済学の本質と意義　　147

て作り出されるどんな思考習慣でさえも自動的に文化的進歩や種の生存に役立つわけではない。人間は，自力で救済策を講じるために，その習慣的な思考様式の枠組みの中でその知性や理性を創造的な方法で使う。

　またヴェブレンの経済学は体系的でない，という批判があるのは，彼の考え方として，より簡潔に適当な範囲でまとめようという大きな意思を持っていなかったためである。ヴェブレンの著作は統一性を欠いているのではなくて，むしろその欠点は彼が一般的な論文の限界内で統一性を示すことに決して形式的な興味を示さなかった，ということである。彼の経済学についての「進化論的方法」の議論は曖昧で断片的なままである。これは独占価格についての取り扱いや経済データの統計的な取り扱いについてもいえる。

　ヴェブレンの経済的理解に対する最も重要な貢献は，また最大の不十分さの源泉でもあった。ヴェブレンの経済分析における強さと同程度の弱さの源泉は，その心理学的理論である。建設的な側面においてヴェブレンの社会心理学は経済行動の問題に新たな見解を導入した。それなしにはヴェブレンは資本主義的経済組織論を作り出すことができなかった。というのも，それが集団的経済行動理論に依存しているからである。ヴェブレンにその分析を市場の需給現象を超えて経済組織の全共同社会的パターンにまで拡張させたのは，集団的行動あるいは制度的行動への関心であった。

　グルーチーはヴェブレン経済学の基本原理である本能論についてこう述べている。

　「不幸なことに進化論的経済学の発展のためにヴェブレンは，その心理学的分析を1914年までに達成された心理学における進歩に限定してしまったように思われる。彼は『製作本能論』(1914)で述べられた心理学的理論を決して超えなかった。1914年以降本能心理学はより統合的な型の心理学に道を譲ってしまった。……ヴェブレンは新しい統合的心理学の要素の大部分を把握していたけれども，本能の役割へのその深い関心を捨てることができなかった。……したがって彼の進化論的経済学の基礎となっている心理学的強調点の大部分は不十分であり，時代遅れでもある」[15)]。

さらにヴェブレンが採り上げなかった二つの重要な問題がある。製作本能によって動機づけられるとヴェブレンが考えた技術的専門家は、社会の再構築において基礎をなすひとびとにとって有効なリーダーシップを与える能力を持っているタイプの個人なのであろうか？　ヴェブレンの製作の制度は経済組織の民主主義的な形態である、というどんな可能性があるのか？

最初の問題に関して、問題は技術的専門家が全経済生活システムの再整理という負荷を負う人間関係の領域において十分な専門家であるかどうかである。すなわち技術的専門家は有形の生産物の取扱における専門家であるが、人事を調整する際の専門家ではない。ヴェブレンは、製作本能が技術的専門家に社会的な大変動の圧力と緊張の中で人材をうまく取扱うことを可能にする能力を与えた、とは述べていない。さらにまた彼はいかに技術的専門家がそのような重要な能力をその他の情報源から獲得するのかについても説明していない。人間関係の領域における技術者の専門性に関しては疑いが存在するために、経済社会の再組織化における彼らの役割についてのヴェブレンの考察は決して完全なものではない、といえる。

またヴェブレンはいかに社会主義的な経済が民主主義的な経済組織という形態として機能するか、というこの問題についても十分に論じていない。彼が新しい産業秩序を期待していた、ということは真実であるが、主に人間の物的ニーズを満たすことに関してのべているにすぎない。

ヴェブレンの中に全体主義的傾向を見出すものもいるのは、このためである。ヴェブレンは製作の制度について、そこでは「自己選択した」技術者のソヴィエトが産業的一般人の支持を得て支配するであろう、と推測した。しかし、これは物的福祉に関してある種の保障を与える代わりにその国の技術的リーダーに盲目的な忠誠を与えるにすぎない。近代のテクノロジーがなしうることのすべては人々を工業的関連の巨大なネットワークにまとめることである。民主主義的に機能する経済社会の達成はテクノロジー的問題よりもむしろ心理学的問題である。[16]

ヴェブレンの制度派経済学の価値と意義はその他の経済学者に影響を与えた

第4章 ヴェブレンの制度派経済学の本質と意義   149

程度やその当時の主要な経済的問題に対するその思考の妥当性によって評価されるべきである。ヴェブレンはアメリカの経済学者にとって新しい知的風土を作り出す手助けになった。その当時アメリカの社会科学者は社会科学の再建に没頭していたが，ヴェブレンの特別な貢献は再建を経済学の領域にもたらしたことである。この領域で彼は1880年以降の哲学，文化人類学，社会学および社会心理学において生じた多くの新しい発展の所産を利用し，知的な雰囲気を変化させた。多くの経済学者は新しい知的風土に関心を払ってこなかったし，経済研究に対する継承された正統派アプローチの影響の下で研究を進めてきた。しかしながら，実質的な少数派は新しい知的風土のもつ新鮮な空気を歓迎した。この少数派のあるものはヴェブレンの進化論的経済学の熱心な研究者であったし，彼の著作から直接的に彼ら自身の研究に対するインスピレーションを引き出した。その他の人々，特により後の世代の人々は，ヴェブレンから非間接的に影響を受けた。しかし双方の場合においても，ヴェブレンの先駆的な努力に非常に負っている知的風土の影響は明白である。[17] ある意味でヴェブレンの経済分析の大部分は時代遅れになってしまっている。彼はアメリカの経済システムが驚異的な拡張の時期を享受していた1890年から1925年までの経済的研究を行なった。つまり彼は資本主義的システムの進化のある時代に主な関心をもっていた。[18]

　最後にグルーチーはヴェブレン経済学の意義についてこう述べている

　「ヴェブレンの経済思想が与える継続的な特質であるものは，それが経済システムの進化の解釈にとって価値のある道具であり続ける，という事実である。ヴェブレンの20世紀の第一四半期の資本主義の分析が近代経済の進化における後の段階にとってその詳細すべてが応用し続けることができる，ということではない。現実に彼の資本主義の解釈は既に部分的に時代遅れである。しかし，時代遅れではないものは，その進化論的経済学の解釈の精神と枠組みである。ヴェブレン主義の分析の精神は最初に現われた時と同じくらい新鮮で活力的であり続ける。この精神は，科学的および哲学的思想におけるその他の大きな発展が生ずるまで，そのもっとも充実した発展において，疑いもなく重要な影響

を社会科学に及ぼし続けるであろう」[19]。

4. おわりに

　以上がヴェブレンの経済学者に関するグルーチーの所説の概要である。グルーチーも指摘しているように，ヴェブレンの経済学がそのまま現代の経済分析に適応できるはずもない。しかし，ヴェブレンの考え方は形を変えながらも第二次世界大戦後もミュルダール，ガルブレイスなどによって継承発展させられ，今日の制度主義的なアプローチの基礎となっている。すなわち，ヴェブレンの基本的な分析視角や方法論は時代をこえて，その有効性を持っているといえる。

　したがって，制度派経済学の今日における意義を明確にするためには迂遠な方法かもしれないが[20]，ヴェブレンに立ち返り，その後の発展を辿ることが必要ではあるまいか。また，グルーチーは非常に広いパースペクティブからヴェブレンら制度派経済学を体系的に捉えているが，特筆すべきは，その目的が経済学の再建にあったという点である。すなわち，理論と実践とのギャップを近づけるために，新たな仮説や前提に立つ経済学の樹立を目指す点に制度派経済学の存在意義を見出している[21]。このような分析視角も再吟味する必要があろう。そして，このような問題意識に立ちヴェブレンらの制度主義の考え方を捉えることができれば，今日における制度主義という用語を巡る混乱を解決する糸口も見出せるといえよう[22]。

注）

1 ）この点については，たとえば，次の文献を参照されたい。Geoffrey M. Hodgson, "On the evolution of Thorstein Veblen's evolutionary economics" *Cambridge Journal of Economics* 22, 1998, pp. 415-431. "The Revival of Thorstein Veblenian Institutional Economics", *Journal of Economic Issues*, Vol. XLI No. 2 June 2007. pp. 325-340.

2 ）Michael Keaney "Critical Institutionalism: From American Exceptionalism to International Relevanace", in edited and introduced by Douglas Dowd, *Understanding Capitalism: Critical Analysis from Kark Marx to Amartya Sen* (London

: Pluto Press, 2002), pp. 82-83.
3) Allan G. Gruchy, *Modern Economic Thought: The American Contribution* (New York: Augustus M. Kelly・Publishers, 1967) pp. 116-132.
4) *Ibid.*, p. 116.
5) Thorstein Veblen, "The Limitation of Marginal Utility", *The Place of Science in Modern Civilisation and Other Essays* (New York: Russell & Russell, 1961), p. 241.
6) Gruchy, *op. cit.*, p. 117.
7) *Ibid.*, pp. 117-118.
8) *Ibid.*, p. 118.
9) *Ibid.*, p. 118.
10) Thorstein Veblen, "Why Is Economics Not an Evolutionary Science?", *The Place of Science in Modern Civilisation and Other Essays* (New York: Russell & Russell, 1961), pp. 74-75.
11) Gruchy, *op. cit.*, p. 119.
12) *Ibid.*, p. 120.
13) *Ibid.*, pp. 120-121.
14) *Ibid.*, pp. 123-124.
15) *Ibid.*, pp. 128-129.
16) *Ibid.*, pp. 129-130.
17) *Ibid.*, p. 131. グルーチーは第二次世界大戦前後で制度主義を「旧」制度主義（"old" institutionalism）と「新制度主義」(neo-institutionalism) に大別している。Allan G. Gruchy, *Contemporary Economic Thought: The Contribution of Neo-Institutional Economics* (New York: The Macmillan Press. 1972), p. vi. 但し、ブッシュによれば、"Neoinstitutionalism" という用語はマーク・ツールによって1953年に使われているという。Paul D. Bush, "The Neoinstitutionalist Theory of Value", *Journal of Economic Issues*, Vol. XLIII. No 2, June 2009, p. 294. を参照されたい。
18) *Ibid.*, pp. 131-132.
19) *Ibid.*, p. 132.
20) Malcolm Rutherford, "Towards a History of American Institutional Economics", *Journal of Economic Issues*, Vol. XLIII, No2. June 2009, pp. 309-318.
21) Gruchy, *Modern Economic Thought*, p. vii.
22) 例えば、進化経済学 (evolutionary economics) はヴェブレンの進化論的経済学とは異なる。詳しくは西部忠「進化経済学の現在」『経済学の現在2』（日本経済評論社、2005年1月31日第1刷発行、3～96頁）を参照されたい。

第三部

現代における見栄と消費

第1章 富裕層の行動原理

1. はじめに

　キャップジェミニなどの世界の富裕層に関するレポートなどを契機に世界的に現代の富裕層が注目を集めてきていることは改めて指摘するまでもあるまい。わが国においてもそれらについて研究書やレポートが数多く出版されている[1]。しかし，そのいずれもが富裕層の構造分析を主眼としており，彼らの職業や所有物についての詳細な分析を行なってはいるが，消費者としての富裕層，たとえば，富裕層はなぜ高価格品や高級ブランドを好むのか？　それはどのような基準に基づいているのか，といった動機に関してはほとんど分析の対象外となっている，といえる。

　そこで，本章では今から100年以上も前に当時の富裕層である「有閑階級」の消費行動を分析したヴェブレン（Thorstein Veblen, 1857-1929）の処女作『有閑階級の理論：制度の進化についての経済的研究』[2]で詳細に述べられている行動原理について，特に第2章「金銭上の見栄」（pecuniary emulation）およびその具体的な表現である第3章「衒示的閑暇」（conspicuous leisure）を中心に制度としての消費論の基本的な考え方について見てゆくことにした。衒示的閑暇は時間の非生産的消費を誇示するものであり，金銭的な実力を見せびらかすための方法の一つである。

　もちろん現代の富裕層はヴェブレンが分析対象とした有閑階級ではないし，その時代背景も異なっている。しかし，人間行動の根本的な動機が見栄であるというヴェブレンの考察には現代においても参考になることが少なからずある，と考えられる。

たとえば高級ブランド品や高級車の購入には，単にものとしての機能や有用性だけでなく，それらの持つステータスシンボルとしての意味を意識した行動が窺知できる。このような見栄に基づく消費をひとつの制度として消費を捉えることは，現代における消費者の消費行動を解明するためのひとつの鍵を与えるものといってもよい。

2．金銭上の見栄

　ヴェブレンは『有閑階級の理論』の第1章「緒論」の中で有閑階級の制度の出現および発達についてのべている[3]。彼によれば，有閑階級の制度がもっともよく発達しているのは，封建時代のヨーロッパや日本のような野蛮文化の比較的高い段階の場合である。上層階級は生産的職業から免除あるいは除外され，ある程度の名誉を伴う特定の職業のために保持されている。これらの階級に含まれる職業は政治，戦争，宗教儀式およびスポーツであり，これらの職業は非生産的である，という経済的な特徴を持っている。そして生産的職業と非生産的な職業の間の習慣的な区別は今でもなお行なわれているが，それは功名と苦役の間の野蛮時代の区別の変形であるし，それは両性間の格差に符号する，とヴェブレンは捉えた。

　歴史的に見ると，未開文化の段階では職業間の分化が明白ではなく，階級や職業の間の上下の区別も厳密ではない。製作本能 (instinct of workmanship)[4] に導かれており，区別の基準は実用性である。その後野蛮文化段階になると社会的な分化が明確になってくる。

　その後，生産的な労働をおこなう生産的階級と生産的労働から免除される上層階級である有閑階級が出現してくる。この段階では実用性や産業的効率よりも富の獲得や蓄積が社会的な名声を獲得し，高い社会的な地位に立つための手段となる。さらに富を所有するだけでなく，それを客観的に証拠立てることが必要となってくる。そのために人目につくような消費が必要となる。このようにして，有閑階級に属するものの行動はすべて金銭的な基準に基づいて行なわ

れることが要求されるような制度ができあがってくる。

　ヴェブレンは第二章において，このような金銭的な基準にもとづく有閑階級の基本原理である金銭上の見栄について述べているが，まず有閑階級の出現と所有権の関連について論ずるところから始めている。

　「文化的進化の系列の中で有閑階級の出現が所有権の始期と時を同じくするのは必然的な事柄である。というのは，これら二つの制度は経済的諸力の同じ一組から生まれ出るものであるからである[5]」。

　そして「閑暇と所有権が当面の目的にとって興味がある事柄となるのは，社会構造の要素—因襲的事実—として，である。問題点は一方において因襲的な有閑階級の起源と本質であり，他方において因襲的な権利あるいは請求権としての個人的所有権の起源である[6]」。

　「有閑階級と勤労階級の区別の最初の分化は比較的低い野蛮文化における男性と女性の仕事の間に維持されていた区分である。同様に所有権のもっとも初期の形態は，その社会の優れた身体の男性による女性の所有権である[7]」と述べている。

　もちろん，女性の占有の慣習が生ずる以前に何らかの有用な品物の占有があったことは疑問の余地がない。女性の所有は明らかに女性の捕虜の捕獲とともに比較的低度の野蛮民族の文化段階に始まる。女性の捕虜や占有の最初の理由は戦利品としての女性の効用であったように思われる[8]。

　このような女性を獲得するという慣行から所有権—結婚という，いわば略奪婚の形態が発生し，男性を家長とする家族が生まれてきたといえる。さらに奴隷制度を女性以外の捕虜や劣等者にも拡大することや所有権—結婚という慣行を敵から奪い取った女性以外の女性にまで拡大することが生じてきた[9]。

　それゆえに「略奪的生活という環境の下での見栄の結果は，一方では強制に基づく結婚の一形態であり，他方では所有権の慣習となった。これら二つの制度は，その発展の初期の段階では区別することはできない。双方とも自分たちの手柄の何らかの永続的な成果を誇示することで，その武勇を証拠立てようとする成功した男性の欲望から起こってくる。双方ともあらゆる略奪的な社会に

瀰漫している他を支配しようとする成功にも役立つ。女性の所有から所有権の概念が拡大され，自己の努力の成果を含むようになり，このようにして人間同様物の所有権が生じてくる」[10]。

　このようにして財貨の財産権についての一貫した体系がすこしづつ構築されてくる。そして，その発展の最近の段階では，消費のための財貨の効用が，その価値のもっとも際立った要素となってはいるけれども，それでもなお富は，その所有者の優れた力の名誉ある証拠としての効用を決して失っていない。

　しかし，すべての進歩的な社会では，この初期の技術的発展の初期の段階を超える進歩がまもなく行なわれる。生産効率はまもなく生産過程に従事するものに，やっと食べて行けるだけの暮らしより以上のかなり多くのものを与えるような程度まで高められる。利得や蓄積の目的は蓄積された財貨の消費である，と因襲的に考えられている。それは財貨の所有者あるいは世帯の消費である。そしてそれは肉体的欲望や精神的，芸術的，知性的その他のあらゆる欲望に役立つ。

　「所有権の根源にある動機は見栄である。見栄という同じ動機は，それが生み出した制度のそれ以上の発展の場合にも，この所有権という制度が関連する社会構造のあらゆる特徴の発展の中にも依然として作用し続ける。富の所有は名誉を与える。それは上下の区別を伴う区別である」[11]。

　ほとんどあらゆる財貨が私有財産である社会では，生計を立てる必要が，その社会の比較的貧困な成員に対する強力で常に存在する誘因である，ということはもちろん見逃すことはできない。

　もちろん，生活維持の必要や肉体的快楽の増大の必要などが時には，その生計が不安定な状態にある習慣的に肉体労働に従事している資産もなく，蓄積もないのが普通であるような階級に対する獲得の主要な動機となるかもしれない。しかし，このような貧しい階級の場合ですら，肉体的欲望の優越は，しばしば考えられるほど決定的なものではない，ということは議論の過程で明らかになる，と思われる。

　しかし，このような階級とは対照的に，その社会の主として富の蓄積にかか

わっているメンバーや階級に関する限り，生計の維持や肉体的快楽の誘因は決して大きな役割を演じない。所有権は，最小限の生計維持とは無関係な基礎のうえに始まり，ひとつの人間的制度にまで成長した。支配的な誘因は，最初から富に付属する上下の差別であり，それ以外の動機は，その後のいかなる発展段階でも一時的な場合や例外を除き首位を占めることはなかった。」[12]

次にヴェブレンは財産の起源についてこう述べている。

「財産はうまくいった襲撃のトロフィーとして保持される戦利品から始まった。所有されるものや人間の効用は，主としてそれらのものの所有とそれらのものを奪い取った敵との間の上下の比較の中にあった。名誉の戦利品の所有者と，その集団の中のあまりうまく行かなかった隣人と間の上下の比較は，もちろん，所有物の効用の一つとして早くから現れていた」[13]。

その戦利品の所有者はなによりもまず自己の集団の名誉の保持者である，という自覚をもっていた。しかし，個人所有権の慣習が普及し始めるや否や，私有財産が基礎を置いている上下の比較を行なう際に取られる観点が変化し始める。実際，一つの変化は別のものの変化の反映に他ならない。素朴な捕獲や横領による獲得の段階である所有権の初期の段階は，（奴隷の）私的所有を基礎とする生産の初期的組織化という次の段階へ移行し始める。したがって所有は成功した略奪の証拠であるよりも，むしろその共同体の中のその他の諸個人に対するこれらの財貨の所有者の優越の証拠として評価されるようになる。上下の区別は，その所有者とその集団の他のメンバーとの比較になる[14]。

さらに生産活動が，その共同体の日常生活や人々の考え方の中で，次第に略奪的活動にとって代わるようになるとともに，財産の蓄積が，ますます優越と成功の因襲的な表示として，略奪の功名というトロフィーにとって代わることになる。それゆえに「定住産業が発達するとともに，富の所有が名声と尊敬の慣習的な基礎として相対的な重要性と効果を増す」[15]。財産が今や英雄的な目覚しい偉業とは別個の名声を博するほどの成功の一番目立つ証拠となる。それゆえに財産が尊敬の因襲的な基礎となる。財産の蓄積がこのようにして，ひとたび能力の公認の象徴となるとともに富の所有は尊敬の独立かつ決定的な基礎と

しての性格を帯びる。財産の所有は名声の因襲的な基礎となる。最初は単に能力の証明として評価されていた富の所有が一般の見方において，それ自体が賞賛に値する行為となる。富や今やそれ自体が本来的に名誉あるものとなり，その所有者に名誉を与える，ということになる。

ここで，ヴェブレンは次のように述べている。「このように富の所有が世間並みの名声や非難の余地がない社会的地位などの基礎となってきたが，武勇や功名も依然としてもっとも高い一般的尊敬が払われる基礎として残るかもしれない[16]」。というのも，略奪的本能や略奪的能力に対する賞賛は長い間略奪文化の規律のもとに過ごしてきた人々の思考習慣の中に深く染み込んでいるからである。したがって，一般の人々の判定では，人間が達しうる最高の栄誉は，戦争における異常な略奪的能力の発揮や政治における準略奪的能力によって得ることができる栄誉であるかもしれない。

しかし，時間の経過とともに富あるいは名声に対する人々の思考習慣に変化が起こり，これまでのような略奪的な能力の評価から別の基準への変化が起こった。すなわち，名声の手段は，財貨の獲得や蓄積によってとって代わられたのである。「財産の所有が世間の尊敬の基礎となるや否や，それはわれわれの満足感である自尊心の必要条件となる[17]」。

いかなる社会においても，財貨が個別に保有されている場合には，ひとびとは常日頃，自分が同じ階級である，と思っている他の人々と同量の財貨を所有することが精神的な平安のために必要である，といえる。そして，他人よりも多少とも多く所有することは非常に嬉しく感じる，といえる。しかし，ある人が新しい財貨の獲得を行ない，その結果として新しい富の標準になれてしまうと，その新しい標準はたちまち以前の標準ほどには大きな満足を与えなくなってしまう。そこでヴェブレンは次のように述べている。

「いかなる場合にも現在の金銭的標準をもって，絶えず新しい富の増加への出発点とする傾向がある。そして，その結果，これが新しい満足の標準や自分自身の隣人と比較した場合の新しい金銭的な標準を与える[18]」。

このような蓄積によって求められる目的は金銭上の力という点で，その社会の他のものと比べて高い地位に立つことである。しかも，富に対する欲望は，いかなる個人の場合にも飽和することは滅多にない，といえる。したがって，たとえ富が平等に，あるいは公正に分配されたとしても，その社会の富の一般的な増加は，財貨の蓄積という点で，他のあらゆる人に打ち勝とうとするあらゆる人の欲望に基づくこのような要求の満足に近づくことはできない。

というのも，この場合，蓄積の誘因が生活資料や肉体的快楽などの欠乏であるならば充足することはできるかもしれないが，ここでヴェブレンが述べているのは，本質的に上下の比較を基礎とする名声のための競争であるから，決定的な目的達成という解決は不可能である[19]。

個人的所有権の制度のもとでは，ある目的を具体的に達成するもっとも便利な手段は財貨の獲得と蓄積によって与えられる手段である。それは金銭的成功という点で他の人々に打ち勝とうとする努力である。つまり，他の人との金銭的な上下の比較により判断される相対的成功が行動の因襲的な目的となる。

それゆえに「人々を導いて富の蓄積に向かわせる動機の中で，規模と強さの双方で最も主要なものは，金銭的な見栄の動機」である[20]。

3．衒示的閑暇

次にヴェブレンは上で見てきた金銭的な見栄の具体的な発現として第三章で「衒示的閑暇」について，第四章では「衒示的消費」(conspicuous consumption) について述べているが，本章では第三章「衒示的閑暇」についてみてゆくことにする。

第三章「衒示的閑暇」において，ヴェブレンは生産的労働に従事している下層階級ではなくて，上層の金銭的階級について論じている。下層階級は財貨を獲得する手段としては生産的労働がある。むしろ「下層階級はいかなる場合にも労働をさけることができない」。しかも，労働は下層階級の公認の生活様式であるから，その仕事において有能である，という名声の中にある種の見栄に

よる誇りを抱く。というのも，それが下層階級に容認された見栄の唯一の方向であるからである。[21]

しかし，上層の金銭的階級については事情が異なっている。もちろん，この階級に関しても勤勉や節約という誘因がないわけではないが，金銭的見栄の要求によって，その作用は著しく限定される。その要求でもっとも広範囲でもっとも絶対的なものは生産的な仕事を差し控えるようにする要求である。というのも，労働は人々の思考習慣のなかで弱いということや主人への服従と結びつけて考えられるようになる。それゆえに，それは劣等の刻印であり，男盛りの男性にはふさわしくないと考えられるようになるからである。社会的分化の進歩とともに，それは道徳律のような力を得た。

さらに上層階級にとっては，人々の尊敬を得て，維持するためには単に富や権力を所持するだけでは不十分である。「富や権力は証明されねばならない。というのも，尊敬は証拠がある場合にのみ払われるからである」[22]。ギリシャ哲学者の時代から現在にいたるまで，ある程度の閑暇や人間生活の直接に日常生活に役立つような産業過程との接触からのある程度の免除は，思慮あるものから常に立派で，美しく，非難の余地のない人間生活の前提条件と見られていた。「有閑生活はそれ自体でも，その結果という点でも，すべての文明人の目から見れば，美しく高貴である」[23]。時代の経過とともに「労働からの衒示的疎外が，すぐれた金銭的成功の因襲的な刻印となり，名声の因習的な指標となる。そして，その反対に生産的労働に従事することは貧困と服従の刻印であるから，それは，その社会の名声のある地位とは両立しない」[24]ということになる。

有閑階級の制度は所有権の出現の結果の一つとして出現したといえるが，略奪文化段階から金銭文化段階への推移とともに理論的にも実質的にも完全な形の「有閑階級」の制度が始まったといえる。

勤労階級と有閑階級の区別は略奪段階では儀式的な区別であった。身体の丈夫な男性は卑しい勤労と考えられる一切のものから努めて遠ざかろうとする。この時以来，有閑階級の生活の特徴はあらゆる有用な職業からの衒示的免除ということになる。しかも，有閑階級は生産的労働による富の増大を目指してい

るわけでない、という特徴をもっている。生産的労働は動機として機能しない。[25] 労働の禁忌は立派な行為あるいは賞賛すべき行為であるばかりでなく、それはやがて見苦しくない生活の一つの必要条件ともなる。名声の基礎として財産を誇示することは富の蓄積の初期の段階ではきわめて素朴に、きわめて傲慢に行なわれる。労働の禁忌は、因襲的な富の証拠であり、それゆえに社会的地位の因襲的な刻印である。したがって「このような富の値打ちを誇示することは閑暇をますます強く誇示することを導く」[26]のである。やがて閑暇が因襲的な富の証拠であり、それ自体本質的に価値があり、高貴であるということが人々の思考習慣 (habit of thought) の中に固定化される。他方、生産的労働は本来的に価値のないものとされる。

このような労働の禁忌は産業的な階級分化に一層大きな影響を与える。人口密度が高度化し、略奪集団が一つの固定した産業共同体に成長するとともに、所有権を支配する基本的権威や慣習が範囲と強さの点で増大する。[27]

ここでヴェブレンが使っている「閑暇」(leisure) という言葉は怠惰あるいは無為を意味するものではない。それは時間の非生産的消費をさしている。時間が、①生産的な仕事は価値がないという考え方から、また②怠惰な生活を送りうる金銭的能力の一つの証拠として非生産的に消費される、ということを意味している。[28]

しかし、有閑階級に属している人間の時間すべてが客観的に、すなわち大衆の前に晒されているわけではない。その場合には、自己の名声のためには、誰にもわからずに消費される時間について納得の行くような説明を与えることができなければならない。そのためには、使われる閑暇のある種の有形で永続的な結果を示すことによって間接的に示すことを行なう。生産的労働の永続的な証拠が物質的生産物であるのに対して、閑暇の過去の業績の基準は「非物質的」財貨の形をとる。それらは半ば学問的な、あるいは半ば芸術的な功績であり、また直接人間生活の促進を導くとは限らないような過程や事象についての知識である。[29]

そのようなものの具体的な例として、死語、占星学、正しい綴り、修辞法、

作詞法，各種の家庭音楽その他の家政術，衣装，家具，設備品などについての最新の作法（proprieties），遊戯，スポーツ，犬や競走馬などについての知識をヴェブレンが挙げている。もちろん，これらの知識が普及した最初の動機は時間の非生産的支出についての効果的な証拠として是認されなかったら，有閑階級の因襲的な教養として生き残り，その地位を保つことがなかった，といえる。[30]

　ここでヴェブレンは具体的な事例として「礼儀作法」を取り上げて次のように論じている。

　「礼儀作法も衒示的閑暇が世間的名声の刻印としてもっとも大きな人気をもっている文化段階で，人々の評価の中に一層重要な地位を持っている。行儀作法はやがて一般の観念の中でそれ自体が実質的な効用をもつもの，ひとつの儀典的性格をもつようになった。礼節の基準から外れることは，すべての人にとって本来的に忌むべきものとなった。育ちの良いことは日常の観念からみて，単に人物がすぐれているという外面的な刻印のみならず，価値ある人間精神の不可欠な特徴である，と考えられるようになった。すなわち『礼儀作法で人間が決まる』」。[31]

　しかし，礼儀作法の究極の経済的根拠は閑暇，すなわち時間や労力の非生産的使用という名誉ある性格に求められるべきである。[32] 良い作法の知識や習慣は長きにわたって続けられる習熟によって初めて出来上がるものである。つまり，良い躾には時間，熱心さ，費用などが必要であり，これらを身につける生活習慣は上流家庭の絶好の証拠である。作法の価値は，それが有閑生活の証拠物件である，ということのなかにある。「閑暇は金銭的名声を得るための因襲的な手段であるから，だれでも多少とも金銭的に見苦しくない生活を営むものにとっては，ある程度，行儀作法に通じることが必須のこととなる」。[33]

　つまり，名誉ある閑暇の刻印を外部にしめすためには，有形で目に見える成果を残すことが必要であり，その場合にのみ名声という目的に役立つ。証拠が明白であればあるほど，それらのものの獲得にともなう時間や物量の消費はますます大きくなり，それにともなう名声もますます大きくなる。有閑階級に属していることを明示するためには公認の基準に合致していることが必要となる。

その試金石は非常に多くの明白な時間の浪費という衒示的消費閑暇の法則に適合していることを意味する。[34]

　そして有閑階級は名声という点で社会構造の首位に立っている。だから，その生活様式や価値の標準は，その社会の名声の規範を与える。上層階級によって課せられる名声の規範は，ほとんどいかなる障害もなしに社会構造全体を通じて最低の階層に至るまでその強制的な影響力を及ぼす。その結果，各階層の構成員は，その次の上位の階層で行なわれている生活様式を見苦しくない生活の理想として受け取り，その理想にかなった生活をおくるように努めるということになる。もしもうまく行かなかったら，世間的名声と自尊心を失う恐れがあるために，すくなくともうわべだけでも，世間一般の基準を守らなければならない。名声の基礎となるものは結局，金銭的な実力である。そして，よき名声を獲得し，維持するための手段として衒示的閑暇がある。[35]

　次にヴェブレンは有閑階級の主人以外によって行なわれる「代行的閑暇」(vicarious leisure) について述べている。すでに触れたように所有権という制度は，人間，それも女性の所有とともに始まったと考えられる。これは財産としての人間の獲得が支配的な動機であったといえる。[36] すなわち，富の証拠としての多くの女性の所有である。そして時代の経過とともに分業がはじまり，妻もしくは正妻を生産的職業から免除するということが一般的にはじまる。[37]

　産業の発展が進み，財産が比較的少数のものの手に集まるようになると上流階級の富の因襲的標準が高められる。手工業からの免除や肉体的な家事からの免除のような傾向は，正妻以外の妻がある場合には，それについても，主人の身の回りに直接使えるその他の召使についても主張されるようになる。これらの召使は他人に誇示するために役立つし，それはその主人に満足を与える。つまり，名声の手段として役立つ。これらの効用は主として召使を生産的労働から人目につくように免除することおよび，このような免除が主人の富や権力の証拠となることから成り立っている。このような衒示的閑暇の遂行のために多くの使用人を使う慣行がかなり進歩すると，女性よりも男性の方が目立つので好まれるようになる。男性は女性よりも時間や人的能力のより多い浪費を示す

ものである，といえるからである[38]。

そこでヴェブレンは「経済的に自由で自ら指導力を持つ主人以外のものによって行なわれる場合，それは代行的閑暇として分類すべきものである[39]」と定義している。主婦や召使によって行なわれる代行的閑暇は，それらの人々の役目の実質的な経済的根拠を示唆している。

「これらの仕事は主として一定の時間と労力が，そのために目に見えて浪費されているという理由によって，主人とその家に金銭的名声を与える手段として役立つからである[40]」。

そして第一次的あるいは本来的な有閑階級の名声のために代行的閑暇を営むことを職務とする副次的あるいは派生的な有閑階級が生まれてくる。このような代行的有閑階級は，その習慣的な生活様式の特徴によって，本来の有閑階級とは区別される。

支配階級の閑暇は労働を避けようとする性癖をほしいままにすることであり，主人自身の福祉や生活内容を高めるものと考えられる。これに対して，生産的労働から免除された召使階級の閑暇は支配階級から強制された行為であり，通常あるいは第一次的に彼ら自身の愉楽に向けられるものではない。「召使階級の閑暇は彼自身の閑暇ではない[41]」。

また，有閑階級の生活体系の要求を満足させるためには，召使は服従の態度ばかりでなく，特別な訓練や慣行の効果も示さなければならない。よき召使の第一の資格は，彼がはっきりと自分の地位を心得ていなければならない，ということである。それはある種の望ましい機械的結果をもたらすかを知っているだけでは十分ではない。なによりもまず，いかにしてこれらの結果を正しい形式でもたらすかを知らねばならない。そして，召使階級の代行的閑暇が行なわれるべきである様式を細かく規定した形式の体系が形成されるようになる。そして，これらの形式の基準から少しでもはずれることは非難されるようになる。

というのも，召使の主要な効用は要求されている形式の基準にあう特殊な労務に適応させるために必要な時間，労力および教育の費用を支払う能力が主人にあることを証明することにあるからである[42]。

代行的閑暇もしくはサービスの衒示的消費の必要ということが召使をかかえる有力な誘因となる。財貨の生産にたずさわる奴隷を所有し維持することは富や武勇の証明となるが，なにものをも生産しない召使をかかえていることは，さらにいっそう高い富や地位の証明となる。ここから上に述べてきた非生産的消費をする所有者の能力を証明する召使階級が出現してくる。その数は多ければ多いほどよいということになる。それは所有者の資力の大きさを証明するものであるからである。多くの場合，妻もしくは本妻をリーダーとする他の集団は，衒示的閑暇によって主人の代わりに消費をおこない，そのすぐれた富力を損なうことなしに，多額の金銭上の損害を受けることができる主人の能力を証明するのである。[43]

　以上のようにヴェブレンは第三章「衒示的閑暇」において有閑階級の時間の非生産的消費について述べているが，それは第二章「金銭上の見栄」で述べられているように，その基礎にある見栄という動機の具体的な表現形態のひとつである。

　このような衒示的閑暇が高い評価をうけるのは，それらが金銭に関する能力の証拠となるからであり，金銭に関する能力が高く評価され，また名誉となるのは，結局のところ，それが成功とすぐれた実力を証明するからである。この点についてドーフマン（Joseph Dorfman）は，その著『ヴェブレンとそのアメリカ』で「衒示的閑暇は衒示的消費と同等の重要性をもっており，これらのいずれもが金銭的な名声を得る手段としての浪費に基づいている。そのいずれを選ぶかは便宜上の問題に過ぎない。しかし，有用な活動を行なわないことによる衒示的閑暇は有閑階級の生活態度に関する，より古く，かつより包括的な原則である，といえる」と述べている。[44]

4．制度理論としての消費論

　以上のようにヴェブレンは「衒示的閑暇」についてのべているが，彼にとって個々人の行動は近代資本主義のような特定の経済文化の複合体のメンバーと

しての行動であり，それは個人が関与している資本主義的な文化の本質を反映している，と考えた。つまり人間行動が社会的あるいは文化的な産物である，という認識を持っていた。そして人間行動の原動力とみなし，一般的な行動領域を決定するものが本能である，と考えた。習慣的な思考および行動が組織化された社会集団の文化における永続的な要素となる場合，それは制度（institution）という具体的な形態を帯びる。ヴェブレンは制度を習慣的な思考様式あるいは「人間一般に共通した固定的な思考習慣」と定義している。閑暇のような制度は個人的な経済行動の方向を決定する支配的な力となってくる。

　ヴェブレンの人間行動の説明は制度の役割に地位と階級組織という概念を結合している。個人的な観点から地位は同僚の尊敬を享受することである。つまり「ある人の評判」あるいは「名声のために努力する」ことである。人間は，その社会的地位あるいは集団的地位の持つ効果を斟酌して常に努力し，働き，考え，そして行動するのである。その絶えざる関心は，他の人々が彼をどのように思っているかであり，その個人的な地位を高めるためには，彼についての人々の意見をいかに改善できるかにある。このような自己意識は，その地位についての他人の関心についての自覚という形態を採る。この場合の地位は文化的な地位のことである。

　個人の地位はある一定の自我の水準を達成したり，それを維持したりすることである。ちょうどわれわれの体が空間にしっかりと固定されているように，われわれの個人的な特徴は周囲の環境の中に固定されている。地位と呼ばれる文化的な固定化は，その他の人々やその功績との比較をも含む常に相対的なものである。人事という領域では，同僚の功績と同等になるための努力だけでなく，もしも可能であるならば，同僚を凌駕するための不断の努力も存在する。このために地位は明らかに「見栄」という性質を帯びる。いかに見栄が表現されるかは，まさにその個人が生活し活動している文化の種類に依存している。

　たとえばヴェブレンは，「その共同体がなお習慣的に平和愛好的であり，恐らく定住的であって，個人的所有権制度の発展がない場合，社会発展の原始段階の間，個人の能力は主として，またもっとも一貫して，その集団の生活を促

進するある職業の中に示すことができる。そのような集団の成員の間に見られる経済的な見栄はすべて，主として生産的有用性の見栄となるであろう」[46]と述べている。このような段階においては製作本能に十分な表現が与えられていた。個人はできる限り効率的な方法で，その共同体の物的な要求を満たす文化的な環境にあった。

　ヴェブレンにとって個々の文化は，そこに参加している諸個人に対して独自の社会的地位の型を持っている，と考えられた。略奪的文化あるいは野蛮文化の段階では個人の地位に関して大きな変化が生じた。野蛮文化の時代においては，個人の地位はその社会にとって非有用性と考えられるもの，つまり生産的な努力をさけ富を浪費的に，衒示的に消費することで，その能力が判断される。個人の努力の目的は，その共同体の「非差別的な優位性」よりも「差別的優位性」を持つこととなった。個人の行動はその共同体にとって非有用性において同僚に勝ることを求める見栄的形態を帯びるようになる。ヴェブレンは，この社会的地位についての略奪的な考え方は文化的発展の最近の段階においても個人行動の方向に強力な影響力を行使してきている，と考えた。

　ヴェブレンは将来に対して地位について有用な考え方を支持する人々と，略奪的な見解を認める人々の間の支配権の闘争を想像した。製作本能を発現させる文化は有用性のある地位の発展を促進する。これは工業技術や大衆の生活水準を引き上げるために技術の使用を助長するタイプの文化である。もう一つのタイプの文化は，このような建設的な傾向に発現を与えるのではなくて，利己的本能あるいは取得本能を発現させるものである。このタイプの文化は，その問題にかかわっている個人の中に，それ独自の特殊な文化的標準や規範を内面化する。すなわち，社会的地位についての非有用性の概念の発達を助長する。これは工業技術の改善に対する障害を作り，戦略的な立場にある個人をその共同体の余剰生産物を彼ら自身の個人的，反社会的な目的に転換するようにさせる。

　ヴェブレンは同じ社会的地位の人々は一般的に類似した生活に関する思考や行動様式によって相互に結びついている，と捉えている。つまり，一つの階級

の構成員は日々の生活の中で直面するあらゆる問題に関して同じ基準となる理論体系を持っている。したがって，有閑階級は日常の活動で労働および閑暇の役割について類似した態度を持っている人々の集団である。彼らは有用な活動あるいは生産的である活動を避ける行動パターンを追求する。彼らは，その共同体にとって非有用であることで相互に打ち勝とうとし続ける。

　社会的な地位について根本的に異なった二つのタイプが存在するのと同様に，ヴェブレンの分析においては非産業的階級と産業的階級という二つの基本的な階級が存在する。

　第一の階級は工場労働者や農夫など有用な活動あるいは生産的な仕事に従事している人々である。彼らは産業に近く，近代産業の大規模テクノロジーと緊密な接触を持つ「産業的階級」であり，その仕事は「産業的職業」である。産業システムとの緊密な接触は製作本能に表現を与え，効率的な地位の発展の基礎を築く。このようにヴェブレンは製作本能，効率的な地位と産業階級との間に緊密な関係を見出す。

　第二の階級は「非産業的階級」である。この階級は産業システムとは関係のない全ての人々を含む。つまり，非労働者，有閑階級の構成員あるいは非生産的活動に関与している人々を含む。非産業的階級はビジネスマンから構成されている。彼らは金銭的資産を蓄積することを求めるから，ヴェブレンは彼らの仕事を「金銭的職業」と呼んだ。この活動は取得本能を刺激し，個人的地位についての略奪的あるいは非有用性の見方を受け容れるように仕向ける。ヴェブレンはこれら二つの階級の行動を説明する際に本能的傾向および獲得された習慣という観点から説明をおこなっている。人間の思考および行動の習慣は所与の環境への適応過程において形成されるが，そのようにしてできた制度は固定化し，人間行動を支配するようになる。彼の文化理論によれば，制度，したがって人間行動を変える最も重要な要因は工業技術の変化である。[47]

170　第三部　現状における見栄と消費

5．今後の課題

　ヴェブレンは，序文の中で「この研究の目的は近代生活における一つの経済的要因として有閑階級の地位と価値を論じることである」[48]と述べている。そして有閑階級の消費の特徴を制度あるいは文化という視点から分析している。ヴェブレンにとって人々を富の蓄積に向かわせる主要な動機は「見栄の動機」である，と考えられた。本章で採りあげた「衒示的閑暇」は，その具体的な形態のひとつである。もうひとつの代表的なものが「衒示的消費」(conspicuous consumption) である。

　ところでヴェブレンは見栄についてはすでに1892年に発表した「社会主義理論における若干の無視された点」[49]において論じている。

　ヴェブレンは有閑階級と生産階級とのいわば格差を時間（衒示的閑暇）と金銭（衒示的消費）という視点から分析しているが，現代における格差を考える場合には所得格差，時間的格差および情報格差（デジタルディバイド）という3つの視点から考察することが必要であろう。ヴェブレンの消費論は金銭的格差（所得格差）および衒示的消費（時間的格差）にかかわるものである，といえよう。

　それゆえ現代における消費について，特に「富裕層」の分析をする場合に彼らの動機を解明する手がかりにヴェブレンの消費論が寄与する部分は少なくないといえよう。次の課題は衒示的消費や衒示的閑暇との関連で「趣味」や「生活程度」などに関するヴェブレンの所説を再検討し，制度理論としてのその特徴を明らかにしてゆくことにある。

注）
1）例えば，そのいくつかのものを挙げれば，次のようなものがある。橘木俊詔・森剛志『日本のお金持ち研究 − Who are the rich ？ −』(日本経済新聞社刊，2005年3月)，臼井宥文『ニュー・リッチの世界−日本の新・富裕層「年収5000万円以上，金融資産1億円以上の人々」』(光文社刊，2006年11月)，三浦展『富裕層の財布−誰も知らないお金の使い方−』(プレジデント社刊，2007年7月)，

野村総合研究所・宮本弘之『富裕層ファミリー-「点」より「面」が市場を制する-』(東洋経済新報社刊, 2007年12月), 山下貴史『世界一わかりやすい富裕層マーケティングの本』(イースト・プレス刊, 2008年6月)。

2) Thorstein Veblen, *The Theory of The Leisure Class: An Economic Study of Institutions* (New York: The Macmillan Company, 1899).『有閑階級の理論』は有閑階級の行動様式を制度という視点から分析しているが、実際には資本主義文化のもっているさまざまな側面を分析し、批判的に吟味している。ヴェブレン自身「序文」の中で、その目的が近代生活の一つの経済的要因としての有閑階級の地位の価値を論ずることと記している。「制度」を重視する考え方は1980年以降, 重視されるようになってきている。たとえば、青木昌彦は、『比較制度分析に向けて』の第1章「制度とは何か：いかにアプローチすべきか」の中で、最近において異なる経済観の多様な経済パフォーマンスの理解のために「制度が重要な意味をもつ」ことがますます認識されるようになってきている点を指摘している。しかし、最近まで経済学者は旧制度派経済学を別とすれば、制度という概念をかなり曖昧な状態に放置することに甘んじてきた、と述べ脚注2)においてヴェブレンの制度の定義に言及している。(青木昌彦『比較制度分析に向けて』NTT出版株式会社, 2001年6月29日初版第1刷発行, 3〜13頁)。しかし, 最近における制度重視の考え方は、必ずしもヴェブレンおよびその流れを汲む一連の経済学の考え方の再評価ではない点に注意が必要である。たとえば、進化経済学会編『進化経済学とは何か』(有斐閣, 1998年9月30日初版第1刷発行)を参照されたい。

3) *Ibid.*, pp. 1-22. 小原敬士訳『有閑階級の理論』(岩波書店, 昭和36年5月25日第1刷発行, 9〜27頁)。本稿においては邦訳書を明記している場合でも, 訳は必ずしもそのままではない。

4) ヴェブレンは人間文化というレベルでの行動を説明するために本能が重要である, と考えた。人間行動の原動力として本能があり, それが人間行動の一般的な領域を決定する。ただしヴェブレンのいう本能は心理学的な本能とは異なった性格を持っている。それは特定の行動様式に対する固定化され, 伝承されうる傾向である。ヴェブレンが経済分析において, 特に親性本能 (parental instinct), 取得本能 (self-regarding bent or the acquisitive instinct), 製作本能および好奇本能 (instinct of idle curiosity) という4つの本能を用いた。親性本能とは自分自身よりも他人のことを配慮するように個人を導く傾向であり, 公共財への親のような心遣いを導く, 利己的本能あるいは取得本能は, 親性本能とは正反対のものである。個人を他人の福祉とは反対に彼自身の個人的福祉に対する配慮に導く。製作本能は物的福祉あるいは成功に寄与する本能的性向の中で主要なものである。器具を上手に取扱ったり, 役に立つ商品を作るなど効率的で経済的な仕組みや装置に関心を持たせる。しかし, この製作本能の位置づけはかなり特異である。この本能は, なされるべき仕事や役に立つ目的を決定するわけではないという点である。その

目的は他の本能によって決定され，価値あるものとされる。それゆえに，製作本能は他の全ての本能に対して補助的なものである。ヴェブレンが本能的な行動が目的論的である，といっているが，この本能だけが例外である。製作本能を補助するのが親性本能である。というのも，役に立つ人的資源や物的資源の経済的利用と共同体の福祉を結びつけるからである。好奇本能は人間に物事の本質を探究させる本能である。それは人間の物的な基礎の改善に利用される技術，工業技術的手段，実践や工夫に関する知識である。特にこの好奇本能はイノベーションを導くものであり，撹乱要因である。社会的習慣の複合体である制度の硬直性を破壊することに役立つからである。

ヴェブレンの本能分析にとって重要なことは，それが経済的不調和理論の生物学的根拠を与えているからである。それは親性本能と利己的本能あるいは取得本能との間に存在する。これら二つは相互に排他的である。ヴェブレンの分析では経済体制内の矛盾は親性本能と取得本能との間に存在する永続的な心理学的対立に関連しており，資本主義的システムは人間の本質の中に根強く存在する，この心理学的対立に単に文化的な表現を与えているに過ぎない。これが財の生産に対する技術的制度と金儲けのための金銭的制度といったヴェブレンの基本的な二分法を形成している。

しかし，4つの本能は直接的には行動を起こさない。習慣という要素が本能とそれが個人を駆り立てる目的あるいは目標との間に介在する。個人は既に定着している思考および行動の標準をもっている共同体に生まれる。それがその共同体の文化的体系を構成している。思考および行動の習慣の複合体が制度であり，制度の複合体が文化である。以上ヴェブレンの使った基本的な本能については，Allan G. Gruchy, Modern Economic Thought: *The American Contribution* (New York: Augustus M. Kelly・Publishers, 1967). 特に第2章「ソースタイン・ヴェブレンの制度派経済学」(pp. 31-134) を参照した。またヴェブレンの歴史観については次の著作も参照した。Paul T. Homan, *Contemporary Economic Thought* (New York: Books for Libraries Press, Inc. 1928) pp. 107-192.

5) Veblen, *The Theory of The Leisure Class*, p. 22. 小原訳『有閑階級の理論』, 28頁。
6) *Ibid.*, p. 22. 同上訳書, 28頁。
7) *Ibid.*, p. 22. 同上訳書, 28頁。
8) *Ibid.*, p. 23. 同上訳書, 28～29頁。
9) ヴェブレンはこの点については『有閑階級の理論』の刊行1年前に発表した「所有権の起源」("The Beginnings of Ownership", *The American Journal of Sociology*, Vol. IV, November, 1898), 特に47～48頁を参照されたい。この論文は現在次の論文集に再録されている。Thorstein Veblen, *Essays in Our Changing Order*, ed by Leon Ardzrooni (New York: Augustus M. Kelly, Bookseller, 1964)
10) Veblen, *op. cit.*, p. 24. 同上訳書, 29頁。

第1章　富裕層の行動原理　　*173*

11) *Ibid.*, pp. 25-26. 同上訳書, 31 頁。
12) *Ibid.*, p. 26. 同上訳書, 31～32 頁。
13) *Ibid.*, p. 27. 同上訳書, 32 頁。
14) *Ibid.*, p. 27. 同上訳書, 32833 頁。
15) *Ibid.*, p. 28. 同上訳書, 33 頁。
16) *Ibid.*, p. 29. 同上訳書, 34 頁。
17) *Ibid.*, p. 31. 同上訳書, 35 頁。
18) *Ibid.*, p. 31. 同上訳書, 36 頁。
19) *Ibid.*, p. 32. 同上訳書, 37 頁。
20) *Ibid.*, p. 34. 同上訳書, 38 頁。
21) *Ibid.*, p. 35. 同上訳書, 40 頁。
22) *Ibid.*, p. 36. 同上訳書, 42 頁。
23) *Ibid.*, p. 38. 同上訳書, 42 頁。
24) *Ibid.*, p. 38. 同上訳書, 43 頁。
25) *Ibid.*, pp. 39-40. 同上訳書, 44 頁。
26) *Ibid.*, p. 41. 同上訳書, 45 頁。
27) *Ibid.*, p. 41. 同上訳書, 46 頁。
28) *Ibid.*, p. 43. 同上訳書, 47～48 頁。
29) *Ibid.*, pp. 43-44. 同上訳書, 48～49 頁。
30) *Ibid.*, p. 45. 同上訳書, 49 頁。
31) *Ibid.*, pp. 45-48. 同上訳書, 50～52 頁。
32) *Ibid.*, p. 48. 同上訳書, 52 頁。
33) *Ibid.*, p. 49. 同上訳書, 52 頁。
34) *Ibid.*, pp. 49-51. 同上訳書, 53～55 頁。
35) *Ibid.*, pp. 83-85. 同上訳書, 84～85 頁。いわゆるトリックルダウン効果である。
36) *Ibid.*, p. 53. 同上訳書, 56 頁。
37) *Ibid.*, p. 54. 同上訳書, 57 頁。
38) *Ibid.*, pp. 55-57. 同上訳書, 58～60 頁。
39) *Ibid.*, p. 59. 同上訳書, 61 頁。
40) *Ibid.*, p. 59. 同上訳書, 62 頁。
41) *Ibid.*, p. 60. 同上訳書, 62 頁。
42) *Ibid.*, p. 62. 同上訳書, 64 頁。
43) *Ibid.*, p. 63. 同上訳書, 65 頁。
44) Joseph Dorfman, *Thorstein Veblen and His America, seventh edition with New Appendices* (Clifton: Augustus M. Kelly・Publishers, 1972), Reprints of Economic Classics, pp. 177-178. 八木甫訳『ヴェブレン：その人と時代』(ホルト・サウンダース・ジャパン, 1985 年 9 月 30 日第 1 刷発行, 254～255 頁)。
45) Thorstein Veblen, "The Limitation of Marginal Utility", *Journal of Political*

Economy, Vol. XVII, No. 9 November, 1909. 引用は *The Place of Science in Modern Civilisation and Other Essays* (New York: Russell & Russell, 1961), p. 239.
46) Veblen, *The Theory of The Leisure Class*, p. 16. 小原訳 23 頁。
47) Allan G. Gruchy, *op. cit.*, pp. 68-93.
48) Veblen, *op. cit.*, preface. 同上訳書, 7 頁。
49) Thorstein Veblen, "Some Neglected Points in The Theory of Socialism" *Annals of American Academy of Political and Social Science*, Vol. II, 1892. 現在次の論文集に再録されている。*The Place of Science in Modern Civilisation and Other Essays*.

第2章 富裕層と衒示的消費

1. はじめに

　「富裕層」という用語は2005年の新語流行語のトップ10に入り注目されるようになったが，従来は「金持ち」あるいは「高額所得者」と呼ばれていた人々のことである。また，これまで一億層中流と言われてきた日本でも階層特にこのような富裕層の注目されるようになった契機の一つにメリルリンチとキャップ・ジェミニの「ワールド・ウェルネス・レポート」[1]を挙げることができよう。その2006年度版によれば，居住目的の不動産を除く金融資産で100万ドル以上を保有する世界の富裕層人口は2005年度末時点で870万人となった。これは2004年度の数値と比較すると6.5％増であり，40万人増加した。そしてわが国の富裕層も4.7％増の141万人となっており，世界の富裕層のおよそ16％を日本人が占めている。

　このような富裕層に注目が集まるにつれてさまざま富裕層をターゲットとしたビジネスが俄然注目されるようになってきた。というのも，一般的に考えても，このような階層に属する人々は，そうでない人々に比べて多額の消費あるいは高額品を購入する，といえるからであり，自動車のような耐久消費財の分野で，特にそのような傾向が顕著である，といえよう。

　そこで，本章では近年注目を浴びている富裕層の実態および特にその消費行動についてさまざまなデータを用いて明らかにしながら，それらの人々の消費行動を見てゆく。その際，制度派経済学の創始者であり，制度学派の建設者のひとりであるソースタイン・ヴェブレン（1857-1929）が，処女作『有閑階級の理論』[2]のなかで展開した「衒示的消費」（conspicuous consumption）が現代の富

裕層の行動を解明する上で、どの程度まで有効性を持っているか、つまり現代における衒示的消費の妥当性の吟味を併せて行なうこととする。というのも、ヴェブレンの衒示的消費は有閑階級（富裕層）の消費行動を分析対象としているからである。

2．わが国の富裕層の実態について

2-1　富裕四族

　富裕層の購買行動について博報堂生活総研の調査結果を見てゆくことにしよう[3]。これは富裕層の実態を探るために「世帯年収2,000万円以上の東京に住む人々」を富裕層と定義し、起業家、レストラン経営、病院経営、エリートサラリーマン、ITコンサルタント、弁護士、公認会計士、貿易業、外資系金融、マスコミ、ホテル経営、作家、デザイナー、オーナーカンパニーの子息などの職業の30人に対して行なったインタビューに基づいている。それによれば、富裕層は4つのタイプに分類され「富裕四族」と呼ばれている。「黒リッチ」、「隠れリッチ」「守リッチ」および「一点リッチ」である。それぞれのタイプの特徴については次のように捉えられている。

　「黒リッチ」これはブラックカードと呼ばれる高所得者向けのクレジットカードの所有率の高さから呼ばれる人々である。見た目が裕福であり、豪華な生活をしている。つまり全方位に対して豪華な消費を行ない顕示欲も強いグループである。

　「隠れリッチ」は可処分所得が高い割には生活が派手ではなく、顕示欲も弱い人々である。仕事が忙しく派手に金を使う時間がない場合もある。外資系金融機関に勤めて高額の年収を得ている人でも自己顕示欲の低いひとは隠れリッチに入る。つまり結果として富裕層になった人々である。元来普通のビジネスマンなので高額消費の経験がなく、服装や車も派手ではない人々であるが、この層に属する人々がわが国ではどんどん増加している、といえる。

　「守リッチ」とは代々続く資産家であったり、祖父母の代に事業が成功したり

して，生まれた時から金持ちである人々をさす。生まれながらにして裕福であり，物に恵まれているために，かえって消費に関心がなく，顕示欲が弱い。ブランド品への憧れも少なく，安いものであっても自分が気に入れば買う。しかし，消費に消極的といっても庶民とはベースが違うので，冠婚葬祭，教育，不動産購入などに関しては相当な金額を支出する。

「一点リッチ」生活のベースは庶民よりも上であるが，これまでの富裕四族と比較すると世帯収入が少なく，特定の商品やサービスだけにお金を使う限定消費を特徴とする。一見地味だが自分のポリシーをもっている。顕示欲は強い。

富裕層についてのこの四分類の中で金銭的な力を誇示するタイプが「黒リッチ」と「一点リッチ」であることがとても興味ぶかい。「黒リッチ」は，まさにヴェブレンの「衒示的消費」を実践する人々であるが，富裕層のなかでは所得水準がもっとも低い「一点リッチ」においても限定された領域であっても「衒示的消費」を行なう人々がいるという点である。

2-2 ニューリッチ

わが国ではじめて富裕層向けのマーケティングの重要性を唱えたイーマーケティングの臼井宥文は財閥などに代表されるオールドリッチに対して，90年代以降に台頭してきたIPO長者などを含むニューリッチを次のように5分類している[4]。「プロフェッショナルリッチ」，「勝ち組リッチ」，「ストックリッチ」，「リタイアリッチ」および「ラグジュアリーリッチ」がそれである。そしてニューリッチのそれぞれのタイプについて想定プロファイル，消費傾向，価値基準および問題点を次のように特徴を要約している。

まず，「プロフェッショナルリッチ」であるが，想定プロファイルとしては専門的な資格の取得などを通じで努力して財をなした好奇心旺盛な行動派であり，比較的高年齢層が多い。消費傾向は「自己投資」型消費であり，基本的にはブランドやトレンドにこだわらず，自分の気に入ったものを買う。価値基準は，自分の選択眼に自信がある。消費に関する知識や経験が豊富であるため，品質には厳しい。問題点としては価格の妥当性について敏感で支出がシビアで

あるという点を挙げている。

次に「勝ち組リッチ」である。想定プロファイルとしては、収入の高い職業に従事したり、起業で成功するなどいわゆる「勝ち組」である。急速に資産を形成した若年層が多い。収入のほとんどを自分の判断で使える。消費傾向は「セレブ」型消費であり、「お得意様」扱いされる「馴染み」の店舗や担当者から商品を購入する傾向がある。豊富な資産を使いブランド品の購入も多い。価値基準としては、消費や情報に特別敏感であり、稀少かあるかどうかなどを気にする。信頼している人の推奨など人間的な影響力を受けやすい。問題点としては、パターン化、システム化された行動を嫌う。

「ストックリッチ」：想定プロファイルはコツコツと頑張ってきたらいつの間にか資産が蓄積できていたり、ストックオプションで思わぬ財を成したりした一般的なサラリーマンが多く年齢層も多様である。消費傾向は「堅実」型消費であり、情報感度も比較的低く、消費にも消極的であり、贅沢品については否定的なイメージを抱く傾向がある。価値基準は、素材の良さ、丁寧な作りこみ、価格の妥当性など品質面を重視する。問題点は富裕層らしい消費意識や行動がまだ身についていない点である。

「リタイアリッチ」：想定プロファイルは住宅ローンの返済や子育てが終わり支出も大幅に減少。退職金や企業年金の支給、相続遺産で夫婦二人が自由に使える資産と時間を持っている。団塊の世代の大量退職が進み、富裕層のボリュームゾーンを形成している。消費傾向としては、「エンジョイ」型消費といえる。自分本位のこだわりのある消費行動を採る。若い頃のなかなか叶わなかった夢の実現などリバイバル消費に走ることもある。価値基準としては、じっくりとこだわりを追求する。人とのつながりを大切にする。新たな楽しみの発見にも貪欲であり、信頼している人間の推奨の影響が大きい。問題点としては価値観が固定化されているため無関心なジャンルへ向けさせることが困難。

最後に「ラグジュアリーリッチ」：想定プロファイルとしては、資産は乏しいが特定のカテゴリーに対しては富裕層のような消費行動を採る。若年層が多い。収入の多くは自分の裁量で使用できる。海外旅行経験やインターネットを

通じて世界の情報をすばやく入手したりする。消費傾向は「こだわり」型消費。保有資産に見合わない多額の出費。情報収集段階から購入決断まで徹底した熟慮とこだわりがある。価値基準は，人並みの情報には左右されないこだわりを持っている。商品のブランド，価値や物語性をベースとする傾向がある。問題点としては資産が余りない点が挙げられる。

2-3 『新世代の富裕層の「研究」』の捉え方

野村総合研究所のデータによれば，[5]富裕層を純金融資産で一億円以上保有する層と定義した場合，富裕層マーケットの規模は，2005年時点で86万5千世帯，保有金融資産総額は約213兆円と推計される。

特に富裕層は1997年以降増大傾向にある。特にこの富裕層マーケットにおいて今後世代交代が進むにつれて，新世代富裕層への対応が焦点となる，といえる。1947年以降生まれの富裕層を「新世代富裕層」，それ以前の富裕層を「旧世代富裕層」と分けた場合，たとえば資産運用における能動性において前者は

純金融資産の保有額別マーケット規模の推計

5億円以上	超富裕層	46兆円	52,000世帯
1億円以上5億円未満	富裕層	167兆円	813,000世帯
5000万円以上1億円未満	準富裕層	182兆円	2,804,000世帯
3000万円以上5000万円未満	アッパーマス層	246兆円	7,019,000世帯
3000万円未満	マス層	512兆円	38,315,000世帯

出所：野村総合研究所推計

富裕層の資産形成と世代別の特徴

	新世代富裕層	旧世代富裕層
最初からの金持ちタイプ	帝王学を受けた資産家の子弟	難題も続く家系を守る地主
こつこつ金持ちタイプ	自分の事務所を持つ弁護士	夫の残した不動産による収入を長年貯めた未亡人
突然の金持ちタイプ	脱サラして成功した事業を売却	夫に運用を任せていた資産を相続した未亡人

出所：野村総合研究所

後者に比べて，優れている。また情報収集においてもインターネットを利用する傾向がある。新旧世代を軸としてそれぞれの特徴を整理したのが別表である。

2-4　新富裕層の消費とライフスタイル

　上で触れたように富裕層といっても今後富裕層向けのビジネスや消費行動を調べる上でのターゲットなると考えられるのは，富裕層のうちでも新富裕層である，といえる。そこで富裕層の実態について見ることにしよう。ここでの富裕層とは「純金融資産額１億円以上，総資産額３億円以上，世帯年収3,000万円以上のいずれかに該当する人」である。

　また職業では起業家，医師，会社役員および後継社長の４つで全体の67％を占めている。世帯年収は１億円以上３億円未満が26％（50人）おり，総資産額で見ると１億円以上の資産保有者は全体の88％を占め，50億円以上も４％いた。

　保有する車では１位メルセデスベンツ（69人），２位トヨタ（39人），３位日産（26人），４位BMW（23人），５位ジャガー（11人），ポルシェ（11人）となっている。また好きなブランドでは，１位エルメス（65人），２位カルティエ（65人），３位ロレックス（64人），４位ルイ・ヴィトン（57人），５位フェラガモ（51人）となっている。これらを含む高額商品への関心も当然高く，500万円以上の車を所有している人の割合は70％以上であり，国内外の別荘を45％が購入している。さらに，クルーザーやキャビン付きヨットは６％（11人）。500万円以上の絵画を持つ人は25％いる。

調査対象者の年代別構成

年代	構成比（％）
20代	1
30代	6
40代	24
50代	32
60代以上	37

第2章　富裕層と衒示的消費　　*181*

　趣味やコレクションでは，何らかのコレクションを持つ人が120人（60％以上）いるし，その多くは美術・工芸品，時計・装飾品である。欲しいものには大金を惜しまない，というところが新富裕層の特徴といえる。

2-5　『日本のお金持ち研究』における富裕層の姿

　次に『日本のお金持ち研究』[6]を採りあげ，わが国における富裕層について見ることにしよう。これによれば，わが国の金持ちは高額納税者の職業的分布から「企業経営者」と「医師」がわが国における二大メジャー職業といえるが（11頁），地方では富裕層の職業として医師の占める比重が極めて高い（12頁）。また，企業経営者はオーナー経営者，サラリーマン社長という二つのタイプに分類できる（16-17頁）。さらにその中を見れば，企業家のビジネスは1位製造業，2位サービス業，3位卸売・小売業（18頁）となっている。また地理的な分布から見れば，高所得者の3人に一人は東京居住であり，特に港区赤坂，港区南麻布，世田谷区成城，大田区田園調布に集中している（20頁）。職業では高額所得者として医師があげられるが，ある特定の診察料の開業医が顕著に多数をしめている（23頁）。しかし，それは医師全体についてではなくて，眼科，美容外科，糖尿病診療科，不妊治療科など，いわゆる特定専門診療科である。これらは現代の患者数の推移と密接に関連している（27頁）。特に，美容外科の伸長は顕著である（33頁）。日本では高所得者に占める弁護士の数は極めて少ない。アメリカとは非常に異なっている（45頁）。

　次いで，日本の上流階級（105頁）についてみることにしよう。まず「日本における上流社会をさまざまな角度からみてゆく。本書の主要関心は高額所得者であるが，高い所得を稼いでいる人は社会では上流階級とみなされる。とはいえ，必ずしも高い所得を稼いでいない人でも上流階級とみなされる場合もある。代表例としては，戦前の身分は貴族であったが，"没落貴族"と呼ばれることがあるように，戦後，低所得に苦しむ上流階級の人もいた。……戦後の改革によって，旧来型の上流階級と異なる新しい階級が登場することとなった。その人たちがどういう人であるかを詳しく検討して，わが国の上流階級を素描する

のが目的である」。

「上流階級を論議するためには，まず階級とは何かを明らかにしておく必要がある」として，次のようにいう。一般的に定義すれば，所得，生活水準，職業，地位，政治思想，生産要素の保有状況，文化資本の程度等々の社会経済にまつわる変数で人々を区別したときに，同一の特色を共有する人たちの集まりが「階級」である。なお，英語で階級と階層を区別すれば，class と stratum（複数形は strata）となる。social　stratification（社会階層）は所得，教育，職業の三変数で代表される社会的な階層である（108 頁）。

戦後の高度経済成長期を迎えて産業構造は大きく変化し，中間階級あるいは中産階級が大量に誕生することとなった。……論者により微妙に意見が異なるが，企業では働く人の数が急増したことにより，その人たちの中で事務や管理・専門的な仕事に就く人の数が増加した。それらの人は……まさしく中間階級と呼ぶにふさわしい（115 頁）。しかし，この新中間層の中でもエリート層と非エリート層の違いが明確になるようになった。この差を決めるのは学歴が一つの指標であるが，後者は企業の中で昇進のできない，あるいはそれが遅い層であり，所得もそう高くないが，前者は企業の中で管理職・専門職として働き，所得も比較的高い層である。

日本の上流階級は時代によって変化があった。上流階級とは，身分，所得，権力，支配力などによって定義されるが，時代によって，これらのうちのどれが重要な変数であるかが異なるからである。……大企業の経営者，特にオーナー企業者は，所得，権力，支配力のすべてを兼ね備えた上流階級とみなすことが可能である（127 頁）。

今回の調査回答者の多くは年収 1 億円前後（131 頁）であり，平均資産額 54 億円（133 頁）である。

では，このようなお金持ちの日常生活はどのようなものであろうか。特に富裕層の余暇の過ごし方に焦点を当ててみたい。長期休暇についての設問には，海外旅行，国内旅行という回答が得られたが，年代的に違いがある。50 歳代以下では 1 位が海外旅行，2 位国内旅行などのレジャー派が上位であるが，60

歳代以上では1位仕事となっている。つまり年齢が高い高額所得者ほど「仕事人間」が多いという結果が出た (153 頁)。このことは，お金持ちの余暇の過ごし方は，旅行やレジャー派と仕事人間に大きく二分できるが，加齢につれて「仕事」を重視する人間が増加する傾向がある，といえる (157-159 頁)。高額納税者の自家用車を調べてみると1位トヨタ，2位メルセデスベンツ，3位日産自動車という結果を得た。車種では，ベンツ，セルシオ，クラウン，BMW，プログレ，シーマなど (166 頁)。

　そして結論として，次のように述べている。年収1,500万円以上を高額所得者とすると，個人営業世帯と法人経営世帯が主たる職業となる。前者は自営業とみなしてよく，法人経営者とともに，規模の差はあっても両者は経営に当たっている人とみなしてよい。……勤労世帯の過半数（7割以上）は年収500万円から1,500万円の間におり，これらの人は中流階級を形成している。ただし，勤労者でも1,500万円以上の所得を稼いでいるひとも相当数いる。1,500万円という所得を境にすれば，おおまかにいえば，上流は経営者層と一部の勤労者，中流は大多数の勤労者といえる (213-214 頁)。たしかに，この勤労者は中流階級を形成しているが，勤労者でも1,500万円以上の所得を稼いでいる人も相当数いる。1,500万円という所得を境にすれば，おおまかにいえば，上流は経営者層と一部の勤労者，中流は大多数の勤労者層といえる (214 頁)。

　高額所得を年間納税額3,000万円（所得はおよそ1億円相当）と定義すると，企業家が33.3%，トップではない経営幹部（副社長以下の役員）が11.6%，医師が15.4%，芸能人・スポーツ選手が2.2%，弁護士0.4%，その他38.7%である。上位二つが企業家と医師であり，約45%を占めており，現代の日本では「お金持ち」はこの二つの職業で代表されている，といえる。

　もう一つの特色は，企業家や経営幹部は多くが東京や大阪の大都会に居住していることである。特に東京の多さが目立つ。それに対して，医師は全国くまなく居住している。つまりビジネスの世界での成功は大都会で，医師の場合にはどこの地域でも高額所得者になれる可能性がある，といえよう。

　また企業家について比較して見ると，そこに大きな変化があることがわかる。

1984年では，土木建築，百貨店・スーパー，不動産賃貸，銀行，鉄道といった大企業の経営者が多かったが，2001年では，ITやプログラム開発といった情報通信，化粧品製造，飲食チェーン，パチンコ経営，コンサルタント，消費者金融，シンクタンク，人材派遣業といったように，様々な業種にわたる。1960年代では製造業，建設業，商業・金融といった産業の大企業経営者が名を連ねていたし，1984年においてもその傾向が続いていたが，現在では人々へ直接サービスの提供を行う業種が圧倒的に多い。経済のサービス化の結果である，といえよう。しかもこれらの業種は自分で起業してビジネスを成功させた場合が多く，いわゆるサラリーマン経営者と異なっている点が特色である（215頁）。

　また，この書物は日本の上流階級がどのように変化してきたかも論じている。戦前の上流階級は華族，大土地所有者および産業資本家が代表的なものといえる。戦後，社会経済が大きく変化すると共に，新しいタイプの上流階級を生んだ。その代表は日本経済の高成長とともに興隆した，大企業のオーナー経営者とサラリーマン社長の一群である。いわば大企業の経営者が高額所得者の代表となり，日本の上流・支配階級となった。同時に高級官僚とそのOBも，政官財のパワーエリートとして存在した（219頁）。一時期日本は土地価格上昇期，そしてバブル経済期には，土地保有者や土地賃貸業の人たちが高額所得者として顔を出したこともあったが，それも土地価格の沈静化によって後退することとなった。それに代わって登場したのが，起業家を中心にした様々なサービス産業に従事する経営者である。日本の伝統的な企業を嫌って，外資系の企業で成功すれば，相当高い所得を稼ぐことも可能となった。同時に医者も同じく頭角を現したのである。これらの人々は高い所得を稼いだが，日本の政治や経済の分野において指導者層として君臨しているかといえば，まだそうであるとはいえない。

　これらの人は一部の既成エリート層からは，経済的な成り上がり者と冷ややかな眼でみられることもある。今日の上流階級は混沌としているといっても過言ではない。非常に高い所得を稼いでいる人が，必ずしも高い教育を受けたり，

社会的地位の高い職に就いているわけでもなく、しかも指導者層やエリート層を形成しているわけでもない (220頁)、というのが現状である。

2-6　JMR総合研究所『消費社会白書2006[7]』の検討

　JMR総合研究所はインターネットモニターを使い、消費をどう読み、どのようなアプローチが有効なのかという消費社会研究を行なっているが、ここでは特に「世代交代によって変わる価値観」「格差拡大と世代交代が生む消費リーダー」「生活の趣味化」といった点を中心に、現代の消費者、特に富裕層の消費実態を明らかにしている。

　まず、世代交代による価値観の変遷であるが、若い世代での「上層志向」の価値観が今後ますます強まっていくと考えられる。しかし一方、低所得者層も増加しており、この層では収入減少、逆に高所得層では収入の増加という収入格差が生じている。また、生活レベル意識も「中の上」「下」が増加し、下方にシフトしている。収入格差の拡大も共通認識化しており、若年層ほどこの格差を受容している。需要の方向には二つある。享楽的な志向やあきらめから「下」を容認している層と上昇志向があり生活レベルの上昇や成功を得られる可能性を信じている層である。そして消費者の価値観について因子分析を実施し、6つの潜在因子を抽出した[8]。

　世代による差がもっとも顕著なのは「上昇志向」であり、若い世代で高く、年上の世代ほど低い傾向が見られる。「立身出世」も同様の傾向が見られる。それに対して「公益志向」「信頼社会」「自力解決」は年代の高い層ほど高い。

因　子	寄与率
公益志向	30.3%
上昇志向	19.6%
立身出世	10.3%
享楽主義	8.5%
自力解決	6.3%
信頼社会	4.4%

収入格差については,次のような傾向がある。まず500万円～2,000万円未満の層が減少し,500万円未満の所得の低い層が増加している。また,世帯年収が高いほど収入増加の割合が高く,世帯年収が少なくなるほど収入減少の割合が高くなる。ここから明確に収入格差の拡大傾向を見ることができる[9]。

次に,消費意識についてみる。消費意識の変化において前年度のデータの比較により変化が5ポイント以上あり,上昇傾向と判断できるものとしては「他人の持っているものが羨ましいと感じることが多い」「他人よりも良いものを買ったり身に着けたりしたい」「周りの人が持っている商品やブランドが気になる」などが挙げられている。生活に必要最低限のものがあればよいという消費に対する抑制意識は低下しており,他人の目を気にする消費に対する意識の高まりが見られる[10]。つまり消費の外部性が強まっている。さらに消費意識44項目を因子分析し,5つの潜在因子を抽出している。

ここでいう顕示消費は,ヴェブレンが『有閑階級の理論』によって提示された有閑階級の消費様式としての「他人にみせびらかす」ための消費をさす,と注釈がついている。「衒示的消費」を指しているのであろう(衒示的消費については次節で検討している)。「バンドワゴン」とは,友人やテレビタレント,街で見る人など他人が持っているものが欲しくなる,他人が持っているものを自分が持っていないと不安になる意識と説明されている[11]。ここで注目に値するのは,現代の消費意識における「衒示的消費」(顕示的消費)の大きさである。つまり他人の目を意識した消費であり,これは相対的に収入が高くない若年層で高いということである。これは富裕層に見られる全方位的な消費ができない層であるから,当然一点豪華主義にならざるを得ず,先に引用した「ラグジュ

因　　子	寄与率
顕示消費	48.8%
バンドワゴン消費	10.5%
消費衝動	7.9%
堅実消費	5.6%
他人意識消費	5.4%

アリーリッチ」の存在を裏付けるといえる。

3．富裕層と衒示的消費

　以上，最近のさまざまな富裕層に関するデータを要約しつつ，富裕層の実態を明らかにしてきた。

　確かに富裕層は冒頭に述べたように最近にわかに注目を集めてきており，ここで採りあげた以外にも多くの文献やデータがでているが，その大部分は構造については詳細に論じてはいるものの，なぜ富裕層はそのような消費行動（購買行動）をするのか，という動機については掘り下げた分析が行なわれていない，といえよう。

　そこで，冒頭でも触れたように，今から100年ほど前に富裕層，有閑階級（富裕層）の消費行動を透徹した独自の視点から分析したヴェブレンの所説を取り挙げることにしよう。特に『有閑階級の理論』の理論における「衒示的消費」の考え方は現代の富裕層の動向を見るうえでも参考にすべき点が少なくないといえる。

　ヴェブレンのいう有閑階級とは非生産的な職業に従事する上層階級のことであるが，それらに属する職業として，政治，戦争，宗教儀式およびスポーツを挙げている[12]。「有閑階級は，名声という点で，社会構造の首位に立っている。だから，その生活様式なり，価値の基準なりは，その社会の名声の規範を与える。……有閑階級によって課せられる名声の規範は，ほとんど何らの障害なしに，社会構造全体を通じて最低の階層にいたるまで，その強制的な影響力をおよぼす。その結果は，各階層の成員は，そのつぎの上位の階層に行われている生活様式を，見苦しくない生活の理想としてうけとり，その理想にかなった生活をおくるようにつとめるということになる[13]」。

　ここでヴェブレンが述べているように，社会の上層階級である有閑階級の制度はそれ以下の階層に強制的な影響力を持つ，という点が重要である。

　そして「よき名声の基礎となるものは，結局金銭的な実力である。そして，

金銭上の実力を示し，したがってまた，よき名声を獲得し，維持するための手段は，閑暇であり，また財貨の衒示的消費である。したがって，これらの方法は両方とも，それが可能である限り，ずっと下の階層でも用いられる[14]」という。衒示的消費は富の所有を誇示する方法である。しかし，社会分化が一層すすみ，一層広い人間環境に手を届かすことが必要となる場合には，消費の方が，体面を保つ通常の手段として，閑暇の上を行くようになり始める。その人の金銭上の能力を印象づける唯一の実際的な手段は，代価を支払いうる能力を絶えず見せつけることである。評判となるには無駄なもの，余分なものの消費でなければならない。生活必需品の消費では，何の役にも立たない。

しかし，重要なことは「ある種の品目もしくは役務の主な目的や要素が，いかに明白に衒示的消費であるにしても，それらのものの用途には，有用な目的が少しもないと主張することは危険であろう。また，主として有用な生産物について，その価値のなかには，無駄の要素は，直接的も間接にも全然無関係である，と主張することは，いくぶん危険の程度が少ないだけであろう[15]」。つまり，ヴェブレンは消費における制度的・儀式的な側面ばかりを重視したわけではなく，もうひとつの実際的な側面，効用についても正しく把握していた，といえる。

では，人々がこのように肉体的な快楽のために必要なもの以上に支出を行う直接の理由は，自分たちの目に見える消費が金のかかっている点で他のものを凌駕しようとする直接的な努力ではなくて，それはむしろ「消費する財貨の量や等級の点で，慣習的な体面の標準にかなった生活をしようとする願望である[16]」。そしてひとたび採用した支出の規模から後退することは，慣習化した支出の規模を，富の獲得に応じて拡大することよりも，ずっと難しい。

そしてわれわれを突き動かす動機は「見栄を競うこと——われわれが，自分たちをそれと同じ部類と考える習慣となっているひとたちを追い越そうという気持をおこさせる差別的な比較の刺激[17]」である。それぞれの階級は，社会的な階梯で次の上位に位する階級を羨み，またそれと見栄を争うけれども，自分以下の階級，もしくはずっと先にすすんでいる階級に自分を比べてみることは滅多に

ない。つまりわれわれの金銭支出の世間的な体面の標準は、名声の点でわれわれの次の上位に位するものの慣習によって定められる。そしてヴェブレンはこのような「見栄―差別的な比較―の性向は、古くから成長したものであり、広く行きわたった人間性の特徴である」[18]と考える。

さらに見栄を競う性向は、本来の経済的な諸動機のうちでもっとも強く、また鋭敏で長続きするものである。産業社会では、このような見栄を競う性向は、金銭上の見栄となって現われてくる、と考えた。

このように経済的な動機を人間の本質的な性向、すなわち見栄に求めることにより、なぜ有閑階級に属するひとびとが衒示的消費を行なうのかが、わかってくる。ひとつは人々が所属する階層に相応しい消費をすることであるが、それはあくまでも他の人々から認知されることを必要とする。つまり、どんなに裕福であったとしても、それを証拠立てる、他の人々からみて認知される形でなければならない、というのが衒示的消費の意味であり、この行動は主体的、能動的な側面を持っているといえる。

ブランド品や高価な商品をなぜ富裕な人々が購入しつづけるかといえば、欲望の充足は新たな欲望の出発点となるからであり、名声の規範は、ほとんど何らの障害なしに、社会構造全体を通じて最低の階層にいたるまで、その強制的な影響力をおよぼすからである。

またゾンバルト（Werner Sombart, 1863-1941）は、その著『恋愛と贅沢と資本主義』の中で「奢侈、ぜいたくとは、必需品を上まわるものにかける出資のことである。この概念は明らかに相対的であり、必需品とはいったい何かがわかったときはじめて、これだというはっきりした内容がわかる」[19]という。その方法には「主観的な価値判断（倫理的、審美的、その他どんなものであってもよい）に関係づけることである。もう一つは、必要の度合いをはかることができる何か客観的尺度を求めることである」[20]と述べている。しかし「奢侈は二つの意味をもっている。奢侈は、量および質の二面から定められる。奢侈は量的には財貨の浪費と同じことを意味する。……質的な意味での奢侈は、よりすぐれた財貨の消費をさす。また奢侈が、量的かつ質的な意味をあわせもつこともあ

る(実際には,質量ともにぜいたくということが多い)[21]」。そして,こうも述べている。「しかし,どんな時代でもよい,奢侈が一度発生した場合には,奢侈をよりはでなものにしようという他の無数の動機がうずきだす。野心,はなやかさを求める気持,うぬぼれ,権力欲,一言でいえば他人にぬきんでようという衝動が,重要な動機として登場する。ヴェブレンは,その精彩ある著書『有閑階級の理論』の中で,あらゆる奢侈ならびに所有を求める気持のすべてを,他人に先がけてなにか所有しようというこの衝動に帰着させようとした[22]」。

　ヴェブレンの消費論にとって重要なことは,それが因襲的な経済学の人間観とは異なる人間観を出発点としている点である。ヴェブレンにとって人間行動は社会的・文化的行動である,と考えられた。人間は孤立した個人ではなくて,社会や文化の影響を受ける,したがって人間行動の一部である消費行動も同様な影響を受けると考えられた。しかし,ヴェブレンの場合には人間は固有の本能を原動力とする能動的・主体的なものであり,環境への適応過程において,行動習慣(思考習慣)制度を形成すると考えられた。特に『有閑階級の理論』では人間は快楽主義的な解釈に基づく受動的な人間ではなく,活動的な主体として捉えられている。ヴェブレンにとって経済学は文化経済学であったし,消費も同様に文化の視点から捉える文化消費論といえる。そして文化とは制度の複合体であり,制度は思考習慣の束である,と考えられた。

4. まとめ

　以上見てきたように,富裕層といってもそれに属する人々の行動パターンが単一ではないことがわかる。しかし,その中でも自らの富裕を誇示する行動を採る人々が現在でも存在する。たとえば,それは博報堂生活総研の分析では,「黒リッチ」であり,「一点リッチ」であり,イーマーケティングの分類では「ラグジュアリーリッチ」である。また『日本のお金持ちの研究』からは「企業経営者」と「医師」(ただし,眼科,美容外科,糖尿病診療科,不妊治療科など特定専門診療科)が相当する。彼らの消費行動は自らの金銭支払能力を誇示す

るような消費行動（購買行動）を採っている。まさにヴェブレンのいうところの「衒示的消費」を行なっているといえよう。もっともこのような傾向はJMRの『消費社会白書』からも見て取れるように，必ずしも富裕層の行動ではなく年代の格差はあるものの一般的な消費行動に顕著に見られる行動である，ことは注目に値する。つまり，現代のわが国では，「衒示的消費」は富裕層の一部の行動ではなく，消費者一般（大衆）の消費行動にまで浸透している，といえよう。

この意味でヴェブレンの消費論は，現代における消費行動を解く上でのひとつのカギを与えてくれるものと考えられる。

ヴェブレンの消費論はタルド（Gabriel Tarde, 1843-1904）やジンメル（Georg Simmel, 1858-1918）らの消費の諸概念と共に消費の貴族的なスタイルを一つのモデルとしているといえるが[23]，消費スタイルとして以下のように分類する考え方もある[24]。

もっとも富裕層の消費行動の多様性は，わが国に限ったことではない。パッカードは30人の超大金持ち（ウルトラ・リッチ）30人へのインタビューを行なったが「驚いたことの一つは，マスコミが作り上げた大金持ちのライフスタイルや性格にぴったりと当てはまる人々が極めて少なかったことだった。金持ちといっても多種多様なのだ」と述べている[25]。さらに「20世紀の初めのソー

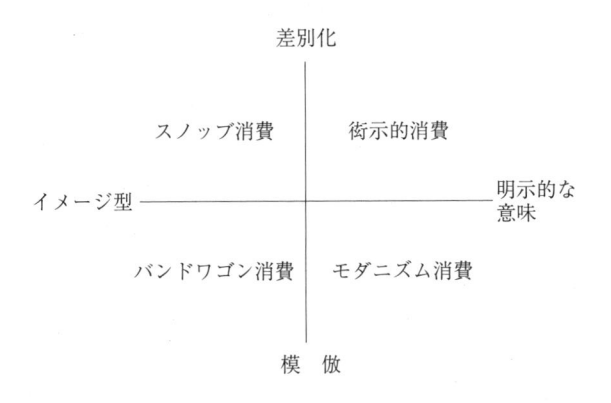

```
                    差別化
                      │
        スノップ消費   │   衒示的消費
                      │
 イメージ型 ───────────┼─────────── 明示的な
                      │            意味
        バンドワゴン消費│  モダニズム消費
                      │
                    模 倣
```

スタイン・ヴェブレンの時代には，どんなふうに選んでも『怠惰な金持ち』が含まれただろう。当時，怠惰は自らの豊かさを誇示する方法のひとつであった。だが，私の印象では，怠惰は，年老いた女性以外では，もう大金持ちの特徴ではなくなってきている。今日のリッチたちは何かをしたがっている。……いずれにせよ，本当の怠惰な人物にはとうとうであわなかった」[26]。ここでパッカードがインタビューしたウルトラ・リッチの平均純資産は 1985 年当時で 3 万 3,000 万ドル。そのうちの一人は 10 億ドル単位の資産家ビリオネアであった。そして，現代の大金持ちの特徴を「上品なライフスタイルを維持しようと努力することで，金持ち仲間，特に昔からの金持ちの人々の間での地位が高まる，と考えている。……今日，贅沢なライフスタイルがみられるのは，どちらかというと 1,000 万ドルから 4,000 万ドル位の資産家らしい。彼らのほうが楽に努力できるし，地位にも敏感な傾向がある」[27]。

つまり，超大金持ちの間では，衒示的消費は行なわれなくなりつつあるが，最後の引用からのも明らかなようにそれ以下のランクの金持ちでは，やはり地位に関心があるといえそうである。アメリカの金持ち間でも，その消費行動に多様性が見られるといえる[28]。

このように富裕層にもいくつかの代表的なパターンがあり，また消費者一般にもやはり「衒示的消費」と呼ぶのが相応しい消費行動が存在することは確かである。その意味でヴェブレンの「衒示的消費」は決して過去のものではなく，現在の消費行動を考える際にも，まだその価値と意義を失っていないといっても過言ではあるまい。

注）
1) 2006 年 6 月 21 日にメリルリンチとキャップ・ジェミニは『ワールド・ウェルス・レポート 2006 年度版』を発表した。また 2010 年までに，世界の富裕層個人の資産は毎年平均で 6.0% ずつ上昇し，44 兆 6,000 万米ドルに達する，と予想されている。もちろん，その一方で例えば，三浦展『下流社会　新たな階層集団の出現』（光文社新書 221，2006 年 1 月 5 日 11 刷発行）などのように，逆の方向，すなわち下流階級の増大への関心も増大しつつある。三浦は，その中で，「今後「中」

が減って「上」が増えるとすれば、「上」に向かって商品を作るノウハウがもっと必要になる……中流化から階層化へのトレンドシフトは、これまでのビジネスモデルを無効化し、新しいビジネスモデルを必要とする」と述べている。(前掲書、32および38頁)。もっとも階層社会に関しては、たとえば、小沢雅子『新・階層消費の時代　所得格差の拡大とその影響』(朝日文庫、1989年3圧20日第一刷発行)といった先行研究がある。

2) *The Theory of The Leisure Class: An Economic Study of Institutions* (New York: The Macmillan Company, 1899). ただし、引用は (New York: Augustus M. Kelly 1975) のリプリント版を使用。邦訳は小原敬士訳 (岩波書店、昭和36年5月25日第1刷発行) を使用する。

3) 週刊東洋経済、2006.2.25、50～51頁。および『BBCOM』2005月号、博報堂生活総合研究所、研究員、原田曜平「ぜひお客様になって欲しい『おカネ持ち』さん大解剖『富裕四族』に注目」も必要に応じて引用している。

4) 『週刊ダイヤモンド』第94巻39号、通巻4150号、平成18年10月14日発行、34頁および『日本の富裕層　お金持ちをお得意様にする方法』宝島社。

5) 同上書、49～52頁。

6) 橘木俊詔・森剛志『日本のお金持ちの研究』(日本経済新聞社、2005年3月25日1版1刷)。

7) JMR生活総合研究所『消費社会白書2006　動き出した選択消費、すすむ生活の趣味化』(2006年1月20日第1刷発行)。

8) 同上書、8頁。

9) 同上書、22頁。

10) 同上書、37頁。

11) 同上書、38頁。また最近の日本人の消費スタイルを自分が気に入った付加価値には対価をはらう「プレミアム消費」、多くの情報を収集し、お気に入りを安く買うという「徹底探索消費」、購入する際に安さよりも利便性を重視する「利便性消費」および製品にこだわりはなく、安ければよい、という「安さ納得消費」という4つに分類する考え方もある。そしてプレミアム消費の特徴として、最近大幅な増加傾向にあること、若い未婚者で多いこと、および消費余力が高いという3つを挙げている(野村総合研究所『第三の消費スタイル　日本人独自の"利便性消費"を解くマーケティング戦略』野村総合研究所広報部、2005年9月7日初版発行、16頁および35～36頁)。

12) 『有閑階級の理論』小原訳、9-10頁。

13) 同上書、84頁。たとえば、タルドは、こういう。「あらゆる時代に於て、支配階級は模型的階級であつたか又は模型的階級として始まつたものであつた」と述べている(ガブリエル・タルド　風早八十二訳『模倣の法則』第一期刊行「社會科學体系」7、而立社、大正13年7月19日發行、371頁)。

14) 同上書、85頁。そしてヴェブレンは第7章で「金銭的文化の象徴としての衣服」

の中で,こう述べている。「衣服の中に表示されるのは,特に財貨の衒示的浪費の法則である。……女性の衣服は,その着用者が生産的職業から離れている,ということを誇示する点で,男性の衣服よりもずっとまさっている。……衣服は,際立って金がかかっており,また不便なものでなくてはならないばかりではない。それはまた同時に,最新流行のものでなければならない」(小原訳,161-166頁)。また,この点については,塚田朋子著『ファッション・ブランドの起源−ポワレとシャネルとマーケティング−』(雄山閣,平成17年12月25日初版発行)も参照されたい。

15) 同上書,100頁。
16) 同上書,101頁。
17) 同上書,102頁。
18) 同上書,107頁。この点について坂井素思は,次のように述べている。「彼は(ヴェブレン−内田),贅沢な浪費を行なう動機を,物的な欲求や財そのものの物理的特性ではなく,物的な財を超越したところに求めている。浪費を行なうのは,物的な財やサービスそれ自体であるにもかかわらず,財そのものの消費には意味を与えていない。ここで浪費を行なう,その根底にある動機は,金銭的な張り合い,あるいは見栄(emulation)であると考える」(坂井素思著『経済社会の現代＝消費社会と趣味の貨幣文化＝』,放送大学教材,1998年3月20日第1刷,76頁)。
19) Werner Sombart, Liebe, Luxus und Kapztalisumus, 1922.金森誠也訳『恋愛と贅沢と資本主義』(論創社,1987年7月25日,初版第1刷発行,96頁)。
20) 同上訳書,96頁。
21) 同上訳書,96〜97頁。
22) 同上訳書,99頁。
23) 星野克己編著『文化・記号のマーケティング』(国元書房,1993年7月10日初版発行),岡本慶一「消費文化の変革と価値デザイン−日本型消費社会と企業」73頁。
24) 同上書,74頁の表を一部修正。
25) バンス・パッカード,藤島泰輔訳『ウルトラ・リッチ−超富豪たちの素顔・価値観・役割−』(ダイヤモンド社,1990年1月11日初版発行,6頁)。
26) 同上訳書,52頁。
27) 同上書,185頁。
28) またニューリッチについては,次の書籍も参照されたい。ディビッド・ブルックス著 セビル楓訳『アメリカ新上流階級 ボボス−ニューリッチたちの優雅な生き方』(光文社,2002年8月30日初版1刷発行)。書名にある「ボボス」とは,新しい情報化時代にエリートのことであり,ブルジョア・ボヘミアンのことである(二つの単語の最初の二文字からなる)。

第3章 アメリカにおける女性の消費者行動

1. はじめに

　制度派経済学の創始者であり，制度学派の建設者のひとりとしても著名なソースタイン・ヴェブレン (1857-1929) は制度化された行動様式としての消費を処女作『有閑階級の理論』[1]で採りあげている。そしてヴェブレンは差別的な象徴として金銭支払能力を利用する制度的あるいは儀式的な消費と道具的な消費を明確に区別している。そして，このような二分法は，ヴェブレンの経済体系を貫く基本的な考え方である[2]。

　そこで私は Zdravka.K.Todorova の論文「合衆国における女性の消費者行動の道具的側面と儀式的側面」[3]をとりあげることとした。というのも，この論文は，ヴェブレンの二分法に基づき消費者分析の代替的な枠組みを提示することを目的としており，現代における制度主義的な消費論の意義と価値を再検討するために役立つと考えたからに他ならない。

　この論文における Todorova の考え方は次のように要約できる。まず個々の消費者行動が他の人々の消費者選択から独立していると考える主流派の消費者理論の仮説は消費者行動の要素として習慣形成を全く排除している点に異議を唱えている。次に消費財は道具的側面と儀式的側面の双方を持っており，それらは基本的な生活のニーズおよび社会的アイデンティティに対する欲望を充足する。そして社会的行動が習慣的であり，経済活動としての消費者行動も社会的行動であるから，その基礎を過去にさかのぼる必要がある。それゆえ消費者行動の分析は歴史的なアプローチを必要としている。さらに消費者行動にルールを定めている儀式的価値および道具的価値を探求するためには質的データを

必要とし，ジェンダーによっても特徴づけられるものとして消費者行動を捉えている。最後に消費者分析の代替的枠組みの特徴を列挙している[4]。それではTodorovaの所説を見てゆくことにしよう。

2．理論的背景

2-1 社会的行動の儀式的特徴と道具的特徴

　Todorovaによれば行動の習慣の結果として社会的行動が習慣的である，ということを認めるならば，一定の行動パターンは道理にかなったものである。それは過去に根ざしており，イデオロギー的に儀式的価値に基づくものを表しており，神話や儀式は儀式的信念を行動に向かわせる慣例である，という[5]。したがって「儀式的な価値は習慣的であり，伝統的な慣行によって条件づけられる。それらは地位，権力および慣習についての関心を反映している[6]」，といえる。儀式的な信念はある一定の行動を評価する基準を与え，人々にとって社会における特別な地位を規定する。それゆえに儀式的な価値は個人の経済行動に対するルールを決めるのに役立つものである[7]。

　例えば消費者としての主婦の行動は，家を清潔にすることや外観を保つことに責任がある，というステレオタイプによって形作られている。この態度のルーツは結婚の制度に影響を与えている宗教制度に埋め込まれた価値観に見出すことができる。この制度は，女性は夫のニーズを満たすべきである，という仮定にもとづいている。これらのニーズの一つに生活するための心地よい場所というものがあるから，女性はよい家庭環境を与えるために最善を尽くし，同時に母としてパフォーマンスに気をつけるべきである，という行動パターンの形成は聖書に遡ることができる。

　Todorovaによると，伝統に従うという無意識的な習慣のために，儀式的価値は長い間ほとんど研究されていなかった。しかし，新しい道具的な現実が生ずる場合には，進歩した道具や技能を吸収できる新しい行動パターンが要求される。道具や技能が問題を解決するプロセスに使われる判断の標準は変化を必

要とする。テクノロジーの変化は儀式的価値および行動パターンの変化を必要とする。新しい手段は現存する制度に基づいているだけでなく，将来の思考習慣・行動パターンあるいは新しい制度の形態にも影響を与える。これが制度的変化の連続をあらわし，儀式と道具の二分法を暗示する[8]。また，貨幣の支出方法に関してウェズレー・ミッチェル（Wesley Clair Mitchell, 1874-1948）は消費に関する最も重要な単位として家庭に注意を払った。彼は支出における女性の役割を強調し，その行動への伝統の影響に特に言及している[9]。そして女性の消費パターンといった特定の経済行動を分析するためには，儀式的価値と道具的価値によって形成される特定の文化としてみることが不可欠である。エヤーズ（Clarence Edwin Ayres, 1891-1972）によれば，文化とは「経済行動が一部に過ぎない組織された行動の集成」である[10]。

2-2 制度主義者的消費論

文化を人々の歴史的経験とともに形成される，と考えるならば，消費が歴史的な結果であり，それを単なる価格や所得の関数としてみることは，その複雑な構造の理解から離れてしまうこと，ということは明らかである。制度主義的消費理論はニーズや欲望の形成に関心をもつ。価格は消費者行動に影響を与える要因のひとつにすぎない。制度主義者は欲求の形成および変化の原因である儀式的および道具的諸力を要因として分析におり込んでいる。

Todorovaよればヴェブレンは「支出の方法と目的が金銭的見栄に対する欲望によって形づくられる，と考えた。それは社会的地位を示し，同胞の人々の尊敬と妬みをうる。彼は見栄の習慣を所有権の起源および習慣の本質にまで遡った。金持ちの消費者が購入している商品と類似した商品を購入することによって，われわれは尊敬と価値を感じることができる。消費を人目につくように見せびらかすことは，その商品の道具的価値ばかりでなく，地位の標示としての儀式的価値にも関心を示している。それらは基本的な生活のニーズを満たすと同時に社会的アイデンティティに対する欲望をも満たしている。それゆえに行動は文化的ならびに動的な特徴をもつ社会的な構成体として分析されるべき

である」[11]。このように消費者行動は変化しつつある社会的プロセスの一要素であり，その他の制度と関連している。購買は歴史的プロセスの一要素を現している。

2-3 婦人の消費習慣の基礎としての「野蛮時代の女性の地位」

次に Todorova はヴェブレンの所説を引用しつつ，野蛮時代における女性の地位について論じている。見せびらかす目的としての財産は個人の所有権に関連している，といえる。「野蛮時代の女性の地位[12]」という論文の中で，ヴェブレンは略奪的野蛮時代における支配の傾向を示すものとして征服による女性の獲得を論じている。それは女性の所有権および支配家父長制システムにおける高い地位を示している。未開社会における女性に対する男性の支配は女性の慣習や習慣，商品に対する趣向およびライフスタイルに対する態度などを形づくるのに寄与している。ヴェブレンは「支配権や所有権に関する好みの増大はもっとも直接的そしてもっとも強く男性の嗜好に影響を与える。しかし，男性は上層階級であり，その見解は社会についての現在の見方を決定するから，ものごとにおける共通の感覚が独自のイメージにおいて嗜好についての現在の基準を形づくる。道徳性やまた礼儀作法の点において，女性の嗜好もまたやがて同様な方法において影響を受ける」と述べている[13]。

女性の所有は略奪社会における男性の名声のために不可欠となり，所有—結婚の制度によって他の種族からの女性の儀式的略奪の導入をもたらす。また女性の美に対する標準は，女性が美を得るために使うアクセサリーと同じく年齢とともに変化してきている。したがって，女性の消費者行動を形づくる一つの要因として男性の選好の支配を見ることができる。制度は変化するが，原始時代の所有権の関係はその後の社会の道具的および儀式的環境や両性の役割にも影響を与えている。そこで，Todorova は合衆国の女性の地位および消費者文化を分析することによって合衆国の歴史という文脈におけるある種のジェンダーについての固定観念が女性の消費者文化を形成する要因としての重要性を証明しようと考えた[14]。

第3章 アメリカにおける女性の消費者行動 *199*

3．合衆国における女性の社会的地位と消費者行動

3-1 合衆国における女性消費者文化の形成要因としてのジェンダーについての固定観念と家族制度

　植民地であるアメリカの女性の一生は部分的にヨーロッパ，特に16世紀および17世紀のイギリスにおける女性と男性の関連についての伝統的な考え方によって形作られていた。しかし北アメリカにやってきた人々は封建制度の遺物を捨て去り，その習慣を変えることについて柔軟であった。入植者の中には，妻や娘とともにやってくるものもいた。それでも女性は不足していた。このことは主婦になりうる女性を緊急に入植させる需要を生み出した。その一方で，女性の不足はさまざまな地位にある男性を選ぶ機会を女性に与えた。このことは，ある程度まで女性に消費のパターンを決定することを可能にした，ということがいえる。というのも，植民地の夫は法律によって妻を援助することを強いられていたからである。[15]

　植民地時代の世帯の相対的な自給自足性を考慮すると，女性は購買力の大部分を行使していなかった，といえる。実際，女性は大部分のアイテムの生産に責任があった。それらは，その後の技術的向上と大量生産の一般化とともに購入対象となった。テクノロジーの進化とともに女性の消費者行動は変化した。しかしホームテクノロジーの採用は怠惰あるいは無能力な女性だけが新しい機械を使う，という家庭内の独自のムードのため1860年代および1870年代の間は進まなかった。[16]旧式の世帯を維持することは社会的に確立された道徳性を証明する方法であった。1880年代までに商業的に処理されたフルーツや野菜の有用性は都市化社会の増大とともに家庭で缶詰を作るという慣行を妨害した。相対的な価格の高さとともに，食料雑貨店の缶詰は新鮮ではないし，食品の味つけは「缶臭い」という先入観をもっていたことが既成の食品について主婦たちを懐疑的にした。ソープ・キャンドル（アロマ・キャンドル），服，食品などをつくることは，女性の仕事の領域であったが，市場向けではなくて，直接，その家庭のニーズを満たすためであった。家庭の主婦の仕事は支出を減らすこ

とであった。その一方で，義務として主婦の仕事が免除されている上層階級では主婦たちは商品を購入したり，召使や家庭の奴隷を監督したり，社会的な接待や装飾的な役割を演じていた。[17]

　白人の植民地の女性の主要な活動の中心は家族や世帯にあった。出産は入植者の生活において主要な役割を演じていた。女性は平均8人の子どもを生んだ。結婚と家族の確立とともに，財産の相続が男性にとって経済的独立の印となった。他方，女性の出産と世話をする役割は美徳の指標としてみられた。というのも，女性が男性の威厳に寄与するからである。さらに家庭生活に対する女性の義務は，アメリカ独立戦争時代（1776-1816）の間の若いアメリカの国民の重要な支えと看做された。ライリーによれば，母や妻としての女性の概念はこれらの時代の間に強化された。[18]そのような価値体系を教え込まれたので，女性は，それに応じた人生を過ごし，特定の消費者文化や行動を作り上げた。これらの特徴の中には現在まで残存しているものもある。

　たとえば，献身的な家族の保護者としての女性の役割は掃除や洗濯洗剤の大部分のコマーシャルに見ることができる。ターゲット消費者としての主婦に対するこれらの広告のメッセージは，その商品を買うことで女性は家族のメンバーを健康に清潔に保つだけでなく，彼らの愛情と関心をも得る，ということである。

　Todorovaによれば，真の女性らしさの礼賛はステレオタイプにアメリカの主婦を陥れたし，家族の幸福に役立つような生産的な仕事のために子どもたちにちゃんとした身なりをさせ，家のカラーコーディネイトに腐心させるようにした。しかし，やがて女性は買手としての役割を演じることによってその能力と創造力を応用することができるようになった。賢い買手になるように主婦を教育することは，製造業者自身の特権になった。彼らは最初一般的な女性用の定期刊行物を広告およびPRのメディアとして使った。

　1907年以降の雑誌の広告にはカレッジの卒業生のような身なりをした若い女性が洗剤をもっている。このコマーシャルの一つの面から，広告を特徴づけるいくつかのパターンやその時期の女性の消費者文化を要約することができる。

卒業ローブを身にまとった女性のイメージは，知識のあるイメージや感覚と同一視される商品を使う主婦を作るためのものと思われた。広告主は彼女たちの自尊心に挑むことによって女性の傷つきやすさを利用した。その商品が近代的である，ということを強調することで，コマーシャルは，主婦に買手としての新しい知的役割を含め，新しいトレンドとともに進んで行くべきである，ということを伝えた。

　女性の定期刊行物は行動の慣習やパターンの形成において大きな役割を演じている。*The Lady's Magazine and Repository of Entertaining Knowledge* は1792年に創刊された初の定期刊行物であり，アメリカの女性の生活において重要な役割を演じた。[19] それ以降にあらわれた女性雑誌は，効率的な家事，正しい女性のマナー，ファッションや軽い読み物などのように，ジェンダーを特定したトピックスを採りあげていた。相対的に高価であった初期の定期刊行物はエリート階級に読まれたし，文学，エチケットあるいはファッションを素材としたものから構成されていたが全く広告はなかった。印刷技術のイノベーションは一部当たりの価格を安くすることで，より広い流通を可能にした。さらに鉄道，道路の改善や安価な郵便サービスは定期刊行物の大量流通を可能にした。最終的に，製造部門の成長のおかげで，企業家に広告スペースを提供することで，出版社は出版する雑誌の価格を切り下げることが可能となった。これらのことは女性定期刊行物により広範囲にわたる読者を導き，女性文化により大きな影響を与えた。[20]

　しかしながら，これは特に男性に比べて知的に劣っていると考えられていた女性の間で雑誌を読むことが一般的な活動になるまでは可能ではなかった。男性と女性の読書の間にはジェンダーによる差異が存在した。男性は政治，歴史やテクノロジーイノベーションに関心を持っており，それに対して女性にとってのうってつけの読み物は軽いフィクションや役に立つヒント満載の文芸作品であった。女性についての伝統的なステレオタイプが広告主のターゲットとして女性の雑誌の読者の確立に関して重要な役割を演じるようになってきた。「女性心理」を念頭において広告主は定期刊行物の内容や出版に影響を与えた。

女性の定期刊行物は子供に関する分野も含んでいる。そのような特徴は母親にその雑誌を購入する別の理由を与えることを予期し，将来の読者や消費者を形成するのに役立つ。子どもの分野は消費パターンにおいてジェンダーの違いを形成し分割される。

たとえば，少女のおもちゃは，こどものジェンダーの社会化というプロセスに関連していた。たとえばスクラップブックや人形の家で遊ぶことは将来の家を飾るための教育の一環であった。屋内でのテクノロジーの進歩の開始，家事のための少女向けの小さなおもちゃや技術的に目新しいものを使う習慣が創造され，将来の成長した女性の消費者文化が形づくられた。自分の母親を真似して，少女たちは自分の人形を母親のように世話をし，社会的環境が要求する消費パターンにはまっていった。[21]

母親の支出習慣は家族の最優先事項によって特徴づけられる。富くじの賞金200ドルを何に使うか尋ねられた時，回答した母親の59％は家族のためにお金を使う，と答えた。それは銀行に預けると答えた回答27％の二倍以上であった。[22] この結果は結婚した女性の購入選択が家族のニーズにいかに結びついているか，を示しており，この考え方の起源は結婚制度から生じている，といえる。

これらのことは，ステレオタイプのいくつかのものが女性の社会的地位に関連している，ということを示している。それは女性の消費者文化を形成してきている。妻たちは夫をサポートし，手助けをする。それには家政婦としての役割も付随している。家事は専門的な職業であり，購買は，その生産的な役割の一つを代表している。そして，子どもに対する基本的な責任は母に付与されている。これらのステレオタイプは合衆国の女性に対してあてはまるだけでなく，特定の消費者文化の形成にも寄与している。

3-2 合衆国の働く女性の地位の変化と消費者行動の変化

ところで南北戦争（1861-1865）は，女性を戦争のために努力させ，女らしさのモデルを変えるのに役立った。女性は，いかに資金を調達するか，といった新しいスキルを学ばねばならなかった。女性はユニフォームを縫ったり，資金

第3章　アメリカにおける女性の消費者行動　203

を増大させるための組織化，看病などにも参加した。これらの活動にはミシンのような新しい技術的な機器をマスターすることも含まれていた。これらは過去においては家でのみ働いていた女性の習慣を変化させた。女性は家庭における意思決定者になった。多くの女性は南北戦争後，家に戻ったけれども服従的な役割を再開することは多くの場合むずかしかった。これらの状況はアメリカ女性の独立に対する要求を形作り始めた[23]。

　女性のファッションの民主化は女性の地位の変化の兆候のひとつである。1860年代のdress-pattern産業の出現は女性が自分の衣服をより簡単に作ることを可能にし，新しい社会的な活動の要求に見合うように衣服を簡素化し，調整する自由を与えた。賃金労働，教育およびスポーツやパーティなどのレジャー活動に対する女性の願望は衣服や消費者行動を修正した。働いている女性大衆をターゲットとした二つのタイプの大量生産された商品として，高価ではない衣服と三文小説をあげることができる。はじめは男性を対象にしていた既製服産業も女性のための服にも範囲を拡大し，大量生産アイテムでドレスメーカーの商品にとって代わった。多くの女性の労働者が1870年代に，どんどん現われた。その仕事の多くは消費財産業にあった。より多くの女性がお金を稼ぐようになるにつれて，いくつかの産業は女性を家庭のメンバーの一員としてよりも，むしろ一個人としての消費者とみなし始めた[24]。

　このように20世紀への転換期から働く女性による三文小説とファッションの消費は社会的慣行に関連しており，夢の世界を創造するこれらの商品の想像力に富んだ要素をかたちづくった。それは「働いている女性は流行しているものを身につけるが，彼女たちは特に女らしさをコード化するスタイルの要素を誇張している。踵の高い靴，大きなあるいは非常に飾り立てられた帽子および上質の下着などである。さらに，彼らは，衣類のドレスアップのために中産階級によって趣味が良いと考えられているよりも多くの色を使い，衣服を見せびらかす要素を誇張する」傾向がある[25]。

　家庭における女性の労働の伝統は，賃金のすべてを家族に与えるという慣行を導いた。技術革新の採用による労働市場の構造の変化は働いている女性の経

済的地位の変化をすぐにはもたらさなかった。しかし個人としての女性の消費者の形成は，儀式的慣行が新しい道具的価値にとって不適切になってきた時に可能になった。女性の消費者行動の制度は，伝統的な女性の役割に関連した永続的な儀式的慣行によって，また道具的環境の変化によっても影響を与えられてきた。伝統的な女性のライフサイクルは変化してきた。結婚するまで働くことから，生涯労働に関与するという平均的な男性のプロファイルに，幾分近づいてきた。次第に長期間労働力として留まることが予期され，女性はより高い賃労働のために訓練を受けるために投資するようになってきた。職業訓練および職業の開始に対する「ヴォーグ」のような大衆雑誌における広告は，面白さ，責任および社会的地位が新しい仕事の機会をともなう，ということを暗示する形容詞を使った。[26]

　他方，大衆定期刊行物の出版社は合衆国の働いている女性の財政的独立の増大の潜在性をみた。働いている女性消費者に対するこの種の態度は労働力の構造における変化に起因する経済構造の変化を物語っている。新しい道具的評価方法は，メーカーや出版社の代わりに消費者としての女性の待遇の変化に表現を見出しているばかりでなく，新しい儀式的パターンを形づくりはじめた。ビジネス環境における競争は成功についての女性の認知に影響をあたえ，そのライフスタイルを変え，増大しつつある多くの女性消費者の新しいニーズを充足する継続的願望に対する刺激を作りだした。女性の消費者の伝統的な男性市場への参加は商品の購入を通じて自由を獲得することに対する願望であったことを証明した。すべての働く女性を購買能力やライフスタイルにおける差異のない同質的な集団と見ることは単純化である。働いている女性はさまざまな集団に属しており，雑誌は階級戦略あるいは大衆戦略を使った。

　しかしながら，給料の良い仕事についている女性は定期刊行物によってターゲットとされる唯一の集団ではない。キャリアを求め，豊かな労働者階級に属したいと望んでいる，あまり豊かではないが働いている女性も，もうひとつの読者および購買者のセグメントを代表している。伝統的に女性の消費者に届ける伝達手段である女性雑誌の広告主は，読者に伝える広告スタイルとパターン

をテレビチャネルに移した。

　マーケッターによって「宝物」と考えられる新しい女性の経済力は，労働力への参加から生まれてきた。データによれば，[27] 1960年代において年間フルタイムで働いている場合，女性の収入の中央値は男性の5,368ドルに対して3,257ドルであった。それは男性の収入の60.7％であり，男性の収入は女性よりも64.8％高い。1990年において女性の収入の中央値は19,822ドルであり，男性の27,678ドルの71.6％であった。男性の収入は女性を39.6％上回っている。他方1981年において，共働き世帯全体の16％では，妻が夫よりも多くの収入がある。1987年には共稼ぎの世帯の18％では，配偶者よりも多く稼いでいる妻がいた。妻が給金を稼ぎ，家庭の家計を補うにつれて，妻は個人的なニーズのためにより多く支出することができる，と感じるようになってきた。

　独身の働いている女性は自分自身のために買物をする自由を感じるようになり，年齢や所得によって差別化されるターゲット市場を代表するようになった。1960年には未婚の女性の割合は合衆国の全女性の12％に留まっていた。1970年には14％だったが，1992年までには未婚女性は約20％となった。独身女性のうち89％は，自分自身に報いるような方法で買物をしている。また，さまざまな年齢集団の独身女性は自分自身に褒美を与えるようになってきた。この「ご褒美文化」(rewarding culture)は広告によって助成されたものであり，女性の化粧品の数多くのコマーシャルに見ることができる。購入は道具的なニーズだけでなく，自尊心や独立を証明することにも関連した儀式的なニーズをも充足させる活動である。自動車，コンピューターあるいは不動産を所有することは道具的必然性と社会的ライフスタイルの双方である。それは女性の高い社会的地位や自由を証明している。多くの広告は自由が商品の購入を通じて手に入れられる，ということを暗示している。これらの種類のメッセージを女性大衆に伝えるということの成功は女性の社会的地位についての伝統的な表現と関連している。急速な技術革新は，この女性の消費者行動の儀式的特徴の理由に対する新しい領域を与えた。[28]

　買物行動との関連については次のことがいえる。女性の従業員の40％がオ

ンラインで買物しているのに対して、女性の企業オーナーの57％がオンラインで買物をしている。その他の働いている女性の23％に比べて、女性の企業オーナー／管理職の30％は、カタログから注文をしている。女性の企業オーナーはビジネスだけではなく、個人的生活においても生活の方法としてのテクノロジーを進んで取り入れている、ということを示している。インターネットによる消費現象の増大は大衆市場ではないが相対的に豊かな市場による市場の増大としてみることができるかもしれない。利便性と時間の節約は高所得の働いている女性にとっては満足できる要素である。しかしながら、電子商取引が大衆市場として利用しやすくなった場合、購買習慣と購買方法は漸次的に変化する。これが生じたとき、女性の消費者行動は道具的な現実の特性によって影響を受けるが、現在、制度的な消費の構成はオンライン購買に関する女性消費者の間の階級区別を助長する、というのがTodorovaの主張である。[29]

3-3　合衆国における女性と階級，社会的アイデンティティおよび衒示的消費

　消費は特定の階級に属しているという人々の主張を助長する階級社会の一つの要素である。商品の取得に対する熱望は現在の所得と富の不平等にかかわる対立を創り出す。消費者行動は必ずしも買手の現実の地位と釣り合うとは限らない。財によって与えられるアイデンティティを得るための企ては、特定の社会階級に属したいという熱望を表している。合衆国社会は、市場先導の経済体制を通じて個人によって達成される物的豊かさが、人間の価値および資源の効率的管理によって良い秩序に貢献する、ということを伝統的に認めている。しかし、このイデオロギーは大衆消費を維持しているが消費制度を特徴づける不平等に対する解決策を与え損なっている。事実、アメリカの快楽主義的な豊かさのモデルはヒエラルキーの考え方に依存しているし、大量生産の創造が下層の社会的階層に権利を与えている。資本主義的生産システムの目的は、購買能力を通じてのあらゆる階級に権利をあたえることではなくて、市場規模を増大させながら消費者のアイデンティティを創造し、変化させることである。[30]

　商品に対する欲望は、個人がある一定のニーズを充足させる必要を望む場合

に進化する。ニーズは明白な生理的な必要性や特定の社会的地位に対する熱望に関連しているだけでなく，道具的な事実にも関連している。新しいニーズに関して消費者を教育することは，マーケッターの主要な仕事である。それは広告や PR を通じて達成される。したがって，電子メディアを媒介するファッションやショービジネスは，階級社会内の新しい個人的アイデンティティや行動パターンの形成に関与している。集中管理された娯楽産業の商品は大衆に広まる。その手法は次第に同質的になってゆく。他方，この大衆は次第に国際的になってきた。というのも，合衆国の映画やテレビ番組が世界の大部分の国のビデオの輸出を支配しているからである。女性が主要な消費者になってきたために，メディアを通じて女性のイメージを操作することに力点が置かれるようになってきた。[31] このように消費者社会の発展は確立されたジェンダーの役割によって影響を受けてきた。

　合衆国では Godey's Lady's Book のような雑誌の発売とともに「完全な女性らしさ」のイデオロギーがアメリカの女性の消費者文化を形作り始めた。雑誌は，完全な淑女を重んじる優雅さや宗教の理想の一部として，女性の最も重要な義務としてドレスの追求を植えつけた。[32] 立派な身なりをすることは，その他の義務と同様に理解され，受け容れられている。それは立派な身なりをしていることは，幸福に役立つ落ち着きと沈着さを伝えることを意味する。また，幸福であり，非常に冷静である女性は，彼女の周りにいるあらゆる人をより穏やかにする，と考えられた。伝統的な女性のアクセサリーの役割は女性がまわりにいるあらゆる人々の美徳に貢献する，という社会的な期待において表現される。さらに立派に着飾ることの義務は古いものを投げ捨て，新しいものを買わせる刺激である。男性が葉巻や煙草，クラブ生活や深酒にお金を費やすのに対して，女性はドレスの精巧さによって埋め合わせをする。経済力と社会的伝統の結合した影響力の結果として，ドレスに焦点をあわせ，女性は支出および思考についての習慣を獲得する。

　Todorova によれば，女性の衣服の重要さは過去半世紀の合衆国の少女のアイドル（バービー）によって表されるかもしれない。アメリカの郊外に住む階

層の形成期に出現したから，バービーは中産階級の消費者スタイルおよび物的成功に対する個人的熱望を反映している。バービーを通じて販売促進される商品は衣服や家具にのみ限定されるわけではなくて，目覚まし時計，スポーツアクセサリー，自動車や新しい道具的事実において消費することができるアイテムならばどんなものも含んでいた。バービーとその多くの友達はこれらの商品の認識をもたらし，子どもの物の見方にニーズの大きな領域を誘導した。子どもはこれらのニーズを「自然なもの」として認知したし，バービーと同じくらい多くの友人を得るだけでなく，高い実質的な地位を達成するために，絶対に必要なものと考えた。この人形を一つのモデルとして考えた場合，子どもは，それを重要な社会のヒエラルキーとして経験する。将来の女性の消費者の心を満たすものとして，商品取得の習慣および伝達された行動のパターンにしたがう傾向は，「バービー文化」で育った女性を適切なターゲットマーケットとする。[33]

　ファッションという制度は伝統的な見方と変化しつつある道具的価値観によって特徴づけられる。それは階級区別のチャネルとなり，社会的な秩序を特徴づけ，また，それによっても特徴づけられる。特定の地理的および時間の構成の中で暮らしているので，消費者はファッションと一致して活動する。その行動は伝統的経済的合理性についての見方には合わない。というのも，買手は道具的機能よりも商品の儀式的機能により多くの関心を持っているからである。しかしながら，もしも，われわれが消費者行動を道具的および儀式的要素の双方によって構成されるひとつの制度としてみるならば，われわれは買手を合理的な活動者としてみることができる。というのは，彼らは道具的ならびに儀式的なニーズによって導かれる方法で行動するからである。

　合衆国において，社会的承認に対する女性の熱望は一般的なトレンドに遅れないでついてゆきたいが同時に違っていて特別でありたいという幻想を維持したい，というトレンドに関連している。マーケッターはこの態度を育ててきた。メッセージは特別な商品の品質を証明することに従属する賞賛を使うだけでなく，それらの商品を使うことができない女性に対する優越を示唆する。階級階

第3章　アメリカにおける女性の消費者行動　209

層社会を説明する1940年代および1950年代の女性の大衆雑誌の広告は，衒示的となる能力が美徳の特徴である，という原理に基づいている。このトレンドは定期刊行物の方向性が，大衆よりも特定の階級であることを明らかに示している。

House Beautiful, Town & Country や *House & Garden* のような1980年代の雑誌はインテリアデザインや台所の情緒的価値を強調するその他のライフスタイル雑誌よりも富裕な読者に焦点を絞っている。高所得グループの中では，伝統的なインテリアはWASPの家で見られる。彼らは伝統的上流階級のファッションにしたがっている。近代のインテリアデザインは，社会階層を上昇した階級の家に見出される。彼らは高い社会的地位を熱望しているが，衒示的消費の新しい形態を行使している。それは伝統的社会の地位およびスノビッシュの拒絶の双方を示している[34]。世帯に関する女性の買手の選択は財力ばかりでなく，労働環境にも関連している。それは衒示的消費の形態を特徴づけに決定的に重要である。高い社会的階層において，特に食事はゲストがある場合には，格式ばっており丹精したものである[35]。食事に関するもう一つの区別の次元は，伝統的あるいは近代的な女性の態度である。それは職業経験に関連している。高給をとって働いている女性は準備の容易さや選択における重要な要因として健康を考慮するだけでなく，ビジネスあるいは個人のいずれかの場合，レストランなどで外食することがしばしばある。外食することは，場所に関する衒示的消費の形態であり，属している階級を示している。それは高価で凝った食品，適切な服，宝石，メーキャップ，ヘアースタイルや自動車さえも含んでいる。

　誇示するという言葉は思考および行動の習慣に刻み込まれる。それは，ある種の強いられた思考の秩序の思慮深い受容を表している。人々は外的な標示秩序に喜んで服従し，それにしたがって行動する。したがって，合衆国の女性の消費者は，構築されたヒエラルキーの秩序に応じて行動する。それは所属している階級を証明する手段として儀式的な言語の使用も含んでいる[36]。

4．伝統的消費者行動理論に対する代替的理論の枠組み

　以上を踏まえて Todorova は次のように結論づけている。歴史的根拠と制度的道具的および儀式的分析にもとづく議論は，合衆国における女性の消費者行動について二つの主要な結論に導く。第一に，女性の行動は歴史的に合衆国における道具的および儀式的事実の変化と一致している。第二に女性の消費者行動は歴史的に決定されるアメリカ社会において支配的なイデオロギーによって影響をうける。アメリカの歴史を通じて３つのイデオロギーが消費者としての女性に強い影響を及ぼしてきた。

　女性の家庭生活のイデオロギーは二つの誇示的な結果をもっている。第一に，女性は自分自身のニーズと家族のニーズとを同一視する。第二に，家庭生活と出産，母親経由の子どもへの影響は現存している消費者行動のパターンの保存に役立つ。

　合衆国の女性の消費者行動についての結論は，ジェンダーによって特徴づけられる消費者行動に関する結論の説明の基礎を与える。第一にジェンダーに関しては，消費者行動は時間の経過とともに変化する社会におけるジェンダーの役割や地位によって特徴づけられている。第二に行動や評価および権力の選択の自由を持っている集団のイデオロギーや習慣に基づくステレオタイプである。そのステレオタイプはメディアによって強調され，その結果として，テクノロジーや政治秩序など道具的事実に依存する。さらに歴史的証拠は，ジェンダーのステレオタイプが既得利権によって利用され作られてきた，ということを証明している。第三に，全体としての消費者行動の制度に関連している。

　これらの結論から消費者理論の代替的な枠組みのための基礎として次の点が指摘される。第一に消費者行動は歴史的に形成される。第二に消費者行動は行動習慣に基づいており，社会的な価値評価の標準によって特徴づけられる。そして第三に消費者行動は特定の道具的および儀式的事実の中で生ずる。したがって，消費者行動＝Ｆ（道具的真実；儀式的真実）となる。この場合，道具的真実はテクノロジーの水準，すなわちニーズや欲求の異なった水準，歴史や社

会システムのタイプを表している。儀式的真実はステレオタイプ，大衆文化およびイデオロギーを伝えるための技術的能力である。つまりメディア，インフラ，歴史，支配的な経済的および政治的イデオロギー，既得利権を表している。

制度としての消費者行動の道具的および儀式的側面は手段とともに理解されるべきである。二分化モデルは，社会的な構築物としての象徴される消費者行動制度の複雑性を暴露するのに役立つ。その目的は制度を形づくる要素を分割することではなく，それらの役割を強調し，それらの相互作用を分析するのに役立つ。全体として，消費者のアイデンティティは道具的および儀式的環境において形成され，存続し，歴史的に特徴づけられる。したがって消費者行動の包括的な分析は，現代の支配的な主流派の分析ツールの枠組みでは不可能である。

Todorovaにより提示された代替的な枠組みは次のような特徴をもっている。1．経済力，既得利権および道具的事実を考慮し，生産過程との相互作用の認識。2．習慣，ジェンダー，階級などを考慮し合理的行動を仮定しない。3．質的および量的データを使用する。4．消費者を社会的文脈，相互作用および独立性という文脈において捉える。5．空間分析ではなく歴史的時間を用いる。

儀式的および道具的現実によって解釈される経済行動を分析することは合理的選択および効率の極大化の観念を排除する。このアプローチは効用関数，無差別曲線および需要曲線といった一般的な概念を使わない。経済主体が概念的に儀式的な価値に基づくことを表す歴史的に形成された習慣によって惹き起こされる，ということを証明することによって，歴史的な時間という観念をもっていない支配的な経済分析の枠組みに挑戦している。

5．おわりに

以上のようにTodorovaはヴェブレンの基本的な二分法を使い，合衆国における女性の消費者行動の変化について歴史的に考察している。そして制度的変化が女性の消費者行動の変化をもたらしてきたが，それらは伝統的な消費理論

では説明できるものではなく，ヴェブレン流の二分法，すなわち制度主義的なアプローチが不可欠である点を明らかにした点は大いに価値がある。また代替的な理論の基礎的な特徴まで提示している点も評価できる。

Todorovaの所説は具体的な事例が豊富であり，説得力がある。しかし，その所説に全く問題がない，というわけではない。まず，消費の二分法のもつ意味，その歴史についての説明がない。たとえば，ヴェブレンの金銭的な側面と産業的な側面の二分法をエヤーズは行動の儀式的側面と道具的側面との間の二分法に作り直した。それはまたフォスターによっても引き継がれているが[37]，Todorovaの所説には，そのような説明が見当たらない。

次に制度と消費や消費者行動について，たとえば衒示的消費に関する説明もほとんど挿話的にしか述べられていない点である。制度と人間行動あるいはその一部である消費者行動との関連はヴェブレンが『有閑階級の理論』で詳細に論じており，もう少し，掘下げた議論がなされていれば，Todorovaの所説もさらに強化された，と思われる。しかし，このような瑕疵はあるものの，制度主義的な思考に立つ理論による支配的な消費理論への代替案の提示は大きな価値を持っている，といえよう。さらに，このようなアプローチは，今後，女性の消費者行動だけではなく，消費者行動全体を説明するための理論的枠組み考える上でも，不可欠な論理的な階梯を示したものとして高く評価できよう。

注）

1) *The Theory of The Leisure Class: An Economic Study of Institutions* (New York: The Macmillan Company, 1899). Milton Lower, "*The Evolution of the Institutioalist Theory of Consumption*" in *Institutional Economics Contribution to the Development of Holistic Economics Essay in Honor of Allan G. Gruchy* (Boston: Martinus Nijoff Pubulishing) 1980, p. 82.
2) ヴェブレン流の二分法は制度派経済学者にとって中核的な分析ツールである，と考えられている。(William T. Waller, Jr. "The Evolution of Veblenian Dichotomy: Veblen, Hamilton, Ayres, and Foster", *Journal of Economic Issues*. Vol. XVI No. 3 September 1982. p. 757)。またクライン (Philip A. Klein) も同様な指摘をしている。"Ayres on Institution – A Reconsideration", *Journal of Economic Issues*. Vol. XXIV. No. 4 December 1995. p. 118. またダガー (William M. Dugger) はヴェ

ブレンとエヤーズの関係について，次のように述べている。「クラレンス・E・エヤーズはソースタイン・ヴェブレンとジョン・デューイを統合した。……その統合において，エヤーズはヴェブレンの金銭的な側面と産業的な側面の二分法を行動の儀式的側面と道具的側面との間の二分法に作り直した」。("Veblenian Institutionalism: The Changing Concepts of Inquiry" Journal of Economic Issues. Vol. XVII No. 4 December 1995. pp. 1013-1014)。

3) Zdravka. K. Todarova, "Instrumental and Ceremonial Aspects of Consumer Behavior Among Women in the USA", *Oeconomicus*, Volume IV, Fall. 2000, pp. 53-72.

4) Todorova, *Ibid.*, p. 53.

5) Todorova, *Ibid.*, p. 5.

6) S. Hickerson, "Instrumental Valuation" *Evolutionary Economics*. Vol. I (New York: M. E. Sharpe, 1988). p. 185

7) Todorova, *op. cit.*, p. 54.

8) *Ibid.*, p. 55.

9) Wesley C. Mitchell, "The Backward Art of Spending Money", *The Backward Art of Spending Money and Other Essays* (New York: Augustus M. Kelly, Inc, 1950), p. 6.

10) C, E, Ayres, *The Theory of Economic Progress: A Study of The Fundamentals of Economic Development and Cultural Change, Second Edition* (New York: Schocken Books,1962), p. 95. 98頁。C・E・エヤーズ著，一泉知永訳『經濟進歩の理論』現代經濟學名著選集Ⅲ（文雅堂銀行研究社，昭和41年6月30日再版発行，98頁）。本書において邦訳書を挙げている場合でも，必ずしも訳文は，それにしたがっているわけではない。

11) Todorova, *op. cit.*, p. 55.

12) Thorstein Veblen, "The Barbarian Status of Woman", *The American Journal of Sociology*, Vol. IV, January, 1899. この論文は次の論文集に再録されている。*Essays in Our Changing Order*, edited by Leon Ardzrooni (New York: Augustus K. Kelly, Bookseller, 1964), pp. 50-64.

13) *Ibid*, p. 56.

14) Todorova, *op. cit.*, p. 56.

15) *Ibid.*, p. 57.

16) Glenda Riley, *Inventing the American Woman: A Perspective on Woman's History: 1607-1877* (Illinois: Harlan Davidson, Inc., 1986), p. 132.

17) Julie Matthaei, *An Economic History of Woman in America* (New York: Schocken Books, 1982) p. 31.

18) *Ibid.*, p. 47.

19) M. E. Zucherman, *History of Popular Women's Magazines in the United States,*

1792-1995 (Westport: Greenwood Press, 1998), p. 1.
20) Todorova, *op. cit.*, p. 59.
21) *Ibid.*, p. 60.
22) *Ibid.*, p. 61.
23) *Ibid.*, p. 61.
24) *Ibid.*, p. 62.
25) Nan Enstad, *Ladies of Labor, Girls of Adventure* (New York: Columbia University, 1988), p. 78.
26) Todorova, *op. cit.*, p. 63.
27) *Ibid.*, p. 64.
28) *Ibid.*, p. 65.
29) *Ibid.*, p. 65.
30) *Ibid.*, p. 66.
31) この点については，フィリップ・コトラー，ケビン・レーン・ケラー著『マーケティング・マネジメント（第12版）』（ピアソン・エデュケーション，2008年4月15日初版第1刷発行，222-223頁）も参照されたい。
32) M. Colige, *American Woman – Images and Realities* (New York: A New York Times Company, 1972), p. 162.
33) Todorova, *op. cit.*, pp. 66-67.
34) Michael Argyle, *The Psychology of Social Class* (New York: Routledge, 1994), p. 114.
35) *Ibid.*, p. 117.
36) Todorova, *op. cit.*, p. 68.
37) William T. Waller, *op. cit*, pp. 757-772.

第4章 合衆国における家計貯蓄の低下傾向とその解明

1. はじめに

　合衆国の家計貯蓄率はその他の富裕な諸国に比べて低くなってきているし，その比率は最近数十年間で急激に下落してきた。合衆国の家計の貯蓄行動に関する研究の大部分はライフサイクル理論に基づいている。しかしながら，これらの研究が，たとえば合衆国における家計貯蓄率の低さやその減少を十分に説明できているかどうかに疑問をもち，異なる分析視角からアプローチしようしたのが，本章で取りあげるジョン・D・ウィスマン（Jon D, Wisman）[1]である。彼はヴェブレン（Thorstein Bunde Veblen,1857-1929）の制度主義的なアプローチを使い合衆国の家計貯蓄の低下傾向を解明しようとしている。ウィスマンは貯蓄傾向の十分な理解のためには社会経済的要因を説明することが必要である，と考え，以下で詳しく検討するように，一定の生計を維持する水準を超えた消費であり，社会的地位を証明するための消費である衒示的消費（conspicuous consumption）の概念によって動機づけられている二つの仮説からアプローチしている。

　このようなアプローチは合衆国における家計貯蓄の低下の原因を明らかにするための代替的アプローチとして評価できるだけでなく，現代における制度主義的なアプローチの意義と価値を再評価することにもつながるといえよう。本稿でウィスマンの「家計貯蓄，階級アイデンティティおよび衒示的消費」[2]を取り上げることにしたのは，このためである。

2．合衆国における家計消費とヴェブレンの衒示的消費

　すでに述べたように，合衆国世帯の貯蓄率はその他の富裕な諸国に比べて低くなってきている。ここ数十年において，この比率は1980-84年の10.4％から1985-89年7.7％に，1990-94の6.5％に，1995-99年の3.8％そして2000-04年には2.1％にといったように急に下がってきている。2005-2006年には，この率は，それぞれ−0.4と−0.1とマイナスとなり，1932-33年の大恐慌以来もっとも低くなっている[3]。そして，このような現象に対してこれまで多くの研究がなされてきているが，説得力のあるものはなく，「合衆国の個人消費率は不可解である[4]」とすらいわれている。

　さて，上で触れたヴェブレンの衒示的消費の概念によって動機づけられている二つの仮説とは次の二つである[5]。

　第一仮説は，合衆国における低い家計貯蓄率は垂直的移動（vertical mobility）を可能にし，それゆえに階級のアイデンティティについては相対的に弱い意味しか持っていない，というアメリカ人の強固な信念と関連している，ということである。その他の相対的に富裕な社会の場合ほどアメリカ人は社会的地位を家柄によって与えられたものとはあまり考えない。彼らは，もしも彼らが十分な努力をしたならば，その社会的地位を改善できる，という強固に信じている。十分な献身と努力を通じて，だれでも昇進し，社会的階級の最高の水準にすら達することができる。それは勉強し，一生懸命に働くことに対する個人の意欲次第であり，個人の責任である。

　しかしながら，いかに一生懸命に働いたとしても，それは一般的には，すぐには人目を引かない。より容易に関心を引くのは，いかに多く消費できるかである。それは事実上いかに人が一生懸命に働いたかに対する代替物として有効である。それゆえに，アメリカ人は，その他の富裕な国の人々よりも自分自身の社会的地位に個々人で責任をとる，ということを信じているから，彼らは社会的地位を証明することを強力に強いられている，と感じているし，それゆえに階級は消費を通じて認定される。

第二のそして必然的結果の仮説は，垂直的移動の程度が高い，と考えられている経済では，非常に高い程度の所得および富の分配の不平等がほとんど貯蓄しない傾向を増強している，ということである。大きな不平等は，社会階層の下位の消費者は上位者の消費水準と張合うためになお一層能力いっぱい働かねばならない，ということを意味している。

　ヴェブレンの衒示的消費は二つの次元を明示している。「差別的な比較」(invidious comparison)を容認する消費は，ある人の社会的地位を低い地位の人々よりも上にあることを証明することを意味する。一方「金銭的見栄」(pecuniary emulation)は，その社会的地位を所有していることをアピールする意図を持っているより高い社会的地位の人々の消費水準を模倣する慣習(practice)に関連している。ヴェブレンは「自己保存の本能を除けば，見栄への性向が本来の経済的動機の中で恐らくもっとも強力でもっとも抜け目がなく，永続的である。……見栄の—差別的比較—の性向は，古くから成長したものであり，広く行きわたった人間性の特徴である」[6]。

　ヴェブレンは，人間は他人の尊敬を必要とする，と信じていた。「自尊心の習慣的な基礎は隣人によって与えられる尊敬である。同僚の低い評価に直面して長期的に自尊心を維持できるのは，異常神経の人だけである」[7]。また，「人々の尊敬を獲得し，保持しつづけるためには，単に富や能力を保持するだけでは不十分である。富や能力は証拠立てられねばならない。というのも尊敬は証拠がある場合にだけ払われるからである」[8]。

　以上のようにヴェブレンの消費論について概説した後で，ウィスマンは合衆国における相対的に低く，最近減少している貯蓄率の理解のためのヴェブレンの消費者行動理論の適切さの吟味が目的である，ということを述べている。そして論文の全体の構成を次のように説明している。まず「貯蓄パズル」と呼ぶものを概説する。そこでは垂直的移動に対する潜在力の史的進化とその社会的含意を検討する。これは，合衆国における家計貯蓄の低い率が，合衆国における垂直的移動がすぐにできる，というアメリカ人の相対的に強固な信念と関連している，という第一の仮説の探求も併せて行なわれる。次に垂直的移動が可

能な経済においては，所得および富の分配が非常に不平等であることが，ほとんど貯蓄しない傾向を強化し，それゆえに，貯蓄率における最近の崩壊を説明することに役立つ，という仮説を吟味する[9]。

3．貯蓄パズル

　ウィスマンによれば，個人貯蓄の低率および減少率は，4つの主要な理由のために注目されてきている。第一にマクロ経済レベルでは，あまりにも少額の貯蓄はあまりにも低い投資を意味し，したがって将来における成長の停滞を意味する。これは合衆国が次第に必要な投資を海外融資に過剰に依存するようになってきた，ということである。第二に，短期的なマクロ経済の懸念は，貯蓄率の鋭い反転が景気後退を予想あるいは深めうる，ということである。第三にミクロ経済レベルでは，低い貯蓄率および特にその減少は多くの世帯にとって将来の財政逼迫の前兆である。第四は世代間の公正の問題である。今後25年間にわたり退職するベビーブーマーの増大による社会保障と医療保険制度のコストの増大は，近い将来の退職者の浪費行動とともに将来の労働者の負荷となる[10]。

　ところで，大部分の主流派の家計の貯蓄に対する意思決定についての研究は貯蓄についてのライフサイクル理論に明示的あるいは暗示的に基づいている。それによれば，家計は生涯にわたって消費を均衡させるように貯蓄したりあるいは貯蓄しなかったりする（消費の円滑化）。しかしながら，貯蓄行動に関するこれらの研究はほとんど意見の一致を生んでいない，といえる。たとえば，ターラーは貯蓄についてのライフサイクルモデルの問題点として次の3つを挙げている[11]。第一に，家計が「多様な期間の動的な極大化問題」を解決するための十分な知識をもっている，ということを仮定するというのは実情にそぐわない。彼らは限定された合理性を持っている。第二に人間はしばしば自制心をなくす。そして第三に家計は，現在の所得あるいは資産価値の変動のような形態において生ずる「富の源泉あるいは場所」によって，さまざまに反応する。こ

れらの不十分さおよび貯蓄についてのライフサイクル論が現在の経験と十分に一致するとは思えない。ライフサイクル仮説は個人あるいは家計が安定した生活水準を維持するために合理的に，その生涯所得を配分するものとしてみている。そのため消費あるいは貯蓄の動機を説明するのに役立つその他の社会的あるいは文化的諸力を分離している。このようなアプローチは選好機能の形成を経済学にとって外因的なものとしてみる主流派経済学の一般的な慣行と調和している。

これとは対照的にウィスマンがとるアプローチは選好関数を少なくとも部分的には外因的ではあると見る。すなわち，かなりの程度まで社会的に創造されるものと看做す。選好は，われわれの遺伝的に受継いだものと文化的な条件づけの双方の結果である。それゆえに，一定の生活水準を維持するように生涯所得を合理的に配分するためのいかなる能力も遺伝学的に与えられたものである。われわれが現実にすることは，われわれの特定の文化の結果である[12]。

ここで述べられている仮説は，明白でない階級格差と高い程度の垂直的移動についての社会的に生成された見解は諸個人が彼らの社会的地位の責任を取るということを示唆している，という意味において文化的である，というものである。成功を証明するために世帯は，高い水準の衒示的消費を行なうことによって社会的に彼らの上位の人々の行動と張合う。これはまさにヴェブレンが考えたことである。彼は次のように述べている。

階級の区別がいくらか曖昧ないかなる社会においても，名声や体面のあらゆる基準や消費のあらゆる標準は目に見えない等級によって最高の社会的ならびに金銭的階級―富裕な有閑階級の慣習や思考習慣に遡る[13]。

さらにヴェブレンは衒示的消費への関与を「軽蔑や貝殻追放を受けるものとして礼儀作法のことがらとして容認された支出規模への適合に関する一般的な主張を通じて」[14]強く社会的に強制されたものと看做した。それゆえに，消費者の「動機は確立された慣習にしたがい，好ましくない注目や批評をさけ，容認

された体面の基準に達した生活をしたいという希望である」[15]。この動機は非常に強力なので「社会のいかなる階級でも、たとえもっとも惨めな貧困階級でさえ、あらゆる慣習的な衒示的消費なしですませることはない。（そして）いちばん最後の小さな装身具や金銭上の体面のいちばん最後の見栄をすてるまで、ありとあらゆる卑屈や不愉快を忍ぶであろう」[16]。ヴェブレンにとって衒示的消費は、世間体を維持するために実行されるためにそれほど衒示的に追求されるものではない。さらにこういう。

　いかなる近代的な社会の大多数の人々にとって、肉体的な満足にとって必要なものを上回る消費についての一番近い理由は人目につく消費の高価さにおいて凌ごうという意識的な努力ではなくて、むしろそれは消費される財の総量や等級における因襲的な体面の標準に達した生活をしたいという欲望である[17]。

　奇妙なことに地位の追求は理論的にはライフサイクルモデルに適合するように精巧に作られている。もしも、より高い地位を得ために、現在の消費に非常に多くを費やしたとしても、その場合、晩年その地位を維持することはむずかしいだろう。しかしながら、地位に関する現在の支出は、比較的大きな現在の地位が将来の所得を強化し、したがって将来の地位を強化する限りにおいて、部分的には投資と看做しうる[18]。

4．社会的地位の根拠：
　　名誉のある地位から遂行的地位へ

　次にウィスマンは社会的地位について次のように述べている。農業以前（狩猟採取）社会においては、地位は食料の入手の成功や戦いでの腕前によって獲得される。しかし、その後の社会の進化とともに、地位や生まれや両親の地位によって次第に帰属的ものとなった。そのような社会において垂直移動性はほとんど存在しない。だれもが「生まれながら」地位をもっていた。これが彼ら

のアイデンティティであった。衒示的消費はそのような社会の主として階級内で生じた。まさに典型的なエリートだけが単に生計を維持するために必要とされる以上の自由裁量所得をもっていたから，贅沢な消費を通じて地位を証明することは一般的には上流（貴族）階級に保持された特権であった。[19]

　資本主義の勃興と広がりは垂直的移動により大きな潜在性を生み出した。商業階級が富を蓄積し始めるにつれて，富への新しい支配と等しい社会的認知を求めはじめた。すなわち地位に対する基礎が，人の生まれから人の業績へと移行した。帰属的地位は遂行的地位（Performative Status）を生み出し始めた。絶えず一生懸命に働くことや利口さによって，人は地位を高めることができた。垂直的移動が次第に可能になってきた。

　垂直的移動は，より硬直的な地位の障壁の世界を捨てた本質的に移民から構成されている資本主義国で最初にもっとも十分に発達するようになった。かなりの垂直的移動が合衆国，カナダ，オーストラリアやイスラエルといった移民が住みついている諸国に見出される。しかし，人々の行動という観点で垂直的移動の現実的度合いより重要なのは，人々の行動が現実に存在するものよりも垂直的移動の範囲における信念と相互に関連していると思われる。したがって，社会的地位を変化させる個々人それぞれの潜在力の認知は社会における「機会の平等」の程度についての理解の結果である。

　ヴェブレンが指摘したように垂直的移動に対する潜在力が相対的に高いと思われている社会では，階級区別は曖昧になる。個人はその社会の所得あるいは富の分配という観点から彼らが位置する場所について一般的な感覚を持っているけれども，ある階級に属しているという感覚はほとんど持っていない。[20]実際，合衆国においてどの程度まで，これが真実かは，大部分のアメリカ人が自分自身を中産階級と看做している，という事実によって暗示されている。つまり社会的地位は「ある人の経済的地位だけでなく，流動的な社会への完全な参加者でもある，という意味を伝える概念」である，といえる。[21]

　垂直的移動への容認された潜在力は，人間はその人の社会的地位に対して責任がある，という意識を植えつける。もしもある人が一生懸命に精一杯働いた

ら，昇進するにちがいない。それゆえに，個人は彼らの成功あるいは失敗に関する責任を一層内在化する傾向がある。このことは高い地位をはっきりと示すことに対するプレッシャーを人々にあたえる。ひとびとがそうすることで成功するほど，彼らは一生懸命に働くという美徳を持っているように思われる。そして，この成功を示すもっとも容易でもっとも実践的な方法はヴェブレンが述べているように消費を通じてである。[22]

社会的に直接の隣人ではない人々の眼前で，ある人の威厳を維持するためには——そして自尊心を維持するためには——，実質的に経済的成功とかなり密接に一致している経済的価値の証拠を見せびらかすことが必要である。[23]

さらに，

ある人の隣人は，機械的な立場からすれば，しばしば社会的にはその人の隣人でも，知り合いですらない。そしてそれでも，彼らの一時的な良い評価は高い程度の有用性をもつ。ある人の日常生活についてのこれらの冷淡な観察者に，その人の金銭的能力を印象づける唯一の実際的な手段は支払うことができる能力の絶え間ない実証である。[24]

もしも，ある世帯が比較的高い地位の水準の消費をするならば，その場合，その地位とそれに伴なう良い世評を手に入れることになる。所得と富の不平等が大きければ大きいほど，より高い地位にあるという印象を作り出すために消費しなければならない総額はより大きくなる。しかし不平等は垂直的移動の潜在性の信念が強い場合にのみ，この効果をもつ。垂直的移動に対する潜在性が相対的にほとんどないと信じられている社会では，諸個人は階級的地位が一層固定的である，と考える。彼らは両親の地位を所有しており，それは祖父たちの地位でもあった。もしも彼らの地位が低かったとしても，それは個人的な失敗ではない。さらに，もしも個人が消費を通じて，その卓越した地位を見せび

らかそうとするならば，それはすぐに「誇示的」行動として否定的に見られる。美徳を伝えるよりもむしろ，それは性格上の欠点を伝えることになる。[25]

　また消費が促進することは，もしも，そのアイデンティティが階級のメンバーシップ，社会，民族性，宗教やジェンダーなど相続された地位によって与えられたものでなければ，諸個人はその生活や自己同一性に対してより大きな責任を感じるという事実である。個人的特質や帰属意識の意味も重要性をもっている。消費はアイデンティティ，すなわち，ある人自身を定義する手段やこの定義を他人に表明することを知らせる装置として働く。

5．さまざまな国における貯蓄率および垂直的移動

　さて富裕な6カ国（デンマーク，フィンランド，ノルウェー，スェーデン，イギリスおよび合衆国）における垂直的移動についての最近の研究は，合衆国がその他の5カ国ほど移動性がない，ということを明らかにした。[26] この研究が対象とした国が，もっとも自由放任の経済の2カ国ともっとも社会福祉志向の4カ国における移動性を比較している，という点で注目に値する。

　この研究で得られた結果は，その他の諸国に比べて合衆国には世代間の移動性がさほどないということである。中産階級の移動性は，これらすべての国においていくらか類似しているように思われる。しかし，合衆国にはもっとも貧しい五分位数にある父親の子どもは，その五分位に留まっているままである。また，最も高い五分位にある父親の子どもは，その他5つの国よりも合衆国において，そのままであるより大きな可能性がある。また世代間の上方移動性はカナダ，スエーデン，ドイツ，スペイン，デンマーク，オーストリア，ノルウェー，フィンランドおよびフランスよりも合衆国では低い，という最近のOECDの研究によっても裏づけられている。さらにその他の研究も，合衆国は，もはや非常に大きな平等の機会を持っている例外的な国ではない，という主張に支持を与えている。

　にもかかわらず，合衆国における一般的な見方は，機会をともなう例外的な

国である,という考え方を持ち続けている。この見方はアメリカの基礎となっている社会文化的価値観とそれに付随する歴史に深く根ざしている。かかる深く根ざした社会文化的価値観は変化に抵抗し,それらが基づいている状況がもはや存在しない場合ですら,非常に長い時間にわたり持続する。すなわち,このような価値観は思考習慣となっている,といえる。

合衆国の平均的な家計貯蓄率は 1988-2007 年の期間にわたり低くなっており,たとえば,その他の富裕な工業国よりもはるかに低い（表 -1 参照）。デンマークとフィンランドという 2 つのスカンジナビア諸国を含む 3 つの国だけが,はるかに低い貯蓄率を示している。また奇妙なことに現実の垂直移動性はこれら 2 つのスカンジナビア諸国において合衆国よりも,はるかに大きい。

しかしながら,GDP に占める割合としての平均的な世帯最終的な消費支出は,1988-2004 年の期間では,その他の富裕な 19 の国のすべてよりも合衆国の方が高い（表 -2 参照）。このことは合衆国の世帯がより大きな割合の教育や保健医療コストを負担しなければならない,という事実を反映している,と考えることができる。

この社会における垂直的移動の程度に関する人々の信念についてのいかなる包括的な国際的な調査も行なわれてきていないけれども,それに代わるものとして 1999 年の国際社会調査プログラムによる 27 カ国の調査を挙げることができる[27]。そこには垂直的移動に関する 5 つのポイントが示されている。

第一に出世するために富裕な家庭生まれにとって本質的,非常に重要あるいは明らかに重要であるチェコ

表- 1　Household Saving Rate
(％ disposable household income)

Country	Average (1988–2007)
Denmark (Gross Savings)	0.30
Finland	2.30
Australia	2.99
United States	3.80
Czech Republic	5.10
Norway	5.20
Sweden	6.36
Canada	6.71
United Kingdom (Gross Savings)	7.16
Japan	9.18
Austria	9.87
Switzerlamd	10.23
Portugal (Gross Savings)	10.47
Germany	11.03
France	11.42
Netherlands	11.47
Spain (Gross Savings)	13.01
Belgium (Gross Savings)	13.91
Korea	14.81
Italy	15.12

Source：OECD Online Database
http://www.oecd.org/dataoecd/53/48/32023442.pdf

共和国とカナダにおいてのみ合衆国よりも弱い，ということを示している（表-3参照)。家庭の富が地位の向上にとって重要である，という信念は，移動性が非常に流動的であるという考え方ではない，ということを示唆している。大部分のその他の国における人々に比べてアメリカ人が富というものが出世するために非常に重要である，ということを信じていないという事実は，彼らが，垂直的移動が可能である，ということをより信じがちである，ということを示唆している。

表-2 Household Final Consumption Expenditure (% of GDP)

Country	Average (1988－2004)
United States	68.00
United Kingdom	64.53
Portugal	62.91
Spain	59.91
Switzerlamd	59.66
Australia	59.26
Italy	59.14
Germany	58.25
Austria	56.93
France	56.52
Canada	56.50
Japan	55.16
Belgium	54.68
Finland	51.79
Czech Republic	50.85
Netherlands	49.66
Sweden	49.38
Denmark	49.29
Norway	47.71

Source : OECD Online Database
http://www.oecd.org/dataoecd/53/48/32023442.pdf

表-3 Share of Respondents Saying It is "Essential," "Very Important", or "Fairly Important" to Come From a Wealthy Family to Get Ahead

Country	Essential	Very important	Fairly important	Total
Cyprus	22.3	38.5	26.9	87.7
Poland	18.3	38.9	25.5	82.7
Spain	7.9	45.4	26.5	79.8
Bulgaria	28.3	25.5	24.8	78.6
Slovakia	22.1	24.8	27.9	74.8
Portugal	19	35.8	18.8	73.6
Israel	18.6	32.2	22.7	73.6
Latvia	9.5	27.1	33.0	69.5
Russia	19.3	22.3	27.3	68.9
Germany East	4.1	26.8	37.2	68.1
Hungary	14.7	20.4	31.2	66.3
Philippines	13.6	30.8	19.8	64.2
Slovenia	5.8	20.4	35.9	62.1
Germany West	4.6	18.3	37.9	60.8
Austria	8.2	19.8	31.6	59.6
Australia	2.2	18.0	39.2	59.4
Chile	13.0	27.4	18.5	58.9
Sweden	3.1	14.9	39.4	57.4
Japan	1.8	9.7	42.5	54.0
North Ireland	5.2	18.6	28.2	52.0
New Zealand	3.6	12.8	35.0	51.4
Norway	0.9	9.7	39.9	50.5
Great Britain	3.3	15.4	30.6	49.3
France	1.9	8.1	37.8	47.8
United States	2.8	16.2	26.6	45.6
Canada	2.7	10.3	32.1	45.1
Czech Republic	8.6	10.4	23.6	42.6

Source : International Social Survey Programme 1999 : Social Inequality Ⅲ (ISSP 1999).

第二に一生懸命に働き，よい結果をだすかということをどの程度まで人々が信じているか吟味することである。フィリピンにおいてのみ，合衆国よりも多くの割合で，人々は努力に対して報酬を受ける，ということに非常に賛成あるいは賛成している。(表-4の2列目)。努力は社会で受け取るものの違いを生むという見方は垂直的移動が可能である，という信念を連想させる。

第三に人々がどの程度まで技術水準によって報酬をうるかということに関連している。人々が個人的に自分自身の教育によって得た学識に責任をもつべきである，ということが合衆国においては広く信じられている。個人は自らが望

表-4 Share of Respondents Who Say They "Stringly Agree" or "Agree" with the Indicated Statements, Referring to Their Own Country

Country	People get rewarded for their effort	People get rewarded for their intelligence and skill	Differences in income are too large	It is the responsibility of the govt. to reduce income differences
Australia	58.2	65.2	68.3	47.6
Austria	41.8	50.3	83.5	69.1
Bulgaria	5.4	4.9	94.7	81.4
Canada	48.2	54.2	68.5	45.6
Chile	36.9	39.3	90.4	74.7
Cyprus	29.5	33.9	64.0	56.3
Czech Republic	15.7	23.0	87.2	69.4
France	20.3	32.9	86.6	65.6
Germany East	40.1	56.3	91.6	73.2
Germany West	53.5	64.5	72.3	47.2
Great Britain	32.5	48.0	79.7	65.0
Hungary	9.0	24.4	92.3	78.4
Israel	35.8	37.6	89.4	80.5
Japan	41.1	54.5	63.8	47.4
Latvia	15.0	20.4	96.0	75.5
New Zealand	40.6	50.7	70.5	46.7
North Ireland	43.2	53.9	64.5	62.7
Norway	30.9	37.9	71.5	59.9
Philippines	63.2	69.3	64.8	58.4
Poland	21.8	31.9	84.9	80.3
Portugal	36.1	44.6	95.1	88.7
Russia	8.0	8.8	93.0	82.0
Slovakia	5.9	8.5	93.1	71.8
Slovenia	12.5	19.7	89.4	83.3
Spain	37.2	41.4	88.3	77.0
Sweden	34.1	38.0	70.0	57.4
United States	60.7	69.4	61.7	32.6

Source: International Social Survey Programme 1999: Social Inequality Ⅲ (ISSP 1999).

む人的資本の水準を自由に決定する。かくして，諸個人が技術にふさわしい報酬を受けとる，という見方は垂直的移動が可能である，ということを示唆している。合衆国の多くの人々が，1999年のサンプルでは26のその他の国よりも，技術にふさわしい報酬を受け取る，ということに非常に同意あるいは同意している。

　第四に，多くの人々は社会における物的な報酬は正しく配分されている，と信じている。もしも人々が努力にたるだけの所得を受け取っていると信じているならば，その社会における所得の配分は妥当あるいは公平である，と見ることができる。人々は当然の報いを得る。上で言及した事例では，その他の26カ国のどの国と比べても合衆国においては所得格差が非常に大きい，ということに非常に同意するあるいは同意する人はより少ない。

　第五に，政府がより公正所得配分のためにある役割を演じるべきかどうかに関連している。もしも人々が，努力に値する所得を受け取っていると信じているならば，所得格差を是正するために政府に介入して欲しい，と望むことはほとんどないに等しい。実際，政府が所得格差を是正すべきということに非常に同意あるいは同意する人は，その他26カ国のどの国よりも合衆国においてはるかに少ない。（表-4の5列目）

　これらの五つのポイントはアメリカ人が，国家がその他の富裕なあるいは比較的富裕な諸国のひとびとよりも個人的な努力を通じて社会的地位を変化させるための大きな潜在力を与えている，と信じているという主張に対する強力な支持を与えている。アメリカ人は自分たちの社会がその他の諸国よりも機会の平等がある社会である，と大いに信じている。

　流動的な地位の移動性に対するアメリカ人の信念について強い文化的埋め込みがあるから最近の調査において，その新年を支持する結果が見つかることは驚くべきことではない。2005年3月のニューヨークタイムズの世論調査は，[28]アメリカ人の82％が自分自身を労働者階級，中流階級あるいは下流階級である，と思っているのに対して，45％は将来富裕になるということを非常にあるいは

ある程度ありそうだ，と信じている。80％近くが貧乏からスタートして，一生懸命に働いて金持ちになることができる，と信じている。40％は30年前よりも今日の方が昇進しやすいと思っているのに対して，より難しいと思っているのは23％である。そして35％は変わらないと思っている。2008年において，経済の将来に関する否定的な見方にもかかわらず，アメリカ人の大多数は自分自身の将来に関して楽天的なままである。たとえば，2008年3月のPew Surveyによれば，アメリカ人の56％は経済がお粗末だと看做しているが，55％は自分自身の財政状態は来年には改善される，と思っている。[29] ワシントンポストによる2008年の6月〜7月の全国世論調査によれば，全米の大人の四分の一を占める低賃金労働者がアメリカンドリームによって未だに刺激されている[30]，という。財政状態がブッシュ政権の間に悪化したと殆ど半数近くが思っているけれども，69％は自分自身の財政状態に希望を持っている。社会階級に関して，今後数年間間違いないことについてあなたはどう思いますかという質問に対して58％は昇進し，それに対して14％はずり落ち，24％は同じままである，と思っている。さらに10人中6人は，自分自身の財政状態に責任がある，と思っている。[31]

それにもかかわらず，別のデータによれば，アメリカ人は自分の国を社会的レベル向上の傾向に対して潜在性をもつものとみている，という主張を裏づけるものもある。垂直的移動の可能性を非常に信じており，所得配分が非常に不平等である国家においては，個人は経済的成功を名誉と思うばかりでなく，自らの経済的失敗の原因として不運だった，と思うものも殆どいない。またWorld Values Survey[32]によれば貧者は貧困から脱するために働いている，とヨーロッパ人の40％が思っているのに対してアメリカ人では71％がそう思っている。貧者は不幸である，という考え方をアメリカ人の30％だけが思っているのに対して，ヨーロッパ人では54％がそう思っている。またアメリカ人の回答者の60％，ヨーロッパ人の回答者の26％が貧乏人は怠惰である，と考えている。これらの差異がアメリカ人の自由放任主義の政治イデオロギーの強い容認を説明するのに役立つとウィスマンは考えている。これはアメリカ人が自

第4章 合衆国における家計貯蓄の低下傾向とその解明　229

分自身の運命に対して個人で責任をもつ，と考えているためといえる。

しかし非常に流動的な垂直的移動のある土地に住んでおり，そこには相対的に平等な機会がある，というアメリカ人の例外的に強い信念は存在している。もしも彼らが勉強し，一生懸命に精を出して働いたならば，社会的地位を改善できる。各自は自分の地位に対して責任があり，高い社会的地位を持っていることは美徳の結果である。そうするための一つの選択肢は高い社会的地位を持っている人々の水準で消費するために一生懸命に努力することである。そうすることで，その人の名声を改善することができる。この消費を通じてより高い社会的地位を証明するための特別な社会的圧力は合衆国における例外的に低い個人貯蓄率を説明するのに役立つといえる[33]。かくして，これらのことは合衆国における低い家計貯蓄率が合衆国における垂直的移動が容易であり，それゆえに階級アイデンティティについての感覚が相対的に弱いアメリカ人の強い信念に関連している，という仮説に対するかなりの裏づけとなると思われる。

上で述べた仮説はアメリカ人がその他の文化の人々よりも広告によってターゲットにされているという事実，また，この衝撃が以前よりも強くなっているという事実に基づいて構築されている文化的仮説と矛盾しない。たとえば貯蓄率が低いのは毎日貯蓄することでなく，ものを買うことに対するメッセージで攻撃する文化のためである，と主張するものさえいる[34]。この文脈において，貯蓄を増加させるためのカギは国民の態度を変えることである。この一般的なテーゼは1958年に『豊かな社会』においてジョン・ケネス・ガルブレイスが提唱した「依存効果」(dependence effect) によって50年前に示唆されている[35]。それは『隠された説得者』(1957年) によって表された大衆社会学者のバンス・パッカードのテーゼでもある[36]。明らかに，この「広告―攻撃」テーゼは，ここで探求している仮説と矛盾しない。なんらかの説得的な広告は衒示的消費効果を潜在的に導くし，その議論を可能にする。

以上のようにウィスマンは合衆国における家計の貯蓄率の低さがアメリカ人の階級アイデンティティに関する感覚の相対的な弱さと垂直的移動が容易に可能である，という相対的に強固な信念に関連している，という第一の仮説に対

する本質的な裏づけを見出した。次節では垂直的移動が非常に可能である，と考えられている経済においては，所得および富の配分の非常な不平等が殆ど貯蓄しない傾向を再強化している，という第二の仮説および結論の仮説を検討している。[37]

6．不平等の増大と家計貯蓄の崩壊

　過去25年における合衆国における個人貯蓄の崩壊は多くの関心を引いてきた。そして，この問題に取り組んできた経済学者の大部分は貯蓄のライフサイクルモデルに頼ってきた。しかしながら，すでに触れたように，このモデルは理論的に不十分であることがわかってきた。例えば，ガイドリンたちは貯蓄率の下落に関する主要な「理論／説明」を吟味した後で誰も説得力のある説明を与えていないと結論づけたし，マネルたちは経済学者が非常に激しい下落を説明しようと多くのエネルギーを注いできているが，殆ど成功していない，と述べた。またボスワースは貯蓄率の初期の下落を吟味して，貯蓄の崩壊に対する簡単な説明は存在しないと結論づけ，文化という要因がこれらの現象を説明するのに必要であると述べている。[38]

　そしてウィスマンは，もしも垂直的移動がきわめて可能であるという強い，広く信じられている信念が存在するならば，その場合，消費レベルの間の相違がより大きくなるにつれて，所得および富の分配におけるかなりの不平等が殆ど貯蓄しない傾向を再強化している，という文化的に基礎を置いた仮説を探求する。また，不平等の一層の増大は，地位というターゲットを得るためにまだ多く消費しておらず，また殆ど貯蓄していない個人にとっては大きなプレッシャーとなるといえよう。

　ウィスマンによれば，ケインズ（John Maynard Keynes, 1883-1946）は『一般理論』（*The General Theory of Employment, Interest, and Money*, 1936）の中で個人貯蓄が所得および富の分配に関連している，と記している。しかしながら，ここで提示されている第二の仮説—より大きな不平等は消費を増大させる

(貯蓄率を低下させる)—は，限界消費性向を増大させることによって，平等の増大が消費を増大させる，というケインズの見解とは対照的である。ここで提示されている示唆は，非常に富裕なものはより富裕になる，という事実は富裕なひとびとは衒示的消費を劇的に増大させるが，彼らの所得と彼ら以下の人々の間のギャップは非常に大きくなる，ということである。社会的地位の低い人々は地位の目標を達成するために絶えずより多く支出しなければならない。[39]

1970年代の初頭以来，所得の不平等は合衆国において非常に大きくなってきている。アメリカ人のなかでももっとも貧困な20%は，1973年の5.5%から2005年には4.0%へと総所得に占めるシェアを落としている。同じ期間で，次に貧困な20%は，そのシェアを11.9から9.6へと下落させている。中間層の20%は17.5から15.3へと下落させている。一方，もっとも富裕な20%のシェアは41.1から48.1へと増大している。そして，もっとも富裕な5%はそのシェアを15.5%から21.1%に増大させている。図-1には，ジニ係数の上昇が描かれているが，それは不平等の増大が一目でわかる。富の所有における不平等ははるかに大きくなっているし，非常に増大している。[40]

図-1 Gini Ratio for U.S. Households

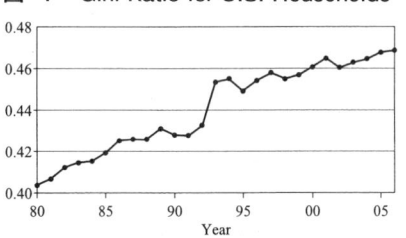

Source: Bureau of the Census, Historical Income Table H-4, http://www.cesus.gov/hhes/www/income/histinc/h04.html

アメリカ革命前夜においては世帯の1%がすべての富の15%ほどを所有していた，と推測される。南北戦争の終結までに，彼らは25%を占めていた。図-2が示しているように，スーパーリッチによって所有される富の割合には3つの主要な拡

図-2 Crude Estrimates of the Top 1% Share of National Wealth

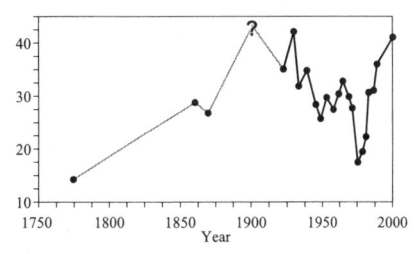

?: Possible for 1900.
Source: Delong 1997.

張が存在している。

　第一の拡張は南北戦争の終結からおよそ1900年まで続く期間の間に生じた。ヴェブレンが，そのもっとも著名な著作『有閑階級の理論』を書いたのが，この不平等の爆発と行動のあった期間であった。その中でヴェブレンは衒示的消費理論を展開している。次いで第二の拡張は，第一世界大戦以降から1920年代後半まで続くスーパーリッチによって所有された。そして最後の拡張は1970年代の初頭に始まり現在まで続いている。不平等が急速に生じた最初の二つの期間は，それぞれ「金ぴか時代」「狂乱の1920年代」と呼ばれ，これらの期間にともなって生じた消費の狂乱を示している。現在の期間である最後の期間は，まだ綽名がついていない。初期の二つの期間同様，最後の期間も非常に富裕なひとびとによる贅沢な消費を見ることができる。それは社会的階層のより下にいる人々と競争している。[41]

　諸個人が一般的に自分自身の社会的地位に責任を感じ，消費を通じて社会的地位を証明しようと一生懸命に努力する社会においては，この不平等の本質的増大は3つの方法で潜在的に対応するように家計を駆り立てると思われる。まず第一に，人々は殆ど貯蓄せずに，より多く消費するかもしれない。次に，ひとびとはより多く消費できるようにより借金するかもしれない。そして第三に，ひとびとは消費レベルを上げることができるように，より多くの時間働くようになるかもしれない。合衆国の世帯はこれら全てを行なっていることは明らかである。

図-3　Personal Saving Rate

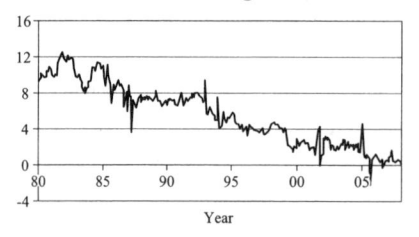

Source：Bureau of Economic Analysis,
　　　www.beg.gov/national/index.htm#personal

　過去25年にわたり不平等が増加するにつれて，すでに示したように，1980年～84年の10.4％から1985年～89年には7.7％に，1990年～94年の6.5％から1995年～99年には3.8％に，2000年～2004年には2.1％に個人の貯蓄率は下落している。

そして 2005 年と 2006 年に，その率は，それぞれ -0.4 と -0.1 ％とマイナスになった（図-3 を参照されたい）。

垂直的移動が可能であるという強い認識がある場合には，不平等の増大は消費を通じて，より高い社会的地位を証明するために，さらに厳しい努力をするように家計に一層の圧力を加える。不平等の増大は社会的地位の標準が一層高くなることを意味している。

クリストファー・ラッシュはその最後の主要な著作『エリートの反乱』（1996）において，経済エリートが所得および富の大きなシェアを占めるにつれて，彼らはゲート付き住宅地，会員制高級クラブや私立の学校などの社会的な小集団で自分自身を孤立させる傾向がある，と述べている。また，このようなエリートの不釣合いな政治的な力のために，このより大きな社会やその他の市民の関心事との直接的接触から距離をおくことは，さらに経済的階梯の下の人々の依存している公的サービスのサポートを損なう，という。たとえば，学校，公園，輸送，公的な安全といったサービスである。公的サービスの崩壊はエリートよりも下の人々が必要としているもの，あるいは労働時間の増大となる。それは彼らの子どもを分相応の学校あるいは安全なカントリークラブに行かせられるように貯蓄の減退を助長し，より多くの負債を負わせることになる，といえる（図-3 参照）。不平等が増大するにつれて，家計はより多くの負債を負うことになる。15 歳以上のアメリカ人のドルベースでの 2003 年における平均的な消費者の負債は 1980 年の 712 ドルから 2003 年には 3,261 ドルに増加している。この増加した負債は家計のすべての所得層に及んでいる。しかしながら，低所得ならびに中所得世帯の負債は，より富裕な世帯よりも，所得に比べてか

表-5 Ratio of the Mean Value of Outstanding Debts to Mean Family Income by Percentile

Income Percentile	Year					
	1989	1992	1995	1998	2001	2004
All Families	0.88	1.08	1.09	1.20	1.05	1.47
Less than 20	0.89	0.33	1.85	1.84	1.68	2.31
20-39.9	0.86	0.35	1.12	1.23	1.12	1.62
40-59.9	0.85	0.42	1.03	1.19	1.18	1.61
60-79.9	0.96	0.71	1.14	1.32	1.16	1.56
80-89.9	0.84	0.85	1.08	1.14	1.12	1.47
90-100	0.60	0.62	0.76	0.79	0.68	0.99

Source : Survey of Consumer Finances.

なり増えてきている（表-5参照）。金持ちと貧者の負債の増大は垂直的移動が非常に流動的である，と考えられている社会では，分布範囲に沿うすべての所得のギャップの増大は万人を刺激するが，頂点にいるひとびとは，その地位の消費ターゲットに見合うように懸命に努力している。

　所得と富の不平等の増大が最も所得の高い階層においてさえ生じている，ということは注目に値する。その結果，平均的な階層のひとびとでさえ，次第に負債を増大させている。富と所得を最も得ているものは，スーパーリッチであり，トップの0.1％あるいはトップ１％の十分の一であるが，極端に高価な商品やサービス（プライベートジェット，マンションや地位財など）の消費を劇的に増加させている。これらのスーパーリッチの世帯は相互に地位の頂点で絶えず競争しているし，その結果「消費者競争において，ゴールは常に最も早いランナーよりも速く動く」[44]。このことは，頂点にいることを心に描いているさほど富裕ではないものにとってはプレッシャーである。このプレッシャーは，また，大衆に見せびらかされる富裕な人や名声のある人々の消費水準を維持し続ける広告やプログラムによって強化される。

　もしも，不平等の増大の結果として，個人が社会的地位のターゲットを手に入れるために絶えず，多くのもの支出しなければならないとしたら，その場合，彼らはそのためには労働時間を増やす，ということは予測できる。実際，基本的には同じ期間—1970～2002年—合衆国では一人当たりの労働時間が20％増加している。それとは対照的に，所得の不平等がさほど変化していないEUでは労働時間は12％減少している[45]。実際「不平等の増大は長時間労働するように人々を導く。その基礎となっている原因は，さほど富裕ではない人々の行動への富裕な人々の消費に関するヴェブレン効果である」という考え方もある[46]。また，合衆国は法的に雇用者に有給休暇を与えることを要求しない唯一の富裕な国である，ということも指摘できる。合衆国の労働者が今日よりもはるかに大きな政治的な力をもった場合でさえ，彼らは休暇命令をするように政府に強いプレッシャーをかけなかった。合衆国における相対的に高い衒示的消費の圧

力がこの理由を説明する，と考えられる。これは，生産性の増大は少ない労働時間よりもより大きな衒示的消費を導く，というヴェブレンの主張に類似している[47]。ヴェブレンはこう述べている。

　産業効率の増大が一層少ない労働によって生活手段を獲得することを可能ならしめるとともに，社会の勤労階級のエネルギーは，一層楽な歩調にゆるめられるよりも，むしろ衒示的支出の一層高い結果に到達することを望むようになる[48]。

7．ウィスマンの所説の検討

　すでに見てきたように，合衆国の個人貯蓄率の低さおよび減少という問題を解くための経済学者のこれまでの多くの研究は貯蓄のライフサイクルモデルに基づいているが，うまく説明できていないのが現状である，という認識に立ち，ウィスマンは，なぜ合衆国の家計貯蓄率がその他の比較的富裕な諸国における率に比べて低いのか，また，なぜ過去25年にわたって急激に減少したのか，を説明するために二つの仮説を立てた。第一仮説は合衆国の家計貯蓄率の低さが垂直的移動の容易さに対するアメリカ人の比較的強い信念に関連している，ということである。アメリカ人は社会的地位をその他の諸国よりもより流動的であると信じている，ということを証拠が強く示している。したがって，アメリカ人は自分自身の社会的地位に対する責任を自己責任とすることを強いられている。彼らの社会的地位は自分自身の行動の結果である。もしも彼らが一生懸命に精を出して働けば，昇進できる。しかしながら，自分の社会的地位を見せびらかすもっとも容易な方法は消費を通じてである。高い消費水準は一般的に高い所得水準と相互に関連している。それは転じて一生懸命に働く結果である，と理解することができる。かくして，アメリカ人は垂直的移動の可能性に対する信念が比較的弱いその他の比較的富裕な諸国の人々よりも，衒示的消費を通じて地位のために努力することを強いられていると感じており，その結果

が低い貯蓄率である。

　第二の仮説は，高い程度の垂直的移動が可能である，と考えられている経済においては，所得および富の分配において非常に不平等であることがほとんど貯蓄しない傾向を強化している，と思われる，ということである。大きな不平等は，消費者が自分よりも上位者の見栄的消費水準に達しなければならない，ということを意味している。すでに見てきたように消費者のこのような行動が貯蓄率の下落を惹き起こしている。

　これら二つの仮説は社会的地位が人々にとって決定的に重要であり，社会的地位によって個人が動機づけられるという意味で行動に非常に大きな影響を与える，といえる。地位あるいは相対的な社会的な地位に関する人間の先入観は進化論的視点から理解することができる。高い地位にある人々は，その源泉がどんなものであれ，その他の人々にくらべて不釣合いなアクセスができる。かくして，より多くのより良い結果を入手できる。かくして地位を求める傾向は当然選ばれる。すなわち，ある人が部分的にでも，ライバルに遅れることは致命的である，からである。

　そしてウィスマンは次のように結論づける。「貯蓄に対する動機は複雑なので，貯蓄行動を説明するために精巧に造り上げられた主流派理論は説得力がなく，問題を難題のままにしている，ということは驚くべきことではない。ここで検討された仮説は貯蓄行動を十分に説明しているとはいえないけれども，それらはこれまでに吟味してきた証拠によって十分に支持されている。また，これらの仮説に対する本質的な支持は消費者行動についてのヴェブレンの豊富な社会的理論の継続的な妥当性と創造力の豊かさに注目させる」。

　以上がウィスマンの所説の概要である。合衆国における貯蓄率の低下傾向を垂直的移動階級アイデンティティと衒示的消費という3つの視点から実証的に説明してゆく手法はあざやかである。特に統計的なデータも併用していることで，過度に思弁的になることが避けられている。米国の家計貯蓄率は歴史的にみれば，大恐慌によって1930年代にマイナスになり，その後第二次世界大戦時に急上昇するという大きな動きがあったものの，その後は，8から10％程

度で推移してきた。しかし，1980年代に入ってから下降傾向が顕著になり，2005および2006年の両年においてはマイナスとなり，大恐慌以来もっとも低いレベルにまで落ち込んだ。主流派経済学の考え方は，ライフサイクル理論に基づき家計の貯蓄行動を説明しようとするものだが，この考え方では，米国の家計貯蓄率の下降傾向は説明できない。そこでウィスマンは，主流派とは異なるアプローチで現状の問題点を解明しようと試みた。

　彼はヴェブレンの衒示的消費により動機づけられている二つの仮説からアプローチしている。ひとつは合衆国における垂直的移動の可能性とそれに伴う階級アイデンティティに対する意識の弱さである。つまり個人の社会的な地位は相続されたものではなく，個人の努力により獲得できる。社会的な地位は自己努力により改善され，社会階層の頂点に立つことも可能である。そして，その結果として得られた社会的な地位は消費によって証明される。というのも，階級は消費を通じて認知されるからである。消費は努力の代替物として機能する。第二に垂直的移動の程度が高ければ，所得および富の不平等が生じ，それが貯蓄率の低下を強化している。つまり社会階層の上位者と張合うために消費する必要があり，そのためにはなお一層の努力が必要であり，それは精一杯働かなければならない。

　これらのことはヴェブレンが『有閑階級の理論』の理論で論じたテーマである。消費者の選好は合理的な計算に基づいて行なわれるばかりでなく，文化的にも条件づけれられる。アメリカ人の家計貯蓄の傾向は，アメリカという特定の文化から理解されなければならない。このことをウィスマンはヴェブレンの消費論から演繹した二つの仮説により証明している。

　しかし，次のような問題点も指摘できる。ウィスマンはヴェブレンの制度論としての消費論という側面にはあまりふれていない。ヴェブレンは一定の環境への適応過程において思考および行動の習慣が形成され，それら制度（institution）という形態をおび，人間の行動の方向を決定する支配的な力となってくる，という点を重視している。[52]したがって現代における衒示的消費の有効性を論じる場合，制度理論としての消費論という点を明確にし，その上で垂直的移動お

よび階級アイデンティティから家計貯蓄率の低下現象の解明を論じた方がより説得力が強まったといえよう。また，家計貯蓄の低下現象はアメリカだけの問題ではなく日本においても同様な傾向がみられる。本稿では日本の現状については論じていないが，ウィスマンのアプローチは合衆国の問題だけでなく，わが国の問題を分析する上でも有用性を持っている，といえよう。[53]

注）

1）ウィスマンはワシントンDCにあるアメリカン大学の経済学の教授である。研究領域としては，方法論，経済思想史，経済史などが挙げられる。

2）Jon D. Wisman, "Household Saving Class Identity, and Conspicuous Consumption" *Journal of Economic Issues*, Vol. XLIII No1. March 2009, pp. 89-114.

3）Alan C. Garner, "Should the Decline in the Personal Saving Rate Be a Concern?" *Federal Reserve Bank of Kansas City Economic Review*, Second Quarter, 2006, pp. 5-28.

4）Massimo Guidolin, and Elizabeth A. La Jeunesse, "The Decline in the U.S. Personal Saving Rate: Is it Real and Is It a Puzzle?" *The Federal Reserve Bank of St. Louis*, 2007, pp. 491-514.

5）Wisman, *op. cit.*, pp. 90-91.

6）Thorstein Veblen, *The Theory of The Leisure Class: An Economic Study of Institutions* (New York: The Macmillan Company, 1899), pp. 109-110. 小原敬士訳『有閑階級の理論』（岩波書店，昭和36年5月25日，第1刷発行，107～108頁）。

7）*Ibid.*, p. 30. 小原訳，35頁。

8）*Ibid.*, p. 36. 同上訳，41頁。

9）Wisman, *op. cit.*, p. 91.

10）*Ibid.*, p. 92.

11）Richard H. Thaler, "Anomalies: Savings, Fungibility, and Mental Accounts" *Journal of Economic Perspectives* 4,1 Winter 1990, pp. 193-205.

12）このような消費に対する社会的文化的影響については，よく知られているようにデューゼンベリーによっても論じられている。James S. Duesenberry, *Income Saving and the Theory of Consumer Behavior* (Cambridge: Harvard University Press, 1952). 大熊一郎訳『所得・貯蓄・消費者行為の理論』巌松堂，昭和30年2月20日初版発行を参照されたい。

13）Thorstein Veblen, *The Theory of The Leisure Class*, p. 104. 小原敬士訳『有閑階級の理論』103頁。

14）*Ibid.*, p. 111. 小原訳110-111頁。

15）*Ibid.*, p. 115. 小原訳113頁。

16) *Ibid.*, p. 85. 小原訳 85 頁。
17) *Ibid.*, p. 102. 小原訳 101 頁。
18) Wisman, *op. cit.*, p. 93.
19) *Ibid.*, p. 94.
20) *Ibid.*, p. 94.
21) David Kusnet, Lawrence Mishel and Ruy Teixeria, *Talking Past Each Other: What Everyday Aericans Really Think (and Elites Don't Get) about the Economy* (Washington, DC: Economic Policy Institute, 2006).
22) Wisman, *op. cit.*, pp. 94-95.
23) Thorstein Veblen, "Some Neglected Points in The Theory of Socialism" *The Place of Science in Modern Civilisation and Other Essays* (New York: Russell & Russell, 1961) p. 393.
24) Thorstein Veblen, *The Theory of The Leisure Class*, pp. 86-87. 小原敬士訳『有閑階級の理論』87 頁。
25) Wisman, *op. cit.*, p. 95.
26) *Ibid.*, p. 96.
27) *Ibid.*, p. 96.
28) *Ibid.*, p. 100.
29) *Ibid.*, p. 102.
30) *Ibid.*, p. 102.
31) *Ibid.*, p. 102.
32) Alberto Alesina,Ed Glaeser and Bruce Sacerdote "Preferences for Redistribution in the Land of Opportunities" *Working Paper*8267 (Cambridge, Mass: National Bureauof Economic Research 2001, May)。ただし，引用は Wisman, *op. cit.*, p. 102. より。
33) *Ibid.*, p. 102.
34) *Ibid.*, p. 103.
35) John Kenneth Galbraith, *The Affluent Society* (Boston: Houghton Mifflin, 1958). 鈴木哲太郎訳『ゆたかな社会』(岩波書店，1960 年 5 月 31 日第 1 刷発行)。
36) Vance Packard, *The Hidden Persuaders* (New York: D. Mckay co, 1957)『隠れた説得者』(ダイヤモンド社，昭和 42 年 5 月 10 日刊)。
37) *Ibid.*, p. 103.
38) *Ibid.*, p. 103.
39) *Ibid.*, p. 104.
40) *Ibid.*, p. 105.
41) *Ibid.*, p. 104.
42) *Ibid.*, p. 106.
43) *Ibid.*, p. 106.

44) *Ibid.*, p. 106.
45) *Ibid.*, p. 107
46) *Ibid.*, p. 107
47) *Ibid.*, pp. 107-108.
48) Thorstein Veblen, *The Theory of The Leisure Class,* p. 111. 小原敬士訳『有閑階級の理論』109 頁。
49) Wisman, *op. cit.*, p. 109. ここでウィスマンはカール・ポランニーの「個人は，その社会的地位，社会的権利および社会的主張を守るために動議づけられる」という主張を引用している。Karl Polanyi, *The Great Transformation* (Boston: Beacon Press, 1944), p. 44.
50) *Ibid.*, p. 109.
51) *Ibid.*, p. 109.
52) Allan G. Gruchy, *Modern Economic Thought: The American Contribution* (New York: Augustus M. Kelley・Publishers, 1967), p. 68.
53) 西川珠子「米国家計貯蓄率の行方－過剰消費の調整局面がつづく－」(みずほリサーチ, May, 2003, 5 頁)。石川達哉「ふつうの国"ニッポン"の貯蓄の謎」(エコノミストの眼, ニッセイ基礎研究所, 2003 年 3 月 10 日, 『「家計に眠る」過剰貯蓄』NIRA 研究報告書, 2008 年 11 月) などを参照されたい。

初出一覧

「ヴェブレンの消費論」『埼玉学園大学紀要　経営学部篇』第5号，2005年12月
「制度主義的消費論」『高崎商科大学紀要』第21号，2006年12月
「衒示的消費の100年」『埼玉学園大学紀要　経営学部篇』第6号，2006年12月
「富裕層と衒示的消費」『川口期大紀要』第20号，2006年12月
「ヴェブレンの衣服論」『川口短大紀要』第21号，2007年12月
「富裕層の行動原理」『川口短大紀要』第22号，2008年12月
「合衆国における家計貯蓄の低下傾向とその解明」『高崎商科大学紀要』第24号，2009年12月
「アメリカにおける女性の消費者行動」『埼玉学園大学紀要　経営学部篇』第9号，2009年12月
「経済的価値と金銭的価値」『埼玉学園大学紀要　経営学部篇』第9号，2009年12号
「ヴェブレンの制度派経済学の本質と意義」『川口短大紀要』第23号，2009年12号
「ヴェブレンの消費論：生活水準，嗜好と衒示的消費」『川口短大紀要』第23号，2009年12号
「消費理論への新たなアプローチ」『川口短大紀要』第24号，2010年12月

主要参考文献

相原　修（2007）『ベーシック　マーケティング入門　第四版』日本経済新聞社
青木幸助（2010）『消費者行動の知識』日経文庫
石川　実（2009）『嫉妬と羨望の社会学』世界思想社
伊藤元重（2006）『伊藤元重のマーケティング・エコノミクス』日本経済新聞社
犬田　充（1996）『超消費社会　戦後50年のさまよう欲望と行動』中央経済社
井原久光（2001）『ケースで学ぶマーケティング』ミネルヴァ書房
井原哲夫（2006）『見栄の商品学』日経BP社
岩尾裕純（1972）『講座経営理論〈1〉制度学派の経営学』中央経済社
上村達彦（1997）『カップ・ミュルダール・制度派経済学』日本図書センター
宇沢弘文（1974）『自動車の社会的費用』岩波新書
─────（1989）『経済学の考え方』岩波新書
─────（1994）『宇沢弘文著作集Ⅰ　社会的共通資本と社会的費用』岩波書店
─────（1994）『宇沢弘文著作集Ⅳ　近代経済学の転換』岩波書店
─────（1994）『宇沢弘文著作集Ⅴ　経済動学の理論』岩波書店
─────（1995）『宇沢弘文著作集Ⅵ　環境と経済』岩波書店
─────（2000）『ヴェブレン』岩波書店
─────（2000）『社会的共通資本』岩波新書696
─────（2003）『経済学と人間の心』東洋経済新報社
宇沢弘文・内橋克人（2009）『始まっている未来　新しい経済学は可能か』岩波書店
梅沢昌太郎＋ビッグ・ペン（1996）『マーケティングの仕組み』ダイヤモンド社
占部郁美（1969）『企業形態論』白桃書房
小原敬士（1949）『アメリカ経済学の諸形態』實業之日本社
─────（1951）『アメリカ経済思想の潮流』勁草書房
─────（1965）『ヴェブレン』勁草書房
─────（1966）『ヴェブレンの社会経済思想』岩波書店
─────（1970）『ガルブレイスの経済思想』経済同友会
柏木重秋（1985）『新版消費者行動』白桃書房
K.W.カップ（2000）『環境破壊と社会的費用』岩波書店
K.W.カップ（2006）『社会科学における総合と人間性』岩波書店
加藤秀俊（1980-1981）『加藤秀俊著作集（全12巻）』中央公論社
─────（1984）『余暇の社会学』PHP研究所
久保芳和（1961）『アメリカ経済学史研究』有斐閣
─────（1988）『アメリカ経済学の歴史』啓文社
経済社会学会編（1982）「ヴェブレンと制度学派」『経済社会学会年報，Ⅳ』時潮社
現代経済学研究会（1979）『経済学は死んだか』エール出版社
小林隆一（2008）『ビジュアル　流通の基本　第四版』日本経済新聞社，2008年
佐々木晃（1967）『経済学の方法論－ヴェブレンとマルクス－』東洋経済新報社
─────（1985）『ヴェブレンとミッチェル』ミネルヴァ書房

――――(1998)『ソースタイン・ヴェブレン―制度主義の再評価―』ミネルヴァ書房
佐々野謙治(1982)『アメリカ制度学派研究序説　ヴェブレンとミッチェル，コモンズ』創言社
――――(1995)『制度派経済学者ミッチェル』ナカニシヤ出版
――――(2003)『ヴェブレンと制度派経済学　制度派経済学の復権を求めて』ナカニシヤ出版
佐藤良一(1976)『現代産業社会論－ガルブレイスの体制改革論－』新評論
佐和隆光(1982)『経済学とは何だろうか』岩波書店
――――(1984)『虚構と現実　社会科学の「有効性」とは何か』新曜社
――――(1989)『現代経済学の名著』中公新書934
塩田静雄(2002)『消費者行動の理論と分析』中央経済社
篠原 三代平・佐藤 隆三(1980)『サミュエルソン経済学体系〈2〉消費者行動の理論』勁草書房
清水　聰(1999)『あたらしい消費者行動』千倉書房
杉本徹雄(1997)『消費者理解のための心理学』福村出版
高　哲男(1991)『ヴェブレン研究－進化論的経済学の世界―』ミネルヴァ書房
高木 修 監修，竹村 和久 編集(2000)『消費行動の社会心理学―消費する人間のこころと行動(シリーズ21世紀の社会心理学)』北大路書房
武居菜緒子(2000)『消費行動』晃洋書房
田中敏弘(1993)『アメリカ経済学史研究－新古典派と制度学派を中心に－』晃洋書房
――――(2002)『アメリカの経済思想　建国期から現代まで』名古屋大学出版会
田中　洋(2008)『消費者行動論体系』中央経済社
K. ドッパァー(1978)『これからの経済学－新しい理論範式を求めて－』岩浪現代選書
中村達也(1988)『ガルブレイスを読む　岩波セミナーブックス24』岩波書店
中山　大(1974)『ヴェブレンの思想体系』ミネルヴァ書房
根井雅弘(1996)『経済学のたそがれ』講談社
――――(1994)『現代経済学への招待』丸善ライブラリー
――――(1995)『ガルブレイス　制度の真実への挑戦』丸善ライブラリー
平久保仲人(2005)『消費者行動論(ビジネス基礎シリーズ)』
J.A. ホブソン　佐々木専三訳(1980)『ヴェブレン』文眞堂
松江　宏(2007)『現代消費者行動論』創成社
松尾　博(1966)『ヴェブレンの人と思想』ミネルヴァ書房
松本正徳(1971)『ヴェブレン研究－アメリカ経営思想史研究序説－』未来社
間宮陽介(1986)『モラルサイエンスとしての経済学』ミネルヴァ書房
――――(1999)『市場社会の思想史』中央公論社
三浦信・来住元朗・市川貢(1991)『新版マーケティング』ミネルヴァ書房
見田宗介(1996)『現代社会の理論－情報化・消費化社会の現在と未来－』岩波新書
吉田正昭・村田昭治・井関利明共編(1969)『消費者行動の理論』丸善

索引

あ行

アイテム　133, 199
アイデンティティ　195, 229, 237
アッカーマン・フランク　69
アドルノ, T.　55
石井洋二郎　105, 106
石川達哉　240
依存効果　6, 41, 229
『一般理論』　230
イノベーション　118
衣服　50, 60, 115, 203
イングランド, P.　77
因襲的　125
　　――な経済学　7
　　――経済理論　68
ウォード, L. F.　57
ウィスマン, J. D.　215
上田拓治　106
ヴェブレン, T. B.　2
『ヴェブレン：その人と時代』　105
宇沢弘文　104, 126, 140
臼井宥文　170
営利企業　136, 138
NIE　141
エヤーズ, C. E.　45, 197
『エリートの反乱』　233
エンジェル・スチーブン　50
大熊一郎　86, 238
大野信三　63
オーサー・ジェイコブ　21
小沢雅子　193
小原敬士　20, 63, 126
恩藏直人　106

か行

階層　102, 189
快楽主義的　4, 9, 51
　　――な人間観　13, 51
価格　4, 68, 75, 133, 134, 142, 197
家計貯蓄率　215, 235
下層階級　23, 160
価値　4, 28, 134, 196
　　――観　95, 196, 224
　　――判断　12, 14
合衆国　195, 198, 237
カップ, K. W　22
加藤秀俊　20
金森誠也　194
下流階級　227
ガルブレイス, J. K.　6, 70, 85, 229

川村望　22
閑暇　91, 124, 156, 163
環境汚染　42
環境問題　108, 139
慣習　156, 189, 198, 219
企業体制　133, 134, 135
儀式的　10, 70, 161
　　――消費　3
　　――側面　195
技術革新　205
貴族　221
　　――階級　111
橘木俊詔　170, 193
キャップジェミニ　154
キャンベル, C.　56
旧制度主義　104, 141
旧制度派　104
行儀作法　121, 122
金銭支出　115, 120
金銭支払能力　190
金銭的　36, 125, 135
　　――な基準　155
　　――な実力　187
　　――な地位　115, 123
金銭的階級　160
金銭的価値　45, 129, 133, 134, 137
金銭的職業　37, 129, 145, 169
金銭的成功　124, 161
金銭的能力　113, 124, 162, 222
金銭的文化　123
　　――社会　108, 124
金銭的見栄　25, 41, 156, 197
金銭的名声　163
金銭文化段階　161
勤労階級　156
久保芳和　104
クラーク・ベイツ・ジョン　46
グルーチー　25
経済学　2, 54, 68, 77, 142, 149
　　――の危機　108
『経済学の本質と意義』　21
経済価値　132, 136
経済活動　3, 4, 142
経済人　27, 84
経済制度　27, 68
経済体制　130, 134, 142
経済的価値　45, 129, 144
経済的成功　222, 228
経済的地位　203-204
経済理論　2, 68, 77, 84
ケインズ, J. M.　35, 75, 230

索　引　245

限界効用　18, 32, 33
限界主義者　18, 30
顕示欲　176, 177
『顕示的消費の経済学』　22
衒示的閑暇　8, 38, 118, 166
衒示的消費　8, 118, 166
衒示的浪費　118
好奇本能　171
高級ブランド品　154, 155
広告　72, 123
行動の習慣　196, 210
行動様式　49, 195
『行動理論史』　22
購買行動　176
購買習慣　206
購買能力　204, 206
功名　158
『国富論』　3
誇示　90, 97, 112, 124, 156, 188
国家　142, 143
古典派　7, 30
　──経済学　137
コトラー, P.　23, 214
小林昇　104
小林里次　104
小松章　24
コモディティ志向　69, 82
コモンズ, J. R.　2
コルセット　117, 122

さ 行

斉藤精一郎　86
坂井素思　45, 194
坂井広明　20
佐藤隆光　20
サミュエルソン, ポール　7
産業的　135
　──階級　169
　──職業　37, 129, 145, 169
ジェヴォンズ, W. S.　5, 46
ジェームズ, W　44
ジェンダー　198, 202
時間的格差　170
思考習慣　2, 32, 102, 159, 224
　──の束　190
自己保存の本能　217
資産　11, 111, 178
自動車　60, 205, 208
シトフスキー　77
柴田徳衛　22
資本主義　102, 149
　──的生産システム　206
社会階層　89, 91, 209
社会科学　60, 108
社会学　25, 51, 54, 68, 103, 149

社会心理学　25, 149
社会的(な)地位　70, 79, 89, 90, 100, 102, 155, 159, 167, 168, 209, 216, 235
社会的(な)名声　53, 155
社会的な要因　84, 85
社会的階層　98, 101
社会的価値　116
社会的共通資本　140
社会的行動　8, 196
社会的実用性　131, 132
社会的バランス　41
習慣　11, 19, 77, 111, 116, 117, 146, 196-198
習慣形成　195
習慣的　102, 195
宗教　54, 223
　──儀式　155, 187
私有財産　54, 157, 158
集団行動　142, 147
取得本能　45, 171, 172
主流派経済学　3, 51, 108, 236
上層階級　23, 155
消費　2, 3, 62, 108, 115
消費行動　102, 154, 180
消費者主権　39
消費者選択　77, 195
消費者文化　198, 200
消費水準　70, 217, 235
「消費の二分法」　36
消費理論　28, 31, 62, 88
商品　4, 79, 139, 197
情報格差　170
上流階級　95, 102, 181, 209
職業　154, 202
「女性のドレスの経済理論」　109
ジョセフ・ドーフマン　21
所得格差　170, 227
所得配分　227, 228
所有権　38, 124, 137, 156, 157
　──の起源　172
進化論的　25, 50
　──科学　142
　──経済学　2, 61, 143
　──方法　147
新古典派理論　30, 69, 79
親性的傾向　145
親性本能　45, 171, 172
新制度主義　104, 141
ジンメル, G.　191
心理学的対立　145
垂直的移動　216
杉山忠平　20
鈴木哲太郎　239
鈴木信男　22
鈴木正俊　22
スタイル　12, 81

「スノップ」効果　55
スポーツ　155, 187
スマッツ　45
スミス, A.　29, 74
隅谷三喜男　64, 104
製作　136, 137, 148
製作本能　131, 137, 148, 171, 172
『製作本能論』　147
生産的階級　155
生産的職業　117
生産の労働　116, 118, 155, 160
政治　54, 155, 187
制度　2, 19, 54, 62, 108, 196, 204
制度学派　25
制度主義　27
制度主義者　70
制度派経済学　62, 2, 141
正統派経済学　143
生物学的傾向　131
生物学的対立　145
世間的体面　123
セックラー　23
セン, A.　76
選好　76, 81, 84, 92, 219
潜在機能　58
戦争　155, 187
相互依存　16
　　──依存性　79
　　──依存的　84
　　──作用　71, 77, 83
尊敬　110, 115, 124, 158, 159
ゾンバルト, W.　189

た 行

大恐慌　92, 236
代行的閑暇　38, 164
大衆消費　206
　　──社会　26, 54, 103
ダーウィン主義　18
体面　125
　　──の標準　189
ダガー, W. M.　141
高哲男　22, 62, 104
多田基　104
田中敏弘　20, 104, 126
タルド, G.　191, 193
地位　10, 1270, 91, 94, 196, 197
　　──財　72, 234
中産階級　95, 100
中流階級　183, 227
貯蓄行動　218
　　──率　71, 224
塚田朋子　194
都留重人　24
『ディスタンクシオン：社会的判断力批判』

105
ティルマン, R.　55
テクノロジー　79, 81, 129, 136
デューイ, J.　9, 22, 44
デューゼンベリー　70, 71, 84, 238
道具的　10, 16, 70
　　──消費　37
　　──側面　195
ドッパー, K　24
トドロヴァ, Z. K.　195, 196
ドーフマン, J.　63, 166
富　89, 110, 142, 161
　　──の証拠　164
　　──の所有　158, 188
ドラコポウロス　75
トリッグ, A.　88
トリックル・アップ　92, 94
　　──・ダウン　23, 89, 92
　　──・ラウンドモデル　96

な 行

中山大　20, 46, 64, 126
「なぜ経済学は進化論的科学ではないのか」　35
ニーズ　16, 130, 195-197, 202
西川珠子　240
二分法　25, 52, 129, 197
人間観　18, 28, 190
人間行動　2, 8, 43, 142, 167, 190
人間性　70, 74, 83
　　──の概念　28, 51
人間文化　26, 129, 143, 146
ヌルクセ, R.　71
根井雅弘　20, 126
能動的な人間観　43, 51

は 行

橋本努　22
パッカード, V.　58, 194, 229
馬場啓之助　86
ハビトゥス　97, 98
ハミルトン, D.　3, 70
原田曜平　193
「バンドワゴン」　55
ヒエラルキー　100, 206
非産業的階級　169
非主流派　84, 110, 122, 162, 163
非生産的消費　37, 124
美徳　209, 229
ヒューム, D.　18
ファッション　102, 201
藤田菜々子　126
富裕層　154, 175
プラグマティズム　18, 25
ブランド　103, 135, 177
ブランド品　177, 189

索　引

古田隆彦　24
ブルデュー, P.　89
文化　9, 36, 68, 94, 109, 144, 167, 197
　——科学　143
　——経済学　144, 190
　——資本　94, 97, 98
文化人類学　25, 149
文化的　6, 167, 227
　——な真空状態　51
　——な対立　145
　——複合体　12
ベンサム, J.　4
ボアス, F.　51
『ホーリズムと進化』　45
星野克己　194
ポストモダン　89, 101, 102
ホリスティック　25
本能論　19, 45

ま　行

マーケティング　8, 68
マーシャル, A.　6, 74
マートン, R. K.　58
マクロ経済学　41, 55
「孫たちへの経済的可能性」　75
松尾博　20, 104, 126
マックス・ラーナー　46
松本正徳　104, 126
間宮陽介　24
マルサス・ロバート・トーマス　18
馬渡尚憲　24, 104
ミード　22
三浦俊彦　106
三浦展　170, 192
見栄　37, 83, 84, 92, 154, 157, 188
　——的消費　38
水田洋　20
見せびらかし　11, 91, 102, 111, 115, 124, 154
三谷真　45
ミッチェル, W. C.　2, 39, 197
南博　22
宮本弘之　171
ミュルダール　23
ミル, J. S.　74
ミルズ, C. W.　54
明示機能　58
名声　11, 110, 115, 158, 189
　——の規範　91

　——の規模　187, 189
　——の標準　120
名声価値　135
メイソン, R.　13, 55
名誉　158, 159
召使　164, 165
　——階級　123, 166
メンガー・カール　5, 46
森剛志　170, 193

や　行

八木甫　21, 63, 65
山下貴史　171
有閑階級　88, 154, 156
『有閑階級の理論』　2, 7
『ゆたかな社会』　21, 71, 85, 229, 239
欲望　41, 68, 70, 77, 189, 197
欲求　6, 29, 197

ら　行

ライフサイクル　204, 215
ライフスタイル　93, 98, 100, 198
ライベンシュタイン, H.　66, 70
ランカスター　79
リカード, D.　18, 29
陸井三郎　63
利己的　77, 82, 129, 145
　——本能　45
リースマン, D　20, 54
略奪的文化段階　37, 161
流行　111, 115
累積的因果関係の理論　143
ルース, ガイ　5
レー, J.　51
礼儀作法　124, 163
労働価値説　5, 7, 31
浪費　29, 31, 111, 164
　——の慣行　114
　——の法則　120
ロス, E. A.　57
ロビンソン・クルーソー　10
ロール, E.　64
ローワー, M.　26

わ　行

和田充夫　23, 106
ワルラス・レオン　5, 46

著者略歴

内田　成（うちだ　みのる）
1955年　神奈川県横須賀市生まれ
1978年　日本大学経済学部卒業
1983年　日本大学大学院経済学研究科博士後期課程修了（単位取得満期退学）
　　　　その後，フィールドマーケティング研究所研究員，立正大学短期大学部非常勤講師を経て，現在，高崎商科大学，埼玉学園大学，川口短期大学の非常勤講師。なお，企業勤務経験もある。

著　書　『ヴェブレンとミッチェル』ミネルヴァ書房，1985年（共著）
　　　　『地域力の研究Ⅱ』高崎商科大学大学叢書第4号（共著）2009年
　　　　『商学研究Ⅲ』高崎商科大学大学叢書第5号（共著）2010年など。
　　　　　　　　　　　　　　　　　　　　　その他，論文多数。

見栄と消費

2011年4月1日　第一版第一刷発行

　　　　　　　　著　者　内　田　　　成
　　　　　　　　発行者　田　中　千津子
　　　　　　　　発行所　株式会社 学 文 社
　　　　〒153-0064　東京都目黒区下目黒3－6－1
　　　　　　電話 (03)3715-1501(代)　振替 00130-9-98842
　　　　　　　　　　http://www.gakubunsha.com

落丁・乱丁の場合は，本社にてお取替します　　印刷／新灯印刷㈱
定価は，売上カード・カバーに表示してあります　〈検印省略〉

ISBN 978-4-7620-2161-9
© 2011 UCHIDA Minoru Printed in Japan